Starhawk

Der Hexenkult
als Ur-Religion der Großen Göttin

Starhawk

Der Hexenkult als Ur-Religion der Großen Göttin

Magische Übungen, Rituale und Anrufungen

Verlag Hermann Bauer
Freiburg im Breisgau

CIP-Kurztitelaufnahme der Deutschen Bibliothek

Starhawk:
Der Hexenkult als Ur-Religion der Grossen Göttin : mag. Übungen, Rituale u. Anrufungen / Starhawk. [Aus d. Amerikan. von Ulla Schuler]. – Freiburg im Breisgau : Bauer, 1983.
Einheitssacht.: The spiral dance ‹dt.›
ISBN 3-7626-0274-3

Die amerikanische Originalausgabe erschien 1979 bei Harper & Row, Publishers, New York, unter dem Titel *The Spiral Dance. A Rebirth of the Ancient Religion of the Great Goddess.*

Mit 5 Zeichnungen.

Aus dem Amerikanischen von Ulla Schuler, Frankfurt.

1983
ISBN 3-7626-0274-3

Satz: Typobauer Filmsatz GmbH, Scharnhausen.
Druck und Bindung: May + Co Nachf., Darmstadt.
Printed in Germany.

Danksagungen

Dieses Buch wäre ohne die Liebe und Unterstützung meines Mannes, Ed Rahsman, und meiner Mutter, Dr. Bertha Simos, nicht zustande gekommen.

Den Mitgliedern meiner Konvente danke ich für die Gelegenheit, die Mysterien zu erforschen und verstehen zu lernen: Guidot, Quest, Diane, Beth, Arden, Mutter Moth, Amber, Valerie und Paul vom Compost-Zirkel sowie Laurel, Brook, Susan, Zenobia, Diana und Kevyn von Honeysuckle – vor allem Kevyn für die Inspiration, die mir ihre Zeichnungen gaben.

Ich möchte auch denen danken, die mich im Hexenglauben unterwiesen: Victor und Cora Anderson, Ruth, Z. Budapest und vielen anderen.

Dankbar bin ich auch für die Unterstützung und Ermutigung durch die heidnische Gemeinde der Bay Area, die Hexen vom Konvent der Göttin und durch die vielen Freunde und Gefährtinnen, die ich hier gar nicht alle nennen kann. Besonders verpflichtet bin ich meinem Bruder im Geiste, Alan Acacia, und meinem leiblichen Bruder, Mark Simos, für ihre Beiträge; ferner Patty und Nada, die von Anfang an dabei waren; Ann für ihre Inspiration sowie Carol Christ und Naomi Goldenberg für ihre Unterstützung, einen größeren Kreis von Interessenten zu erreichen.

Zum Schluß möchte ich auch Marie Cantlon, meiner Verlegerin, für ihre Sensibilität und ihren Mut danken, dieses Thema aufzugreifen, und Sarah Rush für ihre großartige Hilfe.

Ich widme dieses Buch Ihr, die im Herzen singt, und Ihm, dem Tanzenden – Euch allen.

Inhalt

Übungen

1. Hexenglaube als Religion der Göttin

Zwischen den Welten

Vollmond. Wir treffen uns auf einem Hügel, von dem man weit über die Bucht blickt. Unter uns schimmern Lichter wie ein Diamantenfeld. In der Ferne stoßen Wolkenkratzer wie Spitzen von Feentürmen durch den wirbelnden Nebel. Die Nacht ist verzaubert.

Unsere Kerzen sind erloschen. Unser improvisierter Altar kann dem heftigen Wind, der durch die Äste der Eukalyptusbäume rauscht, kaum standhalten. Wir heben ihm unsere Arme entgegen, lassen ihn uns ins Gesicht wehen. Wir sind ausgelassen, Haare und Augen strömen über. Unsere Hilfsmittel sind unwichtig, wir haben alles Nötige, um Magie zu treiben: unsere Körper, unseren Atem, unsere Stimmen, wir haben einander.

Der magische Kreis wurde gebildet. Die Anrufungen beginnen:

Taunetzende Mondin, ziehst voll am Himmel deine Bahn
Scheinst für alle
Durchströmst alles
Aradia, Diana, Cybele, aah ...

Segelst auf ewiger See
Hüter des Tores
Ewig sterbender, ewig lebender, strahlender
Dionysos, Osiris, Pan, Artus, huuh ...

Der Mond tritt durch die Spitzen der Bäume und schimmert sanft über dem Kreis. Wärme suchend rücken wir näher zusammen. Eine Frau tritt in die Mitte des Kreises. Immer wieder singen wir ihren Namen:

»Diana . . .«

»Dii – ah – nah . . .«

»Aaah . . .«

Als Crescendo steigt der Gesang empor. Die Stimmen vereinen sich zu endlos modulierter Harmonie. Der Kreis ist in einen Lichtkegel getaucht.

Plötzlich tritt Stille ein.

»Du bist die Göttin«, sagen wir zu Diana und küssen sie, als sie in den äußeren Kreis zurücktritt. Sie lächelt.

Sie erinnert sich, wer sie ist.

Nacheinander werden wir nun mitten in den Kreis treten. Wir werden unseren Namen rufen hören, werden fühlen, wie der Lichtkegel um uns wächst. Wir werden die Gnade empfangen und uns erinnern:

»Ich bin die Göttin. Du bist Gott, bist Göttin. Alles ist göttlich – alles, was lebt, atmet, liebt, singt in der unendlichen Harmonie des Seins.«

Im Kreis reichen wir einander die Hände und tanzen im Mondenlicht.

»Die also sagen, es gebe kein Hexenwerk, werden der schweren Ketzerei bezichtigt.« *Malleus maleficarum* (1487)

Immer bei Vollmond spielen sich auf Hügeln, an Stränden, auf offenem Feld und in normalen Häusern Rituale wie das eingangs geschilderte ab. Schriftstellerinnen, Lehrerinnen, Krankenschwestern, Programmierer, Künstler, Rechtsanwälte, Dichter, Installateure, Automechaniker – Frauen und Männer unterschiedlichster Herkunft kommen zusammen, um die Mysterien der Dreifaltigen Göttin von Geburt, Liebe und Tod und ihres Gefährten zu feiern, des Jägers, der Herr ist über den Tanz des Lebens. Die Religion, die sie ausüben, heißt Hexenglaube.

Auf viele Menschen wirkt das Wort Hexenglaube beängstigend, auf andere verwirrend. In der Volksmeinung sind Hexen häßliche alte Weiber, die auf Besenstielen reiten, oder bösartige Teufelskultanhänger, die obszöne Riten praktizieren. Moderne Hexen, glaubt man, seien Mitglieder eines exzentrischen Clubs und in erster Linie damit beschäftigt, Feinde zu bannen, indem sie deren Wachsbilder mit Nadeln stechen. Doch die Tiefe, die Würde und der ernste Sinn einer wahren Religion fehlten.

Hexenglaube ist jedoch eine Religion, vielleicht die älteste Religion in der westlichen Welt. Ihre Ursprünge reichen weiter zurück als Christentum, Judentum und Islam, weiter auch als Buddhismus und Hinduismus, und sie ist ganz anders als alle sogenannten großen Religionen. Die Alte Religion, wie wir sie nennen, steht in ihrem Geist den Traditionen der amerikanischen Eingeborenen oder dem Schamanismus der Arktis näher. Sie gründet sich weder auf Dogmen oder Glaubensregeln noch auf von einem Weisen offenbarte Schriften oder ein heiliges Buch. Der Hexenglaube bezieht seine Lehren aus der Natur und erfährt seine Inspiration aus den Bewegungen von Sonne, Mond und Sternen, aus dem Flug der Vögel, dem langsamen Wachsen der Bäume und aus dem Wandel der Jahreszeiten.

Unseren Legenden zufolge begann der Hexenglaube vor mehr als fünfunddreißigtausend Jahren, als in Europa allmählich die Temperaturen sanken und sich die riesigen Eismassen in einer letzten Bewegung langsam nach Süden verschoben. Durch die üppige, von tierischem Leben wimmelnde Tundra folgten kleine Gruppen von Jägern dem flüchtigen Rentier und dem donnernden Büffel. Sie waren nur mit den primitivsten Waffen ausgerüstet, doch einige in diesen Stämmen hatten die Gabe, die Herden zu einer Felswand oder einer Grube zu locken, wo sich einige Tiere opferwillig einfangen lassen würden. Diese begabten Schamanen konnten sich in den Geist der Herden versetzen und wurden dadurch des pulsierenden Rhythmus gewahr, der allem Lebenden innewohnt: der Tanz der doppelten Spirale, das Wirbeln nach innen und außen. Sie drückten diese Erkenntnis nicht intellektuell, sondern in Bildern aus: die Muttergöttin, die Lebenspendende, die alles Lebendige hervorbringt; und der Gehörnte Gott, Jäger und Gejagter, der ewig durch die Pforten des Todes tritt, auf daß neues Leben beginne.

Männliche Schamanen identifizierten sich mit dem Gott und den Herden. Sie hüllten sich in Felle und schmückten sich mit Hörnern. Die Priesterinnen aber führten nackt den Vorsitz, verkörperten die Fruchtbarkeit der Göttin.[1] Leben und Tod waren ein kontinuierlicher Strom. Die Toten wurden bestattet, als ruhten sie im Mutterleib. Ihr Werkzeug und ihr Schmuck wurden ihnen mitgegeben, damit sie zu einem neuen Leben erwachen könnten.[2] In den Höhlen der Alpen wurden Schädel der großen Bären in Nischen angebracht, wo sie Orakel aussprachen, die die Stämme zum Wild führten.[3] In den Teichen der Niederungen wurden Rentierkühe, die Leiber mit Steinen gefüllt, welche die Tierseele verkörperten, in die Wasser des Mutterleibes getaucht, damit die Opfer der Jagd wiedergeboren würden.[4]

Im Osten – Sibirien und Ukraine – war die Göttin Herrin der Mammute. Mit üppig schwellenden Formen, die ihre verschwenderischen Gaben verkörperten, wurde sie in Stein geschnitten.[5] Im Westen, in den großen Höhlentempeln Südfrankreichs und Spaniens, wurden ihre Riten tief im geheimnisvollen Schoß der Erde vollzogen. Dort wurden die starken polaren Kräfte übergroß als Bison und Rösser gemalt, die aus den Felswänden heraustreten wie Geister aus einem Traum.[6]

Auch am Himmel wurde der Tanz der Spirale beobachtet: im Mond, der allmonatlich stirbt und wiedergeboren wird; in der Sonne, deren zunehmendes Licht die Wärme des Sommers spendet und deren Vergehen winterlichen Frost bringt. Die Mondphasen wurden in Stein geritzt,[7] und die Göttin wurde mit dem Horn des Bisons dargestellt, das auch den zunehmenden Mond bedeutet.[8]

Das Eis wich zurück. Manche Stämme folgten dem Bison und dem Rentier bis hoch in den Norden. Einige zogen über die Landzunge von Alaska auf die beiden amerikanischen Kontinente. Die in Europa Gebliebenen wandten sich dem Fischfang und dem Sammeln von Schalentieren und Wildpflanzen zu. Hunde hüteten ihre Lagerplätze. Neue Werkzeuge wurden erfun-

Die hochstehenden Ziffern beziehen sich auf die Anmerkungen am Schluß des Buches, die dort kapitelweise zusammengefaßt sind.

den und verbessert. Jene, denen die innere Kraft zu eigen, erfuhren, daß diese zunahm, wenn sie zusammenarbeiteten. Als einzelne Siedlungen zu Dörfern zusammenwuchsen, vereinten Schamanen und Priesterinnen ihre Kräfte und teilten ihr Wissen miteinander. Die ersten Hexenzirkel wurden gebildet. Eng mit dem Leben von Tieren und Pflanzen vertraut, zähmten sie, wo sie einst gejagt hatten, und züchteten Schafe, Ziegen, Kühe und Schweine aus den Wildformen. Samen wurden nicht mehr nur gesammelt, sondern der Erde dort anvertraut, wo sie wachsen sollten. Aus dem Jäger wurde der Herr des Getreides, der zur Erntezeit im Herbst geopfert wurde, bestattet im Leib der Göttin und wiedergeboren im Frühling. Die Herrin der Wilden Dinge wurde zur Schnitterin. Die Zyklen von Mond und Sonne kennzeichneten die Zeiten für Saat und Reifung und Weideauftrieb.

Die Dörfer gediehen zu Städten und Stadtstaaten. Die Göttin wurde auf die Wände der Heiligtümer gemalt, wie sie das Göttliche Kind gebar – ihren Gefährten, ihren Sohn und ihre Saat.[9]

In den einst mit Eis bedeckten Ländern wurde eine neue Macht entdeckt, eine Kraft, die sich wie Quellen des Wassers durch die Erde zieht. Barfüßige Priesterinnen zogen Spuren durch das junge Gras. Sie erkannten, daß bestimmte Steine den Strom der Kraft verstärken, und setzten sie an geeigneten Stellen zu großen begrenzenden Reihen und zu Kreisen, die die Zyklen der Zeit kennzeichnen. Das Jahr wurde zu einem großen, in acht Abschnitte geteilten Rad: Sonnwenden, Tagundnachtgleichen und die Tage des Vierteljahresbeginns, an denen große Feste gefeiert und Feuer entzündet wurden. Mit jedem Ritual, mit jedem Sonnenstrahl und Mondenschein, die in machtvollen Zeiten auf die Steine fielen, nahm die Kraft zu. Die Steine wurden zu großen Speichern subtiler Energie, Pforten zwischen der sichtbaren und der unsichtbaren Welt. Innerhalb der Kreise, neben den Menhiren und Dolmen und Grabgängen, konnten die Priesterinnen die Geheimnisse der Zeit und die verborgene Struktur des Kosmos ergründen. Mathematik, Astronomie, Dichtkunst, Musik, Heilkunde und das Verständnis des menschlichen Geistes entwickelten sich nebeneinander mit der Erkenntnis der tieferen Mysterien.[10]

In anderen Ländern aber entstanden Kulturen, die sich der Kriegskunst ergaben. Von der Bronzezeit an wurde Europa von einer Invasionswelle nach der anderen überflutet. Die Kriegsgötter vertrieben die Völker der Göttin aus dem fruchtbaren Flachland und den herrlichen Tempeln in die Hügel und die hohen Berge, wo sie als Sidhe, Pikten oder Kobolde, als Feen- oder Märchenvolk bekannt wurden.[11] Der mythologische Zyklus der Göttin und ihres Gefährten, der Mutter und des Göttlichen Kindes, der dreißigtausend Jahre geherrscht hatte, wandelte sich und paßte sich den Wertvorstellungen des siegreichen Patriarchats an. In Griechenland »heiratete« die Göttin in ihren vielen Erscheinungsformen die neuen Götter – das Ergebnis war der olympische Pantheon. Auf den britischen Inseln übernahmen die siegreichen Kelten viele Merkmale der Alten Religion und banden sie in ihre Mysterien der Druiden ein.

Das Feenvolk aber züchtete Vieh in den steinigen Hügeln, lebte in torfgedeckten runden Hütten und bewahrte die Alte Religion. Die Stammesmütter wurden »Elfenkönigin« genannt, das heißt Herrin über das Elfenland. Sie leiteten den Sabbat gemeinsam mit dem Priester, dem Heiligen König, der den sterbenden Gott verkörperte und am Ende seiner Amtszeit einen ritualisierten scheinbaren Tod erlitt. Singend und psalmodierend feierten sie die acht Feste des Rades mit wilden Prozessionen, hoch zu Roß, und entzündeten rituelle Feuer. Oft vereinigten sich die eindringenden Völker mit ihnen. Es kam zu Vermischungen und Heiraten untereinander, und von vielen ländlichen Sippen hieß es, sie hätten Feenblut in den Adern. Die Kollegien der Druiden und der Barden von Irland und Wales bewahrten viele der alten Mysterien.

Die Christianisierung änderte zunächst wenig. Die Bauern sahen in der Christuslegende nur eine neue Version ihrer eigenen alten Überlieferungen von der Muttergöttin und ihrem Göttlichen Kind, das geopfert und wiedergeboren wird. Auf dem Land führten oft Priester beim Sabbat oder bei großen Festlichkeiten den Tanz an.[12] Der Zirkel, der das Wissen um die geheimen Kräfte bewahrte, hieß Wicca oder Wicce, von dem angelsächsischen Wort für »beugen« oder »formen«. Die Zirkel vermochten das Unsichtbare nach ihrem Willen zu beugen. Heilkundige, Lehrer, Dichter und Hebammen – sie waren die zentralen Gestalten jeder Gemeinde.

Die Verfolgung setzte langsam ein. Im 12. und 13. Jahrhundert wurden Aspekte der Alten Religion durch die Troubadoure wiederbelebt, die Liebesgedichte über die Göttin im Gewand zeitgenössischer edler Damen schrieben. Die herrlichsten Kathedralen wurden erbaut zu Ehren der Jungfrau Maria, die viele Eigenschaften der Alten Göttin übernommen hatte. Der Hexenglaube wurde zur Ketzerei erklärt, und 1324 verklagte der Bischof von Ossory einen irischen Hexenkonvent oder Zirkel, den die adlige Alice Kyteler leitete, wegen Anbetung von Götzen. Dank ihrer gesellschaftlichen Stellung wurde Alice Kyteler gerettet, aber ihre Gefährtinnen wurden verbrannt.

Kriege, Kreuzzüge, Seuchen und Bauernaufstände verwüsteten Europa in den folgenden Jahrhunderten. Jeanne d'Arc, die Jungfrau von Orléans, führte die Armeen Frankreichs zum Sieg, wurde aber von den Engländern als Hexe verbrannt. Im Hexenglauben ist »Jungfrau« ein ehrfurchtgebietender Begriff. Es wurde behauptet, daß die französische Bauernschaft Johanna so sehr liebte, weil sie in Wirklichkeit eine Priesterin der Alten Religion war.[13] Die Stabilität der mittelalterlichen Kirche wurde erschüttert, und die Feudalherrschaft begann zusammenzubrechen. Die christliche Welt wurde von messianischen Bewegungen und religiösen Revolten überschwemmt, und die Kirche konnte ihre Rivalen nicht länger ruhig hinnehmen.

1484 entfesselte die Päpstliche Bulle von Innozenz VIII. die Gewalt der Inquisition gegen die Alte Religion. Mit der Veröffentlichung des Hexenhammers, *Malleus maleficarum,* durch die Dominikanermönche Institoris und Sprenger im Jahr 1487 wurde der Boden für eine Schreckensherrschaft bereitet, die Europa bis weit ins 18. Jahrhundert in Atem halten sollte. Die Verfolgung richtete sich ganz überwiegend gegen Frauen. Von ungefähr 9 Millionen hingerichteten Hexen waren 80 Prozent Frauen einschließlich Kindern und jungen Mädchen. Von diesen glaubte man nämlich, daß sie das »Böse« von ihren Müttern erbten. Die Askese des frühen Christentums, die sich von der Welt des Fleisches abwandte, war in manchen Bereichen der Kirche zu Haß gegen jene degeneriert, die dieses Fleisch ins Leben setzten. Misogynie, der Frauenhaß, war im mittelalterlichen Christentum zu einem starken Element geworden. Da die Frauen menstruieren und gebären, wurden sie mit Sexualität und daher mit dem Bösen identifiziert. »Alle Hexerei geschieht aus fleischlicher Begierde, die bei Frauen unersättlich ist«, stellte der Hexenhammer fest.

Der Terror war unbeschreiblich. Wenn sie erst denunziert war – durch einen gehässigen Nachbarn oder ein boshaftes Kind –, wurde die verdächtige Hexe unverzüglich und ohne Vorwarnung verhaftet und durfte nicht mehr nach Hause. Sie (der Gattungsname Hexe ist weiblich, aber der Wortgebrauch schließt männliche Hexer ein, nicht aus) galt solange als schuldig, bis ihre Unschuld erwiesen war. Üblicherweise wurde die Verdächtige nackt ausgezogen und vollständig rasiert in der Hoffnung, »Teufelsmale« zu finden. Das konnten Sommersprossen oder Leberflecke sein. Oft wurden die Beschuldigten am ganzen Körper mit langen scharfen Nadeln gestochen (Nadelprobe). Male, die der Teufel berührt hatte, waren nämlich angeblich schmerzunempfindlich. In England war die »gesetzliche Tortur« nicht erlaubt, aber die Verdächtigten wurden des Schlafs beraubt und dem langsamen Verhungern preisgegeben, bevor man sie henkte. Auf dem Festland hingegen wurde jede Scheußlichkeit begangen – Streckfolter, Aufziehen, Daumenschrauben, Spanische Stiefel, mit denen die Knochen der Beine zermalmt wurden, entsetzliche Prügel –, das ganze Spektrum der Inquisitionsschrecken kam zum Einsatz. Die Angeschuldigten wurden gefoltert, bis sie von den Inquisitoren vorbereitete Geständnisse unterschrieben; bis sie gestanden, mit dem Teufel im Bunde zu sein und finstere und obszöne Dinge zu treiben, die niemals zum wahren Hexenglauben gehörten. Was besonders grausam war: Sie wurden gefoltert, bis sie andere Opfer benannten, bis die volle Zahl (dreizehn) eines Hexenzirkels erreicht war. Geständigkeit wurde mit einem barmherzigen Tod belohnt: der Erdrosselung vor dem Scheiterhaufen. Widerspenstige Verdächtigte, die ihre Unschuld beteuerten, wurden lebendig verbrannt.

Hexenjäger und Informanten wurden für die Verurteilungen bezahlt, und viele sahen darin eine einträgliche Laufbahn. Der sich ausbreitende männliche Ärztestand hieß die Möglichkeit willkommen, seine wirtschaftlichen Hauptkonkurrenten, die Hebammen und die dörflichen Kräuterfrauen, auszubooten. Anderen verschafften die Hexenprozesse Gelegenheit, sich »aufsässiger Frauen« und unliebsamer Nachbarn zu entledigen. Die Hexen selbst meinen, daß nur wenige von denen, die während der großen Hexenprozesse verurteilt wurden, tatsächlich einem Konvent angehörten oder Mitglieder der Zunft waren. Die Opfer waren Ältere, Senile, Geistesgestörte; Frauen, die den »bösen Blick« hatten oder die an irgendeinem Gebrechen litten; Dorfschönheiten, die das Selbstgefühl ihrer Verehrer durch Zurückweisung verletzt oder in einem zum Zölibat verpflichteten Priester oder in einem verheirateten Mann Lust erweckt hatten. Homosexuelle und Freidenker verfingen sich im gleichen Netz. Zeitweise fanden Hunderte von Opfern an einem einzigen Tag den Tod. Im Bistum Trier blieb nach den Hexenprozessen von 1585 in zwei Dörfern nur jeweils eine Frau am Leben.

Hexen und Feen, die Glück hatten, entkamen in Länder, in die der Arm der Inquisition nicht reichte. So mögen einige nach Amerika gelangt sein. Möglicherweise hat sich vor den Prozessen, die tatsächlich das Ende der aktiven Verfolgung in dieser Gegend kennzeichnen, in den Wäldern von Salem ein echter Konvent zusammengefunden. Manche glauben, daß die Angehörigen von Samuel und John Quincy Adams Mitglieder des megalithischen »Drachenkultes« waren, der das Wissen um die Macht der Steinkreise lebendig hielt.[14] Gewiß gleicht der unabhängige Geist der Hexenreligion sehr den Idealen der »Gründerväter«: beispielsweise Freiheit der Rede und des Handelns, dezentralisierte Regierung und die Rechte des Individuums *vor* dem göttlichen Recht der Könige.

In Amerika wie in Europa ging der Hexenglaube in den Untergrund und wurde zur Geheimreligion. Die Überlieferungen wurden nur an jene weitergegeben, denen man uneingeschränktes Vertrauen schenken konnte – meist an die Mitglieder einer Familie. Die Verbindungen der Hexenzirkel untereinander wurden aufgelöst. Nun konnte man sich nicht mehr bei den großen Festen treffen, um das Wissen miteinander zu teilen und die Ergebnisse von Zauber und Ritualen auszutauschen. Die Überlieferung ging teils verloren oder geriet in Vergessenheit. Und doch wurde die Saat weitergegeben – im Geheimen, in der Stille, über glühenden Kohlen, hinter verschlossenen Fensterläden, verschlüsselt als Märchen oder Volkslied, verborgen in unbewußten Erinnerungen.

Im 18. Jahrhundert, als die Verfolgungen aufgehört hatten, kam die Zeit des Unglaubens. Die Erinnerung an die wahre Hexenreligion war erloschen. Die übriggebliebenen, verborgenen Klischees schienen albern, lächerlich oder tragisch. Erst in diesem Jahrhundert kommen die Hexen sozusagen »aus der Besenkammer heraus« und setzen dem Bild des Bösen die Wahrheit entgegen. Der Begriff Hexe ist mit soviel negativen Vorstellungen befrachtet, daß viele Menschen fragen, warum wir das Wort überhaupt noch gebrauchen. Den Begriff Hexe abzulehnen hieße allerdings auch, unser Recht als Frauen, mächtig zu sein, und als Männer, das Weibliche in ihnen als göttlich zu erkennen, abzulehnen. Hexe zu sein bedeutet, sich mit den neun Millionen Opfern der Scheinheiligkeit und des Hasses zu identifizieren und die Verantwortung zu übernehmen, eine Welt zu gestalten, in der das Vorurteil keine Opfer mehr fordert. Eine Hexe ist eine »Bildnerin«, eine schöpferische Frau, die das Ungesehene in Form biegt. Somit wird sie eine der Weisen, die im Magischen leben.

Der Hexenglaube war immer eine Religion der Poesie, nicht der Theologie. Die Mythen, Legenden und Lehren werden als Metapher für das »Unsagbare« erkannt, die absolute Wirklichkeit, die unser begrenzter Verstand niemals vollständig begreifen kann. Die Mysterien des Absoluten können nie erklärt, sondern nur erfühlt oder erahnt werden. Symbole und rituelle Handlungen werden benutzt, um veränderte Wahrnehmungszustände auszulösen, in denen Einsichten vermittelt werden, die mit Worten nicht auszudrücken sind. Wenn wir von den »unsagbaren Geheimnissen« sprechen, meinen wir nicht bloß, daß Regeln uns hindern, frei zu sprechen. Wir meinen, daß das innere Wissen buchstäblich nicht in Worten ausgedrückt werden kann. Es läßt sich nur durch Erfahrung vermitteln, und niemand kann befinden, welche Einsicht ein anderer Mensch aus einer bestimmten Erfahrung gewinnen kann. Nach dem anfangs dieses Kapitels beschriebenen Ritual äußerte eine der Frauen zum Beispiel: »Beim Singen hatte ich das Gefühl, als würden wir miteinander verschmelzen und eine einzige Stimme werden; ich fühlte unser Einssein.« Eine andere Frau sagte: »Mir wurde bewußt, wie verschieden der Gesang für jeden einzelnen von uns klang und wie einzigartig jeder Mensch ist.« Ein Mann bemerkte schlicht: »Ich fühlte mich geliebt.« Für eine Hexe sind alle diese Äußerungen gleich wahr und gleich wertvoll. Sie sind nicht widersprüchlicher als die Feststellungen: »Deine Augen strahlen wie ein paar Sterne« und »Deine Augen sind blau wie das Meer.«

Das ursprüngliche Symbol für das »Unsagbare« ist die Göttin. Die Göttin hat unendliche Eigenschaften und Tausende von Namen – Sie ist die Wirklichkeit hinter vielen Metaphern. Sie *ist* Wirklichkeit, die offenbarte Gottheit, allgegenwärtig in allem Lebendigen, in jedem Menschen. Die Göttin ist nicht von der Welt getrennt – Sie *ist* die Welt, und sie ist alles in ihr: Mond, Sonne, Erde, Sterne, Steine, Samen, fließender Strom, Wind, Welle, Blatt und Ast, Knospe und Blüte, Reißzahn und Klaue, Frau und Mann. Beim Hexenglauben sind Fleisch und Geist eins.

Wie schon gesagt, ist die Religion der Göttin unvorstellbar alt, aber der moderne Hexenglaube könnte ebenso treffend auch Neue Religion genannt werden. Heute erlebt der Hexenglaube mehr als eine Renaissance. Er wird nicht nur erneuert, sondern wiedergeboren, neu geschaffen. Frauen drängen zu diesem neuen Phänomen und erwecken die Göttin wieder, die Vorstellung von der »Legitimität und Wohltat der weiblichen Macht.«[15]

Seit dem Niedergang der Religion der Göttin fehlen den Frauen religiöse Vorbilder und spirituelle Systeme, die weibliche Bedürfnisse und Erfahrungen ansprechen. Westliche wie östliche Religionen sind durch männliche Vorstellungen vom Göttlichen charakterisiert. Unabhängig davon, wie abstrakt die zugrundeliegende Gottesvorstellung auch sei, die Symbole, Offenbarungen, Prediger, Propheten, Gurus und Buddhas sind überwiegend männlich. Frauen werden nicht ermutigt, ihre eigenen Kräfte zu erproben und sich selbst zu verwirklichen. Sie werden gelehrt, sich der männlichen Autorität zu unterwerfen, die männlichen Wahrnehmungsweisen als ihre eigenen spirituellen Ideale zu übernehmen, ihren Körper und ihre Sexualität zu verleugnen und ihre Einsichten einem männlichen Vorbild anzupassen.

Mary Daly, die Autorin von *Beyond God The Father*, weist darauf hin, daß das Modell des Universums, in dem ein männlicher Gott den Kosmos von außerhalb beherrscht, dazu dient, die männliche Kontrolle über die gesellschaftlichen Institutionen zu rechtfertigen. »Das Symbol von Gott Vater, das von der menschlichen Fantasie hervorgebracht und vom Patriarchat als logisch unterstützt wurde, hat dieser Gesellschaft wiederum einen Dienst geleistet, indem es seine Mechanismen zur Unterdrückung der Frauen richtig und angemessen erscheinen ließ.«[16] Das unbewußte Vorbild formt immer noch die Wahrnehmungen sogar derer, die bewußt die religiösen Lehren verworfen haben. Die Einzelheiten des einen Dogmas werden abgelehnt, aber die zugrundeliegende Struktur des Glaubens ist so verinnerlicht, daß sie nur selten in Frage gestellt wird. Statt dessen ersetzt ein neues Dogma, eine parallele Struktur, das alte. Viele Menschen haben beispielsweise die »nackte Wahrheit« des Christentums abgelehnt, ohne jemals die zugrundeliegende Idee zu hinterfragen, daß die Wahrheit eine Sammlung von Glaubenssätzen ist, die durch Vermittlung eines von Mächten oder Intelligenz jenseits des normalen menschlichen Rahmens besessenen »Großen Mannes« enthüllt werden. Christus als der »Große Mann« kann ersetzt werden durch Buddha, Freud, Marx, Jung, Werner Erhard oder den Maharaj Ji in ihrer Theologie, aber die Wahrheit wird immer als etwas von außen Kommendes betrachtet, das nur aus zweiter Hand erkennbar ist. Die feministische Geisteswissenschaftlerin Carol Christ drückt es so aus: »Symbolsysteme können nicht einfach verworfen, sie müssen ersetzt werden. Wo kein Ersatz ist, wird sich der Geist in Zeiten der Krise, der Verwirrung oder der Niederlage zu vertrauten Strukturen zurückwenden.«[17]

Der Symbolismus der Göttin ist kein paralleles Gefüge zum Symbolismus des Gott Vaters. Die Göttin beherrscht nicht die Welt. Sie *ist* die Welt. Da sie in jedem von uns lebendig ist, kann jeder Mensch sie in seinem Inneren in all ihrer herrlichen Verschiedenheit erkennen. Sie rechtfertigt nicht die Herrschaft des einen Geschlechtes durch das andere und verleiht den Herrschern zeitlicher Hierarchien keine Autorität. Im Hexenglauben muß jeder seine eigene Wahrheit finden. Die Gottheit wird in unserer eigenen Gestalt sichtbar, ob wir Frau oder Mann sind, denn die Göttin hat auch ihren männlichen Aspekt. Sexualität ist ein Sakrament. Religion ist eine Angelegenheit der Wiedervereinigung mit dem Göttlichen in uns selbst und mit seinen äußeren Erscheinungen im gesamten menschlichen Bereich und in der natürlichen Welt.

Das Symbol der Göttin ist *poemagogisch.* Dieser Begriff wurde von Anton Ehrenzweig geprägt, um »seine spezielle Aufgabe zu beschreiben, die Kreativität des Ego zu symbolisieren und zu induzieren.«[18] Seine Qualität ist traumähnlich, schwebend. Ein Aspekt der Göttin gleitet in den anderen hinüber. Beständig wandelt sie ihre Gestalt und ändert ihr Gesicht. Ihre Bilder definieren keine Sammlung von Attributen oder nageln diese fest; sie lösen Inspiration, Schaffensfreude, Fruchtbarkeit des Geistes und der Seele aus: »Ein Ding wird zu einem anderen, in der Mutter, der Großen Mutter ...« (ritueller Gesang zur Wintersonnwende)

Die Bedeutung des Göttin-Symbols für die Frauen kann nicht genug betont werden. Das Bild der Göttin inspiriert uns Frauen, uns selbst als göttlich, unsere Körper als geweiht, die wechselnden Phasen unseres Lebens als heilig, unsere Aggression als gesund, unseren Zorn als reinigend und unsere Macht, zu stillen und zu gebären, aber notfalls auch zu begrenzen und zu zerstören, als die eigentliche Kraft zu betrachten, die alles Leben erhält. Durch die Göttin können wir unsere Stärke entdecken, unseren Geist erleuchten, unseren Körper uns zu eigen machen und unsere Gefühle annehmen. Wir können aus unseren engen, einengenden Rollen ausbrechen und wir selbst werden.

Auch für die Männer ist die Göttin wichtig. Die Unterdrükkung des Mannes in dem von Gott Vater beherrschten Patriarchat ist vielleicht weniger offensichtlich, aber nicht weniger tragisch als die der Frauen. Männer werden ermutigt, sich mit einem Vorbild zu identifizieren, das kein menschliches Wesen erfolgreich nachahmen kann: Miniherrscher in kleinen Universen zu sein. Innerlich sind sie in ein »spirituelles« Selbst abgespalten, von dem erwartet wird, daß es die niedere tierische und emotionale Natur besiegt. Sie stehen im Kampf gegen sich selbst: Im Westen sollen sie die Sünde, im Osten Wünsche oder das Ego überwinden. Nur wenige gehen unbeschädigt aus diesen Kämpfen hervor. Männer verlieren die Beziehung zu ihrem Körper und zu ihren Gefühlen und werden zu »erfolgreichen männlichen Zombies«, wie Herb Goldberg sie in *The Hazards of Being Male* beschreibt: »Unterdrückt von kulturellen Zwängen, die seine Gefühle verdrängt haben, durch die Mythologie der Frau und die verzerrte selbstzerstörerische Art, wie er sie sieht und sich ihr gegenüber verhält, durch den Anspruch an ihn, ›wie ein Mann zu handeln‹, was seine Fähigkeit blockiert, gefühlsmäßig und körperlich auf seine inneren Eingebungen zu reagieren, und durch einen allgemeinen Selbsthaß, der dazu führt, daß er sich nur wohlfühlt, wenn er im Alltagstrott richtig funktioniert und nicht seiner Freude und persönlichen Entfaltung lebt.«[19]

Da Frauen die Männer zur Welt bringen, sie an ihren Brüsten nähren und in unserer Kultur vorrangig für ihre Erziehung in der Kindheit verantwortlich sind, »entwickelt jeder in einer traditionellen Familie aufgewachsene Mann eine starke frühe Identifikation mit seiner Mutter und wird daher zutiefst weiblich geprägt.«[20] Das Symbol der Göttin erlaubt den Männern, die weibliche Seite ihrer Natur, die oft als tiefster und empfindsamster Aspekt des Selbst empfunden wird, zu erfahren und zu integrieren. Die Göttin schließt das Männliche nicht aus. Sie enthält es, so wie eine schwangere Frau das männliche Kind in sich trägt. Ihr eigener männlicher Aspekt verkörpert sowohl das Sonnenlicht des Intellekts als auch die wilde ungezähmte animalische Energie.

Unsere Beziehung zur Erde und zu den Lebewesen, die sie außer uns bevölkern, wurde ebenfalls durch religiöse Vorbilder konditioniert. Die Vorstellung von Gott als außerhalb der Natur hat uns eine logische Begründung für unsere Zerstörung der natürlichen Ordnung geliefert und unsere Plünderung der Schätze der Erde gerechtfertigt. Wir haben die Natur zu besiegen versucht, wie wir versucht haben, die Sünde zu besiegen. Erst als die Folgen von Umweltverschmutzung und -zerstörung so schlimm wurden, daß sie sogar die Anpassungsfähigkeit der urbanen Menschheit bedrohen, erkannten wir die Bedeutung des ökologischen Gleichgewichts und die Abhängigkeit alles Lebendigen voneinander. Das Bild der Göttin, die der Natur innewohnt, fördert die Ehrfurcht vor der Heiligkeit alles Lebendigen. Hexenglaube kann als Religion der Ökologie betrachtet werden. Sein Ziel ist der Einklang mit der Natur, so daß nicht nur das Leben erhalten bleibt, sondern gedeihen kann.

Die zunehmende Verbreitung der Religion der Göttin macht manchen politisch orientierten Feministinnen schwer zu schaffen. Sie befürchten, daß dadurch Energie für direktes Handeln im Sinne sozialer Veränderungen verlorengeht. Doch in Bereichen, die so tief verwurzelt sind wie die Beziehungen zwischen den Geschlechtern, kann es gesellschaftliche Veränderungen nur geben, wenn die Mythen und Symbole unserer Kultur selbst verändert werden. Das Symbol der Göttin verleiht die spirituelle Kraft, um Systeme der Unterdrückung in Frage zu stellen und neue, zum Leben hin orientierte Kulturen zu schaffen.

Moderner Hexenglaube beinhaltet ein reiches Kaleidoskop von Traditionen und Richtungen. Die Hexenzirkel, jene eng verbundenen Kleingruppen, aus denen die Kongregationen des Hexenglaubens bestehen, sind autonom. Es gibt keine zentrale Autorität, die über Liturgie oder Riten bestimmen würde. Manche Zirkel üben Praktiken aus, die in ununterbrochener Folge aus der Zeit vor den Hexenverbrennungen auf sie überkommen sind. Andere leiten ihre Rituale von den Führern moderner Wiedererweckungsbewegungen des Hexenglaubens ab – am verbreitetsten sind die Epigonen der beiden Engländer Gerald Gardner und Alex Sanders. Feministische Zirkel sind wahrscheinlich die am schnellsten wachsenden Zweige des Hexenglaubens. Viele huldigen Diana: eine Hexensekte, die dem weiblichen Prinzip weitaus größere Bedeutung einräumt als dem männlichen. Andere Zirkel sind unverkennbar eklektisch und schaffen ihre eigene Tradition aus vielen Quellen. Meine eigenen Konvente gehen bis zur Feentradition der Steinzeit zurück. Doch wir glauben an die Schaffung unserer eigenen Rituale, in denen sich unsere Bedürfnisse und heutigen Einsichten spiegeln.

Die Mythen, die der Philosophie und der Thealogie (den Begriff hat Naomi Goldenberg, eine Religionswissenschaftlerin, nach dem griechischen *thea* = Göttin geprägt) dieses Buchs zugrunde liegen, beruhen auf der Feenüberlieferung. Andere Hexen mögen den Details vielleicht nicht zustimmen, aber insgesamt sind die formulierten Werte und Einstellungen allen Hexenkulten gemeinsam. Ein großer Teil des Feenmaterials wird noch geheimgehalten, so daß viele Rituale, Gesänge und Beschwörungen aus unserer eigenen schöpferischen Tradition kommen. In der Hexenreligion ist ein Gesang nicht zwangsläufig besser, weil er älter ist. Die Göttin offenbart sich ständig, und im Grunde sind wir alle fähig, unsere eigene Liturgie zu verfassen.

Trotz der Verschiedenheit gibt es ethische Normen und Werte, die allen Traditionen des Hexenglaubens eigentümlich sind. Sie beruhen auf der Vorstellung, daß die Göttin der Welt und allen Formen des Lebens einschließlich des Menschen immanent ist.

Mit dem judaisch-christlichen Gedankengut vertrauten Theologen fällt es schwer zu begreifen, daß eine Religion wie der Hexenglaube ein System der Ethik und eine Vorstellung von Gerechtigkeit entwickeln kann. Wie können Menschen ethisch sein, wenn keine Kluft zwischen Geist und Natur besteht, wenn es keine Idee von der Sünde gibt, keinen Konvent und keine Vorschriften, gegen die man verstoßen kann? Nach welchen Maßstäben können sie ihre Handlungen beurteilen, wenn der äußere Richter von seinem Thron als Herrscher über den Kosmos abgesetzt wird? Und wenn die Göttin der Welt immanent ist, warum auf Veränderung hinarbeiten oder nach einem Ideal streben? Warum sich nicht in der Vollkommenheit des Göttlichen sonnen?

Die Liebe zum Leben in jeder Gestalt ist die Grundethik des Hexenglaubens. Hexen sind verpflichtet, alle lebenden Dinge zu ehren und zu achten und den Lebenskräften zu dienen. Der Hexenglaube anerkennt, daß Leben Leben nährt und daß wir töten müssen, um zu überleben, aber das Leben wird nie unnötig zerstört, nie verschwendet oder vergeudet. Den Lebenskräften zu dienen bedeutet, daran zu arbeiten, daß die Vielfalt des natürlichen Lebens bewahrt, die Vergiftung der Umwelt und die Zerstörung der Arten verhindert werden.

Die Welt ist Manifestation der Göttin, doch nichts in dieser

Vorstellung muß Passivität fördern. Viele östliche Religionen ermutigen zum Quietismus nicht, weil sie glauben, das Göttliche sei wahrhaft immanent, sondern weil sie vom Gegenteil überzeugt sind. Für sie ist die Welt Maya, Illusion, und verbirgt die Vollkommenheit der göttlichen Wirklichkeit. Was in einer solchen Welt geschieht, ist nicht wirklich wichtig. Es ist nur ein Schattenspiel, welches das Unendliche Licht verdunkelt. Beim Hexenglauben jedoch ist das, was in der Welt geschieht, lebenswichtig. Die Göttin ist immanent, aber sie braucht Menschenhilfe, um sich in ihrer vollen Schönheit zu entfalten. Das harmonische Gleichgewicht bei der Wahrnehmung von Pflanze und Tier, Menschlichem und Göttlichem ist nicht selbstverständlich, sondern muß ständig neu hergestellt werden, und dies ist die eigentliche Aufgabe der Hexenrituale. Innere Arbeit, spirituelle Arbeit ist am wirksamsten, wenn sie Hand in Hand mit äußerem Wirken voranschreitet. Die Meditation über das Gleichgewicht der Natur kann beim Hexenglauben als spiritueller Akt betrachtet werden, aber nicht in dem Sinn wie das Beseitigen von Müll, der auf einem Lagerplatz hinterlassen wurde, oder wie das Mitmarschieren bei einer Demonstration gegen ein gefährliches Kernkraftwerk.

Hexen betrachten Gerechtigkeit nicht als etwas, das von einer äußeren Autorität verwaltet wird, die sich auf geschriebene Gesetze oder eine Sammlung von außen oktroyierter Regeln stützt. Vielmehr ist Gerechtigkeit ein innerer Sinn dafür, daß jede Handlung Folgen nach sich zieht, die man verantworten muß. Der Hexenglaube nährt kein schlechtes Gewissen, diese strenge, warnende, selbsthassende innere Stimme, die das Handeln lähmt. Statt dessen verlangt er Verantwortlichkeit. »Was du gibst, erhältst du dreifach wieder«, heißt es, eine milde Version des »Was du nicht willst, das man dir tu', das füg' auch keinem andern zu.« Beispielsweise stiehlt eine Hexe nicht, dies nicht wegen der Ermahnung in einem heiligen Buch, sondern weil der dreifache Schaden schwerer wiegt als ein kleiner materieller Gewinn. Stehlen mindert die Selbstachtung und das Ehrgefühl des Diebes. Es ist das Eingeständnis, daß man unfähig ist, ehrenhaft die eigenen Bedürfnisse und Wünsche zu befriedigen. Stehlen schafft ein Klima des

Mißtrauens und der Furcht, in der selbst Diebe leben müssen. Weil wir alle in den gleichen gesellschaftlichen Rahmen eingebunden sind, zahlen auch die, welche nicht stehlen, höhere Preise für Lebensmittel, Versicherung, Steuern. Der Hexenglaube stärkt die Auffassung, daß alle Dinge voneinander abhängen, zueinander in Beziehung stehen und deshalb gegenseitig verantwortlich sind. Eine Handlung, die irgend jemandem schadet, wirkt sich auf alle schädlich aus.

Ehre ist ein Leitmotiv des Hexenglaubens. Das ist kein Machismo-Bedürfnis, sich an eingebildeten Schwächen der eigenen Männlichkeit zu stoßen, sondern vielmehr ein Sinn für Stolz und Selbstachtung. Die Göttin wird in einem selbst und in anderen geehrt. Frauen, die die Göttin verkörpern, werden geachtet; nicht auf ein Podest gestellt oder verklärt, sondern wegen ihrer menschlichen Qualitäten geschätzt. Das Selbst, die eigene Individualität und Einzigartigkeit des Seins in der Welt, wird sehr hoch bewertet. Wie die Natur liebt die Göttin die Abwechslung. Die Einzigartigkeit wird nicht durch Aufgeben des Selbst erreicht, sondern indem man es voll verwirklicht. »Ehre die Göttin in dir selbst, preise dein Selbst, und du wirst sehen: das Selbst ist überall.«

Im Hexenglauben sind alle Handlungen der Liebe und der Lust Rituale der Göttin. Die Sexualität als direkter Ausdruck der Lebenskraft ist göttlich und geheiligt. Sie darf sich frei ausleben, solange Liebe das leitende Prinzip ist. Die Ehe ist eine tiefe Bindung, eine magische spirituelle und psychische Beziehung. Doch ist sie nur eine Möglichkeit unter vielen für liebenden sexuellen Ausdruck.

Mißbrauch der Sexualität ist jedoch äußerst verwerflich. Vergewaltigung zum Beispiel ist ein unerträgliches Verbrechen, da es die Lebenskraft entehrt, indem es die Sexualität zu einem Ausdruck der Gewalt und Feindlichkeit statt der Liebe verkehrt. Eine Frau hat ebenso wie ein Mann das heilige Recht, über ihren Körper selbst zu verfügen. Niemand hat das Recht, einen anderen zu zwingen oder zu nötigen.

Im Hexenglauben wird das Leben geachtet und mit Freude und Staunen sowie mit Sinn für Humor betrachtet. Das Leben wird als Geschenk der Göttin angesehen. Wenn es Leid gibt, wollen wir uns nicht damit abfinden, sondern auf Abhilfe sinnen.

Magie, die Kunst, die unsichtbaren durch die Welt strömenden feinen Kräfte zu spüren und zu gestalten, tiefere Bewußtseinsschichten hinter dem Rationalen zu wecken, ist ein Element, das allen Traditionen des Hexenglaubens zu eigen ist. Hexenrituale sind magische Riten: Sie fördern die Wahrnehmung der verborgenen Seite der Wirklichkeit und wecken längst vergessene Kräfte des menschlichen Geistes wieder.

Das magische Element im Hexenglauben verwirrt viele Menschen. Das vorliegende Buch befaßt sich auch ausführlich damit, die wahre Bedeutung des Magischen zu ergründen, aber ich möchte hier auf die mir gegenüber geäußerte Befürchtung eingehen, daß Hexenglaube und Okkultismus in gewisser Beziehung eine Wiederbelebung des Nazismus seien. Es deutet einiges darauf hin, daß Hitler und andere Nazis Okkultisten waren – das heißt, sie haben vielleicht einige gleiche Techniken angewandt wie andere, die ihr Bewußtsein erweitern wollen. Wie die Chemie ist die Magie eine Sammlung von Methoden, die in den Dienst jeder Philosophie gestellt werden können. Der Aufstieg des Dritten Reichs machte sich die Enttäuschung der zivilisierten Deutschen zunutze und weckte eine tiefe Sehnsucht nach Erfahrungen, die von der westlichen Kultur zu lange ignoriert worden waren. Es ist, als wären wir seit unserer Kindheit dazu erzogen worden, nie den linken Arm zu gebrauchen: Seine Muskeln sind teilweise zurückgebildet, aber sie schreien förmlich danach, benutzt zu werden. Hitler allerdings pervertierte diese Sehnsucht und verzerrte sie zu Grausamkeit und Schrecken. Die Nazis waren keine Verehrer der Göttin. Sie verunglimpften die Frauen, reduzierten sie auf Gebärmaschinen, die mehr arische Krieger hervorbringen sollten. Sie waren das vollkommene Patriarchat, ein extremer Kriegerkult, aber keine Diener der Lebenskraft. Der Hexenglaube mußte kein »Superman«-Ideal auf Kosten unterlegener Rassen schaffen. In der Hexenreligion werden alle Menschen als Götter betrachtet, und Unterschiede der Hautfarbe, Rasse oder Sitten sind als Zeichen der tausendfältigen Schönheit der Göttin willkommen. Hexen mit Nazis gleichzusetzen, weil sie nicht dem Judentum oder dem Christentum anhängen, aber magische Elemente gemeinsam haben, ist etwa so, als würde man behaupten, Schwäne seien in Wirklichkeit Skorpione, da beide keine Pferde sind, aber einen Schwanz haben.

Hexenglaube ist keine wie immer geartete Massenreligion. Der Aufbau ist zellenmäßig, auf Zirkel (oder Konvente) gegründet, das sind kleine Gruppen mit bis zu dreizehn Mitgliedern, die sich zu gemeinschaftlichem Tun treffen, aber individuell unabhängig bleiben. Einsam für sich allein wirkende Hexen sind die Ausnahme. Die Zirkel sind autonom und frei im Vollziehen ihrer bevorzugten Rituale, Gesänge und Beschwörungen. Es gibt keine etablierten Gebetbücher oder Liturgien.

Die Bestandteile mögen wechseln, aber die Hexenrituale folgen unvermeidlich den gleichen zugrunde liegenden Mustern. Die Techniken der Magie, welche die Okkultistin Dion Fortune als »die Kunst, nach Belieben das Bewußtsein zu verändern«, bezeichnet, werden benutzt, um Zustände der Ekstase, der Vereinigung mit dem Göttlichen herbeizuführen. Sie können auch angewandt werden, um materielle Folgen zu zeitigen, beispielsweise Heilungen, da es im Hexenglauben keine Trennung zwischen Geist und Materie gibt.

Jedes Ritual beginnt mit der Schaffung eines heiligen Bezirks, mit der »Bildung des magischen Kreises«. Dadurch entsteht ein Tempel im Herzen des Waldes oder mitten im Wohnzimmer eines Konventmitgliedes. Göttin und Gott werden dann in jedem Teilnehmer angerufen oder erweckt und als leiblich anwesend im Kreis und im Körper der Anbeter gedacht. Die Macht oder heimliche Kraft, welche die Wirklichkeit gestaltet, wird durch monotones Singen oder Tanzen entwickelt und kann durch ein Symbol oder durch Visualisieren in eine Richtung gebracht werden. Mit dem Entstehen des Kraftkegels tritt die Ekstase ein, welche zu einem Zustand der Trance führen kann, in dem man Visionen hat und tiefere Einsichten gewinnt. Speise und Trank werden miteinander geteilt, und die Mitglieder des Zirkels »erden die Kraft« und entspannen sich, genießen eine Zeit der Geselligkeit. Schließlich werden die beschworenen Kräfte entlassen, der magische Kreis wird geöffnet, und es erfolgt eine förmliche Rückkehr zum normalen Bewußtseinszustand.

Die Aufnahme in einen Hexenzirkel geschieht über eine Initiation oder Einweihung, eine rituelle Erfahrung, bei der die Lehren übermittelt werden und die Persönlichkeit wächst. Jeder Initiierte wird als Priesterin oder Priester betrachtet. Die Hexenreligion ist ein Kult von Geistlichen.

Das vorliegende Buch baut sich um die Elemente auf, die nach meinem Gefühl unter den verschiedenen Überlieferungen des Hexenglaubens am beständigsten sind. Das Interesse am Hexenkult nimmt rasch zu. Fachhochschulen und Universitäten beginnen, in den Religionsfächern Kurse über Hexenkult anzubieten. Immer mehr Frauen wenden sich der Göttin zu. Es besteht ein dringendes Bedürfnis nach Material, das Nicht-Hexen die Hexenreligion verständlich und so gründlich zu erklären vermag, daß die Praktiken wie auch die Philosophie begreiflich werden. Da die Aufnahme in einen Zirkel ein langwieriger und heikler Prozeß ist, gibt es viel mehr Menschen, die den Hexenkult ausüben möchten, als Konvente, die sie aufnehmen könnten. Daher enthält dieses Buch auch Übungen und praktische Vorschläge, die zur Ausübung eines persönlichen Hexenkultes führen können. Ein fantasiebegabter Mensch mit einigem Mut zum Wagnis könnte es auch als Handbuch benutzen, um einen eigenen Zirkel zu gründen. Die Vorschläge sollen aber nicht sklavisch befolgt werden, sondern es wird vielmehr eine Art musikalisches Leitmotiv angeboten, mit dem improvisiert werden kann.

Die Mutter Göttin erwacht zu neuem Leben, und wir können allmählich unser Erstgeburtsrecht wiedererlangen, die reine, berauschende Freude am Leben. Wir können die Augen öffnen und neu erkennen lernen, daß nichts *vor* dem Universum gerettet und nicht *gegen* es gekämpft werden muß, daß wir keinen Gott außerhalb der Welt fürchten und keinem gehorchen müssen. Nur die Göttin, die Mutter, die gewundene Spirale, die uns ins Sein hinein- und aus ihm herausführt, deren blinzelndes Auge der Puls des Seins ist – Geburt, Tod, Wiedergeburt –, deren Lachen alle Dinge vibrieren läßt und die nur über die Liebe zu finden ist:

Liebe zu den Bäumen und Steinen, zu Himmel und Wolken, zu duftenden Blüten und tosenden Wellen, zu allem, was kreucht und fleucht und schwimmt und sich auf ihrem Antlitz regt; über die Liebe zu uns selbst, die lebenlösende, welterschaffende orgasmische Liebe zueinander; jeder von uns einzigartig und naturgegeben wie eine Schneeflocke, jeder sein eigener Stern, ihr Kind, ihr Liebhaber, ihr Geliebter, ihr Selbst.

2. Die Weltsicht des Hexenglaubens

Zwischen den Welten

Schöpfung[1]

Allein, ehrfurchtgebietend, in sich ruhend flutete die Göttin, Sie, deren Name unaussprechlich ist, in den Abgrund der äußeren Finsternis, vor dem Anbeginn aller Dinge. Und als sie in den gewölbten Spiegel des schwarzen Raumes blickte, erkannte sie darin ihr strahlendes Bildnis und verliebte sich in es. Durch die Kraft, die ihr innewohnt, zog sie es hervor, vereinigte sich liebend mit ihm und nannte es »Miria, die Wunderbare«.

Ihre Ekstase brach hervor als Lied über alles, was ist und war und sein wird, und mit dem Gesang kam Bewegung, entstanden Wellen, die herauswirbelnd zu den Sphären und Kreisen aller Welten wurden. Die Göttin wurde von Liebe erfüllt, sie ward rund und warm vor Liebe und gebar einen Regen leuchtender Geister, welche die Welten erfüllten und zu Geschöpfen wurden.

Doch in der großen Bewegung wurde Miria hinweggespült, und mit der Trennung von der Göttin ward sie immer männlicher. Zuerst war sie der Blaue Gott, der sanfte, lächelnde Gott der Liebe; dann der weinblattumschlungene Grüne Gott, der in der Erde verwurzelte, der Geist aller wachsenden Dinge. Schließlich wurde Sie zum Gehörnten Gott, zum Jäger, dessen Antlitz der roten Sonne gleicht und doch finster ist wie der Tod. Doch immer zieht ihn Sehnsucht zurück zu der Göttin, so daß er sie ewig umkreist, trachtend, in Liebe wiederzukehren.

Alles hat seinen Ursprung in der Liebe. Alles sucht zur Liebe zurückzukehren. Liebe ist das Gesetz, die Mutter der Weisheit, die große Offenbarende der Mysterien.

»Die Sioux haben von den lebenden Geschöpfen die Vorstellung, daß die Bäume, die Büffel und die Menschen vorübergehende Energiestrudel, wirbelnde Muster sind ... dies ist eine frühe intuitive Erkenntnis der Energie als Eigenschaft des Stofflichen. Du weißt aber, daß dies eine alte, uralte Einsicht ist, vielleicht die Einsicht eines Schamanen aus dem Paläolithikum. Du stellst fest, daß die Wahrnehmung gar viele Wege im archaischen und primitiven Wissen erkannte. Ich würde sagen, daß es wahrscheinlich die grundlegendste Einsicht in die Natur der Dinge ist und daß unsere moderne westliche Auffassung vom Universum als einem aus festen Stoffen bestehenden Gebilde vom Hauptstrom abweicht, eine Abweichung von der eigentlichen menschlichen Wahrnehmung ist.« Gary Snyder[2]

Die Mythologie und Kosmologie des Hexenglaubens wurzeln in der Erkenntnis dieses paläolithischen Schamanen: daß alle Dinge Strudel von Energie, Wirbel sich bewegender Kräfte, Ströme eines ewig bewegten Meeres sind. Hinter der Erscheinung der Getrenntheit, der festen Objekte im linearen Strom der Zeit ist die Wirklichkeit ein Feld von Energien, die zeitweise zu Formen gerinnen. Mit der Zeit lösen sich alle »festen« Dinge auf, um sich wiederum zu neuen Formen, neuen Bindungen zu vereinigen.

Diese Sicht des Universums als Zwischenspiel sich bewegender Kräfte – die zufällig in erstaunlichem Maße mit den Erkenntnissen der modernen Physik übereinstimmt – ist das Ergebnis einer ganz besonderen Art der Wahrnehmung. Das normale Wachbewußtsein betrachtet die Welt als feststehend. Es blickt jeweils auf ein Ding zu einer Zeit, trennt es von seiner Umgebung, weitgehend so, als würde man auf einen dunklen Wald ein Lichtbündel richten, das nur ein einziges Blatt oder einen einzelnen Stein beleuchtet. Das Unterbewußte, die andere Art der Wahrnehmung, die breit, ganzheitlich und undifferenziert ist, sieht eher Muster und Zusammenhänge denn fixierte Objekte. Das ist die Art des Sternenlichts: silbrig schimmernd enthüllt es das Spiel der verschlungenen Äste und den Tanz der Schatten und erfühlt die Wege als Räume im Ganzen.

Die magischen und psychischen Aspekte des Hexenglaubens befassen sich damit, die Sehweise des Sternenlichts zu wecken, wie ich es nennen will, und sie so zu schulen, daß sie ein nützliches Hilfsmittel wird. Magie ist keine übernatürliche Angelegenheit. Nach Dion Fortunes Definition ist sie »die Kunst, nach Belieben das Bewußtsein zu verändern«, das Blitzlicht an- oder auszuschalten, Einzelheiten herauszugreifen, durch die Sterne zu sehen.

Das normale Bewußtsein wird im Hexenglauben durchaus gewürdigt, jedoch sind sich die Hexen seiner Grenzen bewußt. Es ist gewissermaßen ein Raster, durch das wir die Welt sehen, ein kulturell tradiertes Klassifizierungssystem. Es gibt unendliche Wege, die Welt zu betrachten; die »andere Sehweise« befreit uns von den Grenzen unserer Kultur.

»Unsere Gefährten sind die schwarzen Magier«, lehrt der Yaqui-Schamane Don Juan seinen Schüler Castaneda in *Tales of Power.* »Denke einmal nach. Kannst du von dem Pfad abweichen, der dir vorgegeben ist? Nein. Deine Gedanken und Taten sind für immer in ihren Grenzen festgelegt. Ich dagegen brachte dir Freiheit. Freiheit ist teuer, aber der Preis ist nicht zu hoch. Darum fürchte deine Häscher, deine Herren. Doch vergeude nicht deine Zeit und deine Kraft damit, daß du mich fürchtest.«[3]

Der »Preis der Freiheit« ist im Hexenglauben zuallererst Disziplin und Verantwortung. Die Sehweise des Sternenlichts ist eine natürliche Fähigkeit, die uns allen gegeben ist. Freilich ist sehr viel Mühe erforderlich, um sie zu entwickeln und zu schulen. Kräfte und Fähigkeiten, die durch erhöhte Wahrnehmung gewonnen werden, muß man auch verantwortungsvoll gebrauchen, sonst zerstören sie wie Saurons Ring (in Tolkiens *Der Herr der Ringe*) ihren Besitzer. Wer frei sein will, muß nötigenfalls auch bereit sein, etwas abseits vom Hauptstrom der Gesellschaft zu schwimmen. Nicht selten sind in der modernen westlichen Kultur Künstler, Dichter, Seher und erst recht Hexen, Mystiker und Schamanen ihrer Kultur entfremdet, die Unberührbare zugunsten der faßbaren finanziellen Früchte des Erfolgs abzuwerten pflegt.

Der eigentliche Preis der Freiheit jedoch ist die Bereitschaft, dem Erschreckendsten von allem ins Auge zu blicken – unserem eigenen Selbst. Die Sehweise des Sternenlichts, diese »andere Art des Erkennens«, ist eher die Wahrnehmungsweise des unbewußten als die des bewußten Geistes. Nicht alles in der Tiefe unseres Wesens ist hell wie die Sonne. Um klar zu sehen, müssen wir bereit sein, in den dunklen inneren Abgrund zu tauchen und die Geschöpfe anzunehmen, die wir dort finden mögen. So wie die C.G. Jung-Schülerin und Analytikerin M. Esther Harding in *Women's Mysteries* erklärt: »Diese subjektiven Faktoren ... sind mächtige psychische Wesenheiten. Sie gehören zur Gesamtheit unseres Seins, sie sind unzerstörbar. Solange sie mißachtete Ausgestoßene aus unserem bewußten Leben sind, werden sie zwischen uns und allen Dingen stehen, die wir sehen, und unsere ganze Welt wird entweder verzerrt oder erleuchtet sein.«[4]

Der vielleicht überzeugendste Weg, die Vorstellung des Hexenglaubens vom Selbst darzulegen, besteht darin, einige neuere experimentelle Befunde von Biologen und Psychologen zu untersuchen. In *The Psychology of Consciousness* beschreibt Robert Ornstein Versuche mit Hirngeschädigten und Epileptikern, aus denen hervorgeht, daß sich die beiden Gehirnhälften anscheinend auf genau diese beiden erläuterten Arten des Bewußtseins spezialisieren. »Die linke Hirnhälfte (die mit der rechten Körperhälfte verbunden ist) ist überwiegend mit analytischem logischem Denken, vor allem bei verbalen und mathematischen Funktionen, beschäftigt. Ihre Arbeitsweise ist in erster Linie linear. Diese Hirnhälfte scheint Informationen fortlaufend, konsekutiv, zu verarbeiten.«[5] Wie unser Blitzstrahl richtet sie sich immer nur auf einen Gegenstand zu einer Zeit und schließt andere aus. In ihrer Wahrnehmung besteht die Welt aus getrennten Dingen, die wir fürchten oder ersehnen mögen, die manipuliert werden können, um unseren Absichten zu dienen. »Sie scheint primär zu dem Zweck entwickelt worden zu sein, das biologische Überleben zu sichern.«[6]

»Die rechte Hirnhälfte (die bekanntlich mit der linken Körperhälfte verbunden ist) scheint auf ganzheitliche geistige Tätigkeit spezialisiert zu sein. Ihr sprachliches Ausdrucksvermögen ist relativ begrenzt. Diese Hirnhälfte ist vornehmlich für die Orientierung im Raum, künstlerische Bemühungen, Zauber, Körperschema und Personengedächtnis verantwortlich. Sie verarbeitet

Informationen diffuser als die linke Hirnhälfte, und ihr obliegt die rasche Integration vieler gleichzeitiger Informationen.«[7] Dies ist die Sehweise des Sternenlichts. Sie erkennt das Universum als Tanz wirbelnder Energien, der »weder Dauer noch Zukunft oder Vergangenheit, weder Ursache noch Wirkung voraussetzt, sondern ein buntes zeitloses Ganzes«.[8]

Für die Kreativität ist diese Art der Wahrnehmung unerläßlich. So bemerkt Anton Ehrenzweig in *The Hidden Order of Art:* »Die Komplexität eines jeden Kunstwerks, wie schlicht es auch sei, übertrifft bei weitem die Kräfte der bewußten Aufmerksamkeit, die sich bei ihrer gezielten Betrachtungsweise immer nur auf ein Ding zu einer Zeit konzentrieren kann. Nur die extreme Undifferenziertheit des unbewußten Sehens kann diese Komplexitäten abtasten. Sie kann sie mit einem einzigen ungezielten Blick erfassen und Geformtes und Ungeformtes mit gleicher Unvoreingenommenheit behandeln.«[9]

Die folgende Übung ist bei der Ausbildung von Malern gebräuchlich. Sie hilft, die eben geschilderte Art der Wahrnehmung zu schulen.

1. Übung: Schattenspiel

Nimm ein leeres Blatt und einen weichen Bleistift oder ein Stück Zeichenkohle. Setz dich hin und beobachte eine Szene, die dich interessiert. Vergiß die Gegenstände, Bezeichnungen und Dinge, achte nur auf das Spiel von Licht und Schatten über den verschiedenen Formen. Skizziere die Schatten – nicht mit Linien, sondern als breit schraffierte Flächen. Laß dich nicht durch vorhandene Farben ablenken. Versuche nicht, die Dinge genau abzubilden. Laß die Schattenflächen Formen erschaffen. Bleibe mindestens zehn Minuten auf diese Übung konzentriert. Bedenke, es geht nicht darum, eine gute Zeichnung anzufertigen oder dein künstlerisches Talent (beziehungsweise den Mangel daran) zu beweisen. Es geht vielmehr darum, eine andere Art des Sehens zu erleben, bei der die einzelnen Gegenstände verschwinden und nur Muster übrigbleiben.

Weniger visuell veranlagte Menschen werden vielleicht die folgende Übung vorziehen:

2. Übung: Rhythmisches Spiel

Schließ die Augen. Lausche den Geräuschen ringsum, und vergiß, was sie verursacht. Sei dir nur des gewaltigen Rhythmus bewußt, den sie erzeugen. Sogar in der Stadt mußt du vergessen, daß das Rauschen, Hämmern, Klacken, Schnalzen, Rattern und Knallen von vorüberfahrenden Autos, von Preßlufthämmern, tappenden Füßen, Spatzen, Lastwagen und knallenden Türen herrührt – horche nur auf das verworrene lebendige Muster, in dem jedes Geräusch ein einzelner Schlag ist.

Wie schon gesagt, würdigt der Hexenglaube beide Arten der Wahrnehmung, aber die ganzheitliche Sehweise der rechten Hemisphäre hat vermutlich eine stärkere Verbindung mit der zugrundeliegenden Wirklichkeit als die lineare Betrachtungsweise der linken Hirnhälfte. Diese Auffassung wird gestützt durch Versuche mit Biofeedback, das den Versuchspersonen optische Signale über ihre unwillkürlichen Körpervorgänge gibt und ihnen ermöglicht, Funktionen wie Herzschläge oder Hirnströme zu überwachen und schließlich zu beherrschen. In *New Mind, New Body* beschreibt Barbara Brown Versuche, aus denen hervorgeht, daß der Körper und seine unbewußte Substruktur »lange vor der bewußten Erkenntnis Vorgänge in der Umgebung sowohl erkennen als auch beurteilen«.[10] Versuchspersonen wurden überwacht, während unflätige Wörter so kurz auf einen Bildschirm projiziert wurden, daß sie nicht bewußt registriert werden konnten. Haut, Herzfrequenz, Hirnströme und Muskeln der Versuchspersonen zeigten aber sämtlich Reaktionen auf die nichterkannten Wörter. Das Unbewußte kann richtig auf die Wirklichkeit reagieren, selbst wenn das Bewußte ihm unrichtige Informationen gibt. In einem Versuch wurde den Versuchspersonen erklärt, sie erhielten eine Reihe von Schocks unterschiedlicher Intensität. Bewußt nahmen sie wahr, daß die Schocks schwächer wurden. In Wirklichkeit hatten alle Schocks dieselbe Intensität. Die Hautreaktionen beweisen, daß sich das Unbewußte nicht narren ließ – die Monitoren registrierten bei jedem Schock genau die gleiche Reaktion, auch wenn die bewußte Reaktion verschieden war.[11]

Die Feentradition des Hexenglaubens bezeichnet das Unbewußte als Kindliches Selbst; das Bewußte heißt das Sprechende Selbst. Da sie über verschiedene Arten der Wahrnehmung funktionieren, ist die Kommunikation zwischen beiden schwierig. Es ist so, als sprächen sie verschiedene Sprachen.

Das Kindliche Selbst erlebt die Welt unmittelbar, über die ganzheitliche Wahrnehmung der rechten Hirnhälfte. Empfindungen, Gefühle, elementarer Antrieb, Bildgedächtnis, Intuition und diffuse Wahrnehmung sind Funktionen des Kindlichen Selbst, das grob dem Freudschen Begriff des ES entspricht, dem von C.G. Jung beschriebenen persönlichen und kollektiven Unbewußten und dem »Kind«-Schema der Transaktionsanalyse. Das verbale Verständnis des Kindlichen Selbst ist begrenzt. Es teilt sich mit über Bilder, Gefühle, Empfindungen, Träume, Visionen und körperliche Symptome. Die klassische Psychoanalyse entwickelte sich aus den Bemühungen, die Sprache des Kindlichen Selbst zu deuten. Der Hexenglaube erklärt nicht nur, sondern lehrt uns auch die Kommunikation mit dem Kindlichen Selbst wieder.

Das Sprechende Selbst ordnet die Eindrücke des Kindlichen Selbst, gibt ihnen Namen und ordnet sie Systemen zu. Wie aus der Bezeichnung hervorgeht, wirkt es über die verbale analytische Wahrnehmung der linken Hirnhälfte und kann mit dem Begriff des »Ego« sowohl in der Freudschen als auch der Jungschen Psychologie verglichen werden, obwohl es auch das Über-Ich umfaßt, jene Instanz, die uns ermutigt, über richtig und falsch zu urteilen. Nach der Terminologie der Transaktionsanalyse schließt es auch die Begriffe »Erwachsener« und »Eltern« ein. Das Sprechende Selbst teilt sich mit durch Worte, abstrakte Begriffe und Zahlen.

Die Feentradition kennt noch ein drittes Selbst: Das Hohe oder Göttliche Selbst, das sich nicht einfach mit einem der psychologischen Konzepte deckt. Das Hohe Selbst ist das Göttliche in uns, die höchste und ursprüngliche Wesenheit, der Geist, der jenseits von Zeit, Raum und Materie existiert. Es bedeutet tiefste Weisheit und tiefstes Mitempfinden und wird als männlich und weiblich zugleich aufgefaßt, als zwei winzige, zu einem einzigen vereinigte Teilchen des Bewußtseins. Oft wird das Göttliche Selbst in Form zweier gegenläufiger Spiralen oder als Unendlichkeitszeichen, also eine liegende Acht, symbolisch dargestellt. Die Feentradition nennt es Dian Y Glas, der Blaue Gott. Nach unseren Überlieferungen färbten sich die Pikten mit Färberwaid blau, um sich mit dem Göttlichen Selbst zu identifizieren. »Dian« ist mit Diana und Tana verwandt, dem Feennamen der Göttin; ferner mit Janicot, dem baskischen Namen des Gehörnten Gottes, und mit den modernen Namen Jean, Joan und Jonet, die nach Margaret Murray besonders häufig in Hexenfamilien vorkommen.[12]

Im esoterischen Judentum der Kabbala heißt das Göttliche Selbst Neshama, aus der hebräischen Wurzel Shmh (shemáh), das heißt hören oder lauschen. Neshamah ist »Sie, die Lauschende«, die Seele, die uns inspiriert und leitet. Im modernen Okkultismus erscheint das Göttliche Selbst häufig als »Geist-Führer«, manchmal in dualer Gestalt wie in John C. Lillys Bericht über seine LSD-Erfahrungen in einem Isolierbunker, wo er zwei hilfreichen Wesen begegnet: »Sie sagen, daß sie meine Wächter sind, daß sie schon früher in kritischen Zeiten bei mir waren und tatsächlich immer bei mir sind, aber daß ich normalerweise nicht in dem Zustand bin, sie bemerken zu können. Ich kann sie immer dann wahrnehmen, wenn ich am Rande des physischen Todes bin. In diesem Zustand gibt es keine Zeit. Es ist die unmittelbare Wahrnehmung von Vergangenheit, Gegenwart und Zukunft in einem einzigen Augenblick.«[13]

Lilly beschreibt die an das Kindliche Selbst gebundene ganzheitliche Wahrnehmung der linken Hirnhemisphäre. Die Feentradition lehrt, daß das Göttliche Selbst mit dem Kindlichen Selbst, jedoch nicht mit dem Sprechenden Selbst direkt verbunden ist. Glücklicherweise müssen wir nicht fast tot sein, bevor wir das Göttliche Selbst wahrnehmen können, sofern wir erst die Kunst der Kommunikation beherrschen. Nicht das Bewußte mit seinen abstrakten Begriffen tritt mit dem Göttlichen in Beziehung; allein das Unbewußte, das Kindliche Selbst reagiert auf die Fantasien, Bilder, Empfindungen und das Greifbare. Um mit dem Göttlichen Selbst, mit der Göttin oder dem Gott in uns zu kommunizieren, nehmen wir unsere Zuflucht zu Symbolen, zu Kunst, Poesie, Musik, Mythen und rituellen Handlungen, die abstrakte Begriffe in die Sprache des Unbewußten übersetzen.

Das Kindliche Selbst, das störrisch und eigensinnig wie ein trotziges dreijähriges Kind sein kann, wird durch Worte nicht beeindruckt. Wie ein primitives Geschöpf will es etwas gezeigt bekommen. Um sein Interesse zu wecken, müssen wir es mit schönen Bildern und angenehmen Empfindungen verführen, indem wir es gleichsam zum Essen und Tanzen ausführen. Nur auf diese Weise ist das Göttliche Selbst zu erreichen. Aus diesem Grund wurden im Laufe der Zeiten religiöse Wahrheiten nicht mit mathematischen Formeln, sondern als Kunst, Musik, Tanz, Drama, Poesie, Geschichten und aktive Rituale ausgedrückt. Wie es Robert Graves formuliert: »Religiöse Sitten werden in einer gesunden Gesellschaft am besten durch Trommeln, Mondschein, Fasten, Tänze, Masken, Blumen, göttliche Besessenheit zur Geltung gebracht.«[14]

Die Hexenreligion hat kein heiliges Buch. Ihr Auftrag ist nicht »Das Wort« der Johannes-Offenbarung, sondern die Kraft der symbolischen Handlung, die die sternenhelle Wahrnehmung des Kindlichen Selbst erschließt und zugleich den freien Fluß der Kommunikation zwischen den drei Formen des Selbst öffnet. Die Mythen und Geschichten, die uns überliefert wurden, sind nicht wörtlicher zu nehmen als die Feststellung »meine Liebe gleicht einer Rose, einer tiefroten Rose«. Sie sind Poesie, nicht Theologie, sie sollen das Kindliche Selbst ansprechen, mit Joseph Campbells Worten, »um Zentren des Lebens zu berühren und zu erheitern, die jenseits der Reichweite von Vokabeln der Vernunft und des Zwanges sind«.[15]

Manche Aspekte der Hexenrituale mögen sehr ernsthaften Menschen mitunter albern erscheinen, weil sie nicht begreifen, daß Rituale auf das Kindliche Selbst zielen. Der Sinn für Humor und Spielerisches dient oft als Schlüssel, um die tiefsten Schichten des Bewußtseins zu öffnen. Teil des »Preises der Freiheit« ist dann die Bereitschaft zu spielen, das würdige Gehabe des Erwachsenen abzulegen, verrückt auszusehen, grundlos zu lachen. Ein Kind tut so, als ob es eine Königin wäre; sein Stuhl wird zum Thron. Eine Hexe tut so, als ob ihr Zauberstab magische Kräfte hätte, und so wird er zum Kanal für Energie.

Natürlich ist ein Gleichgewicht notwendig. Es besteht ein Unterschied zwischen Magie und Psychose – dieser Unterschied liegt darin, die Fähigkeit zu bewahren, willentlich zum normalen Bewußtsein, zu der Wahrnehmung zurückzukehren, daß, wie meine Biologielehrerin in der High School auf dem Höhepunkt der psychedelischen Ära zu versichern pflegte, »die Wirklichkeit bedeutet, daß man sich die Beine bricht, wenn man von einem Dach herunterspringt«. Drogen können die ganzheitliche Wahrnehmung des Kindlichen Selbst eröffnen, oft aber auf Kosten der Entscheidung des Sprechenden Selbst zum Überleben. Wenn wir »Fliegen« spielen, können wir uns einen Oberschenkel zerschmettern. Eine geschulte Wahrnehmung hingegen hat keinen Ärger mit der normalen Wirklichkeit; sie fliegt im Geiste weiter, und sie gewinnt Einsichten und nimmt Dinge wahr, die später das Sprechende Selbst nachprüfen kann.

Humor und Spiel wecken den Sinn für das Staunen, die Grundhaltung der Hexenreligion gegenüber der Welt. Vorige Nacht zum Beispiel feierte mein Zirkel ein Ritual zum Vorabend des 1. Mai, dessen Haupthandlung darin bestand, einen Maibaum zu schmücken und Dinge hineinzubinden, die wir in unser Leben verweben möchten. Anstelle eines Baums benutzten wir ein zentrales Seil, und statt Bändern nahmen wir buntes Garn, das wir an einem Haken in der Mitte der Decke unseres Versammlungsraums festmachten. Außerdem bildeten wir den magischen Kreis mit elf Personen. Natürlich wußten wir, daß es eigentlich unmöglich ist, mit so vielen Leuten einen Maibaum zu schmücken, aber wir wollten niemand ausschließen. So setzten wir uns unbekümmert über die normale Wirklichkeit hinweg.

Die Folge waren zunächst Chaos und Verwirrung. Alle lachten, während wir in den Kreis hinein- und hinaustanzten und ein verworrenes Knäuel von Garn zuwegebrachten. Es war sicher keine Szene voll mystischer Kraft. Ein ritueller Magier hätte wohl erbleichend seinen Zauberstab erhoben. Doch im weiteren Verlauf geschah etwas Merkwürdiges: Das Lachen erzeugte eine sonderbare Stimmung, als würde die normale Wirklichkeit erblassen. Es gab nur noch die Bänder, die verwoben wurden, und die Körper, die sich bewegten. Das Lächeln auf den Gesichtern, das immer wieder aufblitzte, glich immer mehr dem geheimnisvollen Lächeln archaischer griechischer Skulpturen und deutete auf das höchste und sonderbarste der Mysterien hin. Wir begannen zu singen, wir bewegten uns rhythmisch, und beim Tanzen entstand eine spontane Choreographie – nichts, was je aufgezeichnet oder rational beschrieben werden könnte. Es war ein Tanz mit einem besonderen Element, das sich immer und unvermeidlich einer Erklärung entziehen würde. Das Gewirr der Fäden verschmolz zu einem kompliziert gewundenen Seil. Das Lied wurde zum beschwörenden Gesang. Der Raum wurde düster, und das Seil pulsierte mächtig wie etwas Lebendiges, eine Nabelschnur, die uns mit allem drinnen und draußen verband. Schließlich erreichte der Gesang einen Höhepunkt und erstarb; wir fielen in Trance. Als wir alle zusammen im selben Augenblick erwachten, sahen wir einander mit Staunen an.

Der Schöpfungsmythos am Anfang dieses Kapitels zeigt deutlich die Haltung des Staunens gegenüber der Welt, die göttlich ist, und gegenüber dem Göttlichen, das die Welt ist.

Im Anfang ist die Göttin das All, die Jungfrau, das heißt vollendet in sich selbst. Sie wird *Göttin* genannt, doch könnte sie ebenso gut *Gott* heißen – noch ist das Sexuelle nicht ins Dasein gelangt. Noch gibt es keine Trennung, keine Teilung – nichts als die ursprüngliche Einheit. Doch die weibliche Natur des Seinsgrundes wird beansprucht, weil der Schöpfungsprozeß, der sich jetzt ereignet, ein *Geburts*vorgang ist. Die Welt wird geboren, nicht gemacht und nicht ins Dasein befohlen.

Die Göttin sieht ihr Abbild im gewölbten Spiegel des Raumes, was ein magischer Einblick in die Gestalt des Universums sein könnte, in den gewölbten Raum der modernen Physik. Der Spiegel ist ein altes Attribut der Göttin, laut Robert Graves in ihrer

Erscheinung als »die alte heidnische Meeresgöttin Marian…, Miriam, Mariamne, Myrrhine, Myrtea, Myrrha, Maria oder Marina, Schutzherrin der Dichter und Liebenden und stolze Mutter des Bogenschützen der Liebe… häufige Verkleidung der Marian ist die Meerjungfrau… die konventionelle Gestalt der Meerjungfrau – eine hinreißend schöne Frau mit Fischschwanz, rundem Spiegel und goldenem Kamm – bedeutet ›die Liebesgöttin entsteigt dem Meere‹. Jede Initiierte bei den Eleusinischen Mysterien, die pelasgischen Ursprungs waren (die ursprüngliche mutterrechtliche Bevölkerung Griechenlands), zelebrierte nach einem magischen Bad ein Liebesritual mit ihrem Vorbild… der Spiegel gehörte auch zum heiligen Gerät der Mysterien und stand wahrscheinlich für das ›Erkenne dich selbst‹.«[16]

Wasser ist der Urspiegel. Das übertragene Bild ist auch das des Mondes, der über das dunkle Meer flutet und seine Spiegelung in den Wellen beobachtet. Ein leises Echo ist am Beginn der Schöpfungsgeschichte zu erkennen: »Die Erde war wüst und leer, und der Geist Gottes schwebte über den Wassern.«

Es gibt einen weiteren Aspekt des Spiegels: Ein Spiegelbild ist ein umgekehrtes Bild, gleich, aber seitenverkehrt, die umgekehrte Polarität. Das Bild drückt das Paradoxon aus: Alle Dinge sind eins, und doch ist jedes Ding für sich, individuell und einzigartig. Die östlichen Religionen haben meist den ersten Teil des Paradoxons im Sinn und vertreten die Auffassung, daß in Wirklichkeit alle Dinge eins sind und daß Trennung und Individualität Illusionen darstellen. Westliche Religionen betonen die Individualität und glauben meist, daß die Welt aus festen und einzelnen Dingen besteht. Die westliche Auffassung ermutigt individuelles Streben und Engagement in der Welt. Die östliche Auffassung fördert Zurückziehung, Kontemplation und Mitgefühl. Die Hexenreligion glaubt an das Paradoxon und hält beide Auffassungen für gleich wertvoll. Sie spiegeln sich gegenseitig und ergänzen einander. Sie stehen nicht im Widerspruch zueinander. Die Welt der getrennten Dinge ist die Spiegelung des einen; das Eine ist Spiegelbild der Myriaden getrennter Dinge der Welt. Wir alle sind Wirbel derselben Energie, doch jeder Wirbel ist einzigartig in seiner Gestalt und seiner Gesamterscheinung.

Die Göttin verliebt sich in sich selbst und zieht ihre eigene Ausstrahlung hervor, die ein Eigenleben gewinnt. Liebe des Selbst zum Selbst ist die schöpferische Kraft des Universums. Sehnsucht ist die primäre Energie, und diese Energie ist erotisch: die Anziehungskraft zwischen Liebendem und Geliebtem, zwischen Stern und Planet, das Verlangen des Elektrons nach dem Proton. Liebe ist der Leim, der die Welt zusammenhält.

Der blinde Eros indes wird zu Amor, der Liebe.[17] Nach der Terminologie von Joseph Campbell ist sie mehr personal und auf ein Individuum gerichtet als die universale geschlechtslose Nächstenliebe, Agapé, oder die unverhüllte sexuelle Begierde. Die Spiegelung der Göttin geschieht aus ihr selbst und erhält einen Namen. Liebe ist nicht nur eine energiespendende Kraft, sondern sie fördert die Individuation. Sie hebt die Trennung auf und schafft doch Individualität. Sie ist das Urparadoxon.

Miria, die »Wunderbare«, ist natürlich Marian-Miriam-Mariamne, ist ferner Mari, der Vollmond-Aspekt der Göttin in der Feentradition. Der Sinn für Staunen, Freude und Entzücken in der natürlichen Welt ist das Wesen der Hexenreligion. Die Welt ist keine mangelhafte Schöpfung, nichts, das wir fliehen müßten. Sie bedarf weder der Errettung noch der Erlösung, doch es scheint, daß sie uns aus ihrem tiefsten Sein heraus täglich mehr mit Staunen erfüllt.

Göttliche Ekstase wird zum Ursprung der Schöpfung, und die Schöpfung ist ein orgastischer Prozeß. Ekstase ist das Herz des Hexenglaubens – beim Ritual kehren wir das Paradoxon von innen nach außen und werden zur Göttin, teilen die ursprüngliche bebende Freude der Vereinigung. Nach Mircea Eliade ist »die Ekstase das fundamentale Merkmal des Schamanismus«, und obwohl er den Zustand etwas eng als »die den Körper verlassende Seele« deutet, räumt er ein, »daß aller Wahrscheinlichkeit nach das ekstatische Erleben in seinen vielen Aspekten gemeinsam mit dem Menschlichen besteht in dem Sinne, daß es ein integrierender Bestandteil dessen ist, was als Bewußtwerdung des Menschen über seine besondere Seinsweise in der Welt bezeichnet wird. Der Schamanismus ist nicht nur eine Technik der Ekstase; seine Theologie und Philosophie hängen letzten Endes von dem spirituellen Wert ab, der der Ekstase beigemessen wird.«[18] Hexenglaube ist eine schamanistische Religion, die großen spirituellen Wert auf die Ekstase legt. Er ist eine Quelle der Einheit, der Heilung, der schöpferischen Inspiration und der Kommunion mit dem Göttlichen – ob sie im Konvent, im Bett mit dem Geliebten oder mitten im Wald in Ehrfurcht und Staunen angesichts der Schönheit der natürlichen Welt erfolgt.

Ekstase führt zu Harmonie, zur »Musik der Sphären«. Musik ist der symbolische Ausdruck der Schwingung, die allen Wesen zu eigen ist. Die Physiker lehren, daß die Atome und Moleküle aller Stoffe, vom flüchtigen Gas bis zum Felsen von Gibraltar, in beständiger Bewegung sind. Dieser Bewegung liegt eine Ordnung, eine dem Dasein eigentümliche Harmonie zugrunde. Die Materie singt durch ihre besondere Natur.

Der Gesang wird fortgetragen auf Wellen, die zu Kugeln werden. Es sind die Wellen des Orgasmus, die Lichtwellen, die Wogen des Meeres, die pulsierenden Elektronen und die Schallwellen. Die Wellen bilden Kugeln, wie wirbelnde Gase die Sterne bilden. Es ist eine Grunderkenntnis des Hexenglaubens, daß sich Energie, sei sie physisch, psychisch oder emotional, in Wellen und Kreisen bewegt, die selbst Spiralen sind. (Man kann sich das leicht veranschaulichen, wenn man eine Spielzeugspirale aus dünnem Stahldraht zur Hand nimmt, auseinanderzieht und von der Seite betrachtet: die Spiralen erscheinen dann als Wellenform.)

Immer mehr wird die Göttin von Liebe erfüllt, bis sie einen Regen strahlender Geister gebiert, einen Regen, der das Bewußtsein in der Welt erweckt, so wie Feuchtigkeit das Grün der Erde wachsen läßt. Der Regen ist das befruchtende Menstruationsblut; das lebensfördernde Blut der Mondin, so wie das hervorbrechende Wasser die Geburt ankündigt, die ekstatische Herausgabe von Leben.

Bewegung und Schwingung werden so groß, daß Miria hinweggespült wird. Mit zunehmender Entfernung vom Mittelpunkt der Vereinigung wird sie immer stärker polarisiert, differenzierter und männlicher. Die Göttin hat sich selbst projiziert. Ihr projiziertes Selbst wird das Andere, Entgegengesetzte, das sich ewig nach erneuter Vereinigung sehnt. C. G. Jung würde sagen, daß sie ihre männliche Seele, ihren *animus* projiziert hat. Die Verschiedenheit erweckt die Sehnsucht, die gegen die zentrifugale Kraft der Projektion zieht. Das Energiefeld des Kosmos wird polarisiert und zum Leiter für Kräfte, die in entgegengesetzten Richtungen wirksam werden.

Die Betrachtung des Alls als Energiefeld, das von zwei starken Kräften polarisiert wird – dem Männlichen und dem Weiblichen, der Göttin und dem Gott, die in ihrer höchsten Seinsform Aspekte voneinander sind –, ist nahezu allen Überlieferungen der Hexenreligion gemeinsam. Die Überlieferung der Diana allerdings anerkennt ein männliches Prinzip, mißt ihm aber weniger Bedeutung bei als dem weiblichen. Manche selbstgeschaffenen modernen Traditionen, vor allem die extrem feministisch-politischer Richtungen, lehnen das Männliche grundsätzlich ab. Wenn sie den Begriff der Polarität benutzen, haben sie die bildliche Vorstellung, daß beide Kräfte im Weiblichen enthalten sind. Vielen Frauen bedeutet diese Richtung sehr viel, vor allem als Gegengift für die Jahrtausende alte ausschließliche Konzentration der westlichen Kultur auf das Männliche. Diese Auffassung war jedoch nie die Hauptströmung im Hexenglauben. Ich persönlich glaube, daß sich ein ausschließlich weibliches Modell des Universums auf Dauer für Frauen und Männer als ebenso verhängnisvoll und unterdrückend erweisen würde wie vorher das patriarchale Modell. Eine der Aufgaben der Religion ist es, uns in eine Beziehung zu beiden zu leiten, dem uns gleichen und dem uns ungleichen. Der grundlegendste Unterschied besteht in der Sexualität. Wir können nicht vollkommen werden, wenn wir tun, als gäbe es diesen Unterschied nicht, oder wenn wir entweder das Männliche oder das Weibliche leugnen.

Allerdings müssen wir das Konzept der Polarität von unseren kulturell bedingten Vorstellungen des Männlichen und Weiblichen trennen. Männliche und weibliche Kräfte weisen einen Unterschied auf, aber wesentlich sind sie doch nicht verschieden: Sie sind die gleiche Kraft, die in entgegengesetzte, aber nicht in unvereinbare Richtungen fließt. Dem entspricht etwa die chinesische Vorstellung von Yin und Yang, aber beim Hexenglauben werden die Kräfte ganz anders beschrieben. Keine ist aktiv oder passiv, dunkel oder hell, trocken oder feucht – statt dessen besitzt jede alle diese Eigenschaften. Das Weibliche wird als lebenspendende Kraft gesehen, als Macht der Offenbarung, der Energie, die in die Welt fließt, um geformt zu werden. Das Männliche wird als Todesmacht betrachtet, im positiven und nicht im negativen Sinn: die Kraft der Beschränkung, die den notwendigen Ausgleich zur ungezügelten Schöpfung bildet, die Kraft der Auflösung, der Rückkehr zur Formlosigkeit. Jedes Prinzip enthält auch das andere. Leben führt zum Tode, nährt den Tod; der Tod erhält das Leben, ermöglicht Evolution und neue Schöpfung. Sie sind Teil dieses Zyklus, eines vom anderen abhängig.

Das Dasein wird erhalten durch das pulsierende Auf und Ab, den wechselnden Strom der beiden Kräfte im vollkommenen Gleichgewicht. Unkontrolliert ist die Lebenskraft eine Krebsgeschwulst. Ungezügelt ist die Todeskraft Krieg und Völkermord. Zusammen aber stützen sie einander in lebenserhaltender Harmonie, in dem vollkommenen Kreislauf, der im Wandel der Jahreszeiten zu beobachten ist, im ökologischen Gleichgewicht der natürlichen Welt und im Ablauf des Lebens von der Geburt über die Zeit der Reife und des Alterns bis zum Tod – und dann zur Wiedergeburt.

Der Tod ist kein Ende. Er ist ein Stadium in dem Kreislauf, der zur Wiedergeburt führt. Nach dem Tod bleibt die menschliche Seele im »Sommerland«, im Land der Ewigen Jugend, wo sie erneuert und verjüngt und auf die Wiedergeburt vorbereitet wird. Die Wiedergeburt wird aber nicht wie in den östlichen Religionen als Verdammung zu einem endlosen erschreckenden Kreislauf des Leidens betrachtet. Sie wird vielmehr als große Gnade der Göttin angesehen, die in der dinglichen Welt manifest ist. Leben und Welt sind nicht von der Gottheit getrennt, sondern sind innewohnende Göttlichkeit.

Anders als die Höchste Wahrheit des Buddhismus besagt Hexenglaube nicht, daß »alles Leben Leiden« sei. Im Gegenteil, das Leben ist etwas Wunderbares. Buddha soll seine Einsicht nach seiner Begegnung mit Alter, Krankheit und Tod gewonnen haben. Im Hexenglauben ist das Alter ein natürlicher und hochgeachteter Abschnitt im Lebenszyklus, die Zeit höchster Weisheit und größten Verstehens. Natürlich verursacht Krankheit Elend, doch muß sie nicht unvermeidlich hingenommen werden. In der Praxis war die Hexenreligion immer mit der Heilkunst, der Kräutermedizin und der Geburtshilfe verbunden. Auch ist der Tod nicht schrecklich. Er bedeutet einfach die Auflösung der physischen Gestalt, die dem Geist ermöglicht, sich auf ein neues Leben vorzubereiten. Gewiß existiert das Leid im Leben – es ist ein Teil des Lernens. Die Flucht aus dem Rad von Geburt und Tod ist jedoch ebensowenig eine optimale Kur wie Harakiri bei Menstruationsbeschwerden. Wenn Leid die Folge eines Gesellschaftssystems oder menschlicher Ungerechtigkeit ist, ermutigt Hexenglaube die aktive Arbeit, um es zu lindern. Wo Leid ein natürlicher Bestandteil des Zyklus von Werden und Vergehen ist, wird es gelindert durch Begreifen und Annehmen, durch die bereitwillige Hingabe an Licht und Dunkel im Wechsel.

Die Polarität zwischen männlichem und weiblichem Prinzip sollte nicht als allgemein gültiges Muster für einzelne weibliche und männliche Wesen genommen werden. In jedem Menschen sind beide Prinzipien enthalten, wir sind sowohl weiblich als auch männlich. Vollkommen zu sein bedeutet, mit beiden Kräften zu leben – Erschaffung und Auflösung, Wachstum und Begrenzung. Die durch Zug/Druck der Kräfte erzeugte Energie fließt in jedem von uns. Durch Rituale oder Meditation kann sie individuell erschlossen und so abgestimmt werden, daß sie mit anderen mitschwingt. Sex beispielsweise ist weitaus mehr als der Akt der körperlichen Vereinigung; er ist ein polarisierter Strom zwischen zwei Menschen.

Das männliche Prinzip wird zunächst fast als androgyne (= zwittrige) Gestalt gesehen: das Kind, der Flöte spielende Blaue Liebesgott. Sein Bild ist verbunden mit dem des persönlichen Blauen Gottes, des Göttlichen Selbst, das gleichfalls androgyn ist. Zarte Jugend, geliebter Sohn – Er wird niemals geopfert.

Der Grüne Aspekt ist der Gott der Vegetation – der Geist des Getreides; das Korn, das geschnitten und wieder gesät wird; die Saat, die mit jeder Ernte stirbt und in jedem Frühling ewig neu geboren wird.

Der Gehörnte Gott, der im konventionellen Sinn unter den

Projektionen der Göttin männlichste, ist der Ewige Jäger, aber auch Tier, das gejagt wird. Er ist das wilde Tier, das geopfert wird, damit das menschliche Leben weitergeht. Er ist aber auch der Opfernde, der Blut vergießt. Er wird auch als Sonne betrachtet, auf ewiger Jagd nach der Mondin am Himmel. Das Zu- und Abnehmen der Sonne im Verlauf der Jahreszeiten symbolisiert den Zyklus von Geburt und Tod, Werden und Vergehen, Trennung und Wiederkehr.

Göttin und Gott, weibliches und männliches Prinzip, Geburt und Tod schwingen auf ihren Kreisbahnen, unvergänglich und doch ewig im Wandel. Die Polarität, die Kraft, die den Kosmos zusammenhält, ist die erotische, transzendente und individuelle Liebe. Die Welt wurde nicht plötzlich zu einem bestimmten Zeitpunkt geschaffen. Die Schöpfung geschieht immerzu, in jedem Augenblick, und enthüllt sich im Zyklus des Jahres:

Das Jahresrad[19]

In der Liebe sucht der Gehörnte Gott unter sich wandelnder Gestalt und mit verschiedenen Gesichtern immer die Göttin. In unserer Welt erscheinen das Suchen und Streben im Rad des Jahres.

Sie ist die Große Mutter, die Ihn als Göttliches Kind Sonne zur Wintersonnwende gebiert. Im Frühling ist Er Sämann und Saat und wächst mit zunehmendem Licht, grün wie die jungen Schößlinge. Sie ist die Priesterin. Sie führt ihn in die Mysterien ein. Er ist der junge Stier. Sie ist die Nymphe, die Verführerin. Im Sommer, wenn das Licht am längsten strahlt, vereinigen sie sich, und die Stärke ihrer Leidenschaft erhält die Welt. Doch das Antlitz des Gottes verdüstert sich, wie die Sonne schwächer wird, bis auch Er sich schließlich, wenn das Korn zur Ernte geschnitten wird, dem Selbst opfert, auf daß alle Nahrung finden. Sie ist die Schnitterin, der Schoß der Erde, in die alles zurückkehren muß. Durch die langen Nächte und finsteren Tage schlummert Er in ihrem Leib. Im Traum ist Er Herr des Todes, der über das Land der Jugend jenseits der Tore von Tag und Nacht herrscht. Sein dunkles Grab wird zum Gefäß der Wiedergeburt, denn mitten im Winter gebiert sie Ihn aufs neue. Der Zyklus endet und beginnt erneut, und das Rad des Jahres dreht sich und dreht sich ...

Die Rituale der acht Sonnenfeiertage, der Sabbate, leiten sich vom Mythos des Jahresrades ab. Die Göttin offenbart ihre dreifaltige Wesenheit: Als Jungfrau ist sie jungfräuliche Hüterin von Geburt und Initiation; als Nymphe ist sie sexuelle Versucherin, Geliebte, Sirene, Verführerin; als Greisin ist sie die finstere Seite des Lebens, die Tod und Opfer fordert. Der Gott ist Sohn, Bruder, Geliebter, der sein eigener Vater wird: das ewige Opfer ewig zu neuem Leben wiedergeboren.

In *The Golden Bough* zeigt Sir James Frazer viele Variationen dieses Mythos auf. Wie in der Version, die Robert Graves in *The White Goddess* gibt, wird der Gott meistens dargestellt als in rivalisierende Zwillinge gespalten, die seine beiden Aspekte verkörpern. Der Sternensohn, Herr des zunehmenden Jahres, wetteifert mit seinem Bruder, der Schlange, um die Liebe der Göttin. Zur Sommersonnwende kämpfen sie, und die Finstere Schlange überwindet das Licht und verdrängt ihn aus der Gunst der Göttin, nur um zur Wintersonnwende, wenn das zunehmende Jahr wiedergeboren wird, selbst überwunden zu werden.

Diese Variante ist im Grunde nicht anders als die von uns aufgezeigte, solange die Zwillinge Licht und Finsternis eindeutig als Aspekte ein und derselben Gottheit verstanden werden. Wenn wir hingegen den Gott als gespalten ansehen, laufen wir Gefahr, in uns selbst eine Spaltung zu erleiden: nämlich uns völlig mit dem Licht zu identifizieren und die Finsternis einem Abgesandten des Bösen zuzuschreiben. Sternensohn und Schlange werden nur zu leicht zu Christus und Satan. Im Hexenglauben ist der dunkle, sterbende Aspekt des Gottes nicht böse, sondern unerläßlicher Bestandteil des Kreislaufs der Natur.

Die wesentliche Lehre des Mythos ist mit der Vorstellung vom Opfer verbunden. Für Hexen ebenso wie für andere Menschen, die naturverbunden leben, sind alle Dinge – Pflanzen, Tiere,

Steine, Sterne – belebt, sind sie auf einer gewissen Stufe bewußte Wesen. Alle Dinge sind göttlich, sind Manifestationen der Göttin. Wenn das Getreide bei der Ernte starb oder wenn ein Tier bei der Jagd erlegt wurde, galt dies als göttliches Opfer, das frei aus Liebe dargebracht wurde. Die ritualisierende und mythische Identifizierung mit dem opfernden Gott ehrt den Lebensfunken noch im Tode und bereitet uns vor, wenn für uns die Zeit zu sterben gekommen ist, dem neuen Leben würdevoll Platz zu machen. Werden und Vergehen, Geburt und Tod ereignen sich in der menschlichen Seele und im Lebenszyklus. Jeder muß zur gegebenen Zeit willkommen sein, denn das Leben ist in ständigem Wandel begriffen.

Der Gott wählt das Opfer, um in der Kreisbahn der Göttin zu bleiben, im Kreislauf der natürlichen Welt und in der ekstatischen Urvereinigung, aus der die Welt erschaffen wird. Wollte er sich an irgendeinem Punkt des Rades festklammern, dann käme der Kreislauf zum Erliegen; Er würde aus der Bahn stürzen und alles verlieren. Die Harmonie wäre zerstört. Die Einheit bräche auseinander. Er würde sich nicht retten, sondern sein wahres Selbst, seine tiefste Leidenschaft, seine eigentliche Natur verleugnen.

Dieser Opferbegriff darf unter keinen Umständen mit dem masochistischen Selbstopfer verwechselt werden, das von den patriarchalen Religionen so oft als Ideal gepriesen wird. Die Hexenreligion verlangt niemals, die eigene Natur oder Individualität zu opfern. Statt dessen wird der Natur geopfert. In der Hexenreligion gibt es keinen Konflikt zwischen dem Spirituellen und dem Materiellen. Wir müssen nicht das eine aufgeben, um das andere zu gewinnen. Der Geist manifestiert sich in der Materie. Die Göttin wird als die Überfluß Spendende betrachtet. Doch auf den üppigsten Sommer folgt der Winter, so wie der längste Tag durch die Nacht beendet wird. Nur wenn man dem anderen Platz macht, kann das Leben weitergehen.

Im Hexenglauben bedeutet Opfer ganz entschieden keine Unterwerfung unter die äußere Macht, die ein anderer Mensch oder eine Institution innehat. Auch bedeutet es nicht Aufgabe des eigenen Willens oder der Selbstachtung. Seine emotionale

Tönung ist nicht Selbstmitleid, sondern Stolz: Wie das Opfer des Mettus Curtius, der, als die Auguren ihm sagten, der bodenlose Spalt, der sich plötzlich auf dem Forum geöffnet habe, sei ein Zeichen, daß die Götter das Opfer des edelsten Bürgers von Rom verlangten, ohne Zögern in vollem Waffenschmuck auf dem Rükken seines Pferdes sich in den Abgrund stürzte. Er zweifelte keine Sekunde an seinem eigenen Wert. Er wußte, wer der Edelste Roms war, und handelte entsprechend aus einem untrüglichen Gefühl für das Richtige.

Die Hexenreligion verlangt nicht Armut, Keuschheit und Gehorsam, aber sie ist auch keine Philosophie für Geschäftemacher. Sie entstand in einer eng gefügten Sippengesellschaft, die ihre Einkünfte teilte und gemeinsames Land bestellte. »Caritas« war ein unbekannter Begriff, weil das Miteinanderteilen integrierender Bestandteil der Gesellschaft, eine Grunderwartung war. Eine »Nummer eins« existierte nur innerhalb der Gesellschaftsstruktur und im Gewebe allen Lebens. Die Hexenreligion anerkennt, daß wir alle unabhängig sind, und selbst das gierigste Mitglied der »Ich-Generation« muß letzten Endes der Lebenskraft dienen, und sei es nur als Kompost.

Das Opfer des Gottes wurde in der menschlichen Gesellschaft durch den »Heiligen König« oder Priester dargestellt, der als Gefährte der Hohen Priesterin diente. Er war religiöser Führer und in Kriegen Anführer der Sippe. Seit Frazer *The Golden Bough,* das erstmals 1900 publizierte klassische Werk über Folklore und Anthropologie zusammenstellte, akzeptierten Autoren über das Thema »primitive« Religionen, speziell zu einer Göttin orientierte Religionen, allgemein seine These, daß Menschenopfer in matriarchalen Kulturen eine wesentliche und regelmäßig anzutreffende Sitte waren. Selbst wohlmeinende, sensible und denkfähige Männer – einschließlich Robert Graves, der in diesem Jahrhundert wahrscheinlich den stärksten Antrieb für die Wiederbelebung des Interesses an der Göttin gab – verewigten die Mythen. Joseph Campbell, der die gelungene Reihe *The Masks of God* verfaßte, geht soweit zu behaupten, daß »Menschenopfer ... überall für das Wirken der Göttin charakteristisch sind«.[20]

Die Überlieferung des Hexenglaubens und archäologische

Funde stützen dieses Bild vom blutigen und barbarischen Wirken der Göttin keineswegs. Die vielen paläolithischen Fundstätten, die mit Gestalten der Göttin in Verbindung gebracht werden – Laussel, Angles-sur-Anglin, Cogul, La Magdaleine, Malta, um nur einige zu nennen –, ergeben keine Hinweise auf Menschenopfer. Einer der frühesten und ganz eindeutig matriarchalen Orte des Neolithikums, an denen Ausgrabungen vorgenommen wurden, ist Catal Hüyük (ca. 6500 bis 5700 v. Chr.). Die vielen mit Darstellungen der Mutter-Göttin und ihres Sohn-Geliebten geschmückten Schreine haben keine Vorrichtungen für Menschen- oder Tieropfer: keine Altäre, keine Grube für das Blut und kein Aufbewahrungsort für die Knochen. Ebensowenig geben die Göttin-Tempel auf Malta und Sardinien, die Grabgänge und Steinsetzungen der megalithischen Baumeister oder die Grabungsstätten auf Kreta irgendeinen Hinweis, daß dort jemals Menschen rituell gemordet wurden. Wenn Menschenopfer eindeutig nachzuweisen sind, zum Beispiel in den Königsgräbern der Sumererstadt Ur, wo ganze Höfe den Königen in den Tod folgten, sind sie an Kulturen gebunden, die bereits die Wendung zum Patriarchat vollzogen hatten.

Natürlich ist es schwierig, eine Kultur anhand bestatteter Knochen und Artefakte zu rekonstruieren. Ebenso fehlerträchtig ist die Rekonstruktion aus überlebenden Volksbräuchen, wie es Frazer oft versucht. Wenn die Bauern bei der Ernte Puppen aus Getreide verbrennen, folgt daraus nicht zwangsläufig, daß sie einst lebendige Menschen verbrannten. Für das Kindliche Selbst ist eine Strohpuppe ein vollwertiges Symbol für das Opfer des Gottes. Ein lebendes Opfer ist nicht erforderlich.

Historische Berichte über matriarchale Kulturen stammen meistens von deren Feinden und Eroberern, die sehr wahrscheinlich ein finsteres Bild von den religiösen Bräuchen ihrer Widersacher zeichnen. Würde sich unser Wissen über die mittelalterlichen Juden auf die historischen Berichte katholischer Kirchenmänner beschränken, dann müßten wir glauben, daß Blut von Christen benötigt wurde, um die rituellen Matzen zu backen. Heute erkennen wir diese Mär als die Verleumdung, die sie in Wirklichkeit war, aber die Verunglimpfungen matriarchaler Religionen sind tief in Religion und Mythos eingebettet worden und oft schwer zu erkennen. Von dem griechischen Mythos von Theseus und dem Minotaurus zum Beispiel glaubte man, er stelle das kretische Opfer von Gefangenen an ihren Stier-Gott dar. Dagegen zeigen aber im Palast von Minos freigelegte Fresken die Sitte des »Stier-Springens«, zweifellos ein gefährlicher Sport, der aber doch ebensowenig den Namen Menschenopfer verdient wie seine moderne Variante, der Stierkampf.

In der Feentradition besagt die mündliche Lehre, daß in alten Zeiten der geweihte König oder Hohe Priester neun Jahre im Amt blieb. Danach wurde er zum Schein rituell ermordet, dankte ab und gesellte sich zum Ältestenrat. Der rituelle scheinbare Tod könnte Ursprung vieler Volksbräuche sein, bei denen symbolische Opfer eine Rolle spielen. In Zeiten großer Not oder Bedrängnis mochte sich ein König opfern, wenn sein Inneres ihm dies gebot. Die Bereitschaft, sein eigenes Leben hinzugeben, um dem Volk zu dienen, war der wahre Beweis des Königtums, und dieser Anspruch minderte die Anziehungskraft der Macht für bestechliche und selbstsüchtige Individuen. Das Königtum war keine Gelegenheit, seinen Schnitt auf dem Bronzemarkt zu machen oder persönliche Sklaven zu sammeln. Es war ein Ritual, die mystische Identifizierung mit den Leben und Tod zugrundeliegenden Kräften.

Frauen wurden in der Hexenreligion niemals geopfert. Frauen vergießen jeden Monat ihr eigenes Blut und riskieren bei jeder Schwangerschaft und Entbindung den Tod im Dienst am Leben. Aus diesem Grund wurde der Körper der Frau als geheiligt betrachtet und unversehrt bewahrt.

Presse, Film und Fernsehen verewigen leider auch heute weiterhin die Verbindung von Hexenglauben und Göttin-Religion mit Schrecken und Menschenopfern. Jeder Mörder im Stil von Manson wird Hexer geschimpft. Eindeutige Psychopathen behaupten, mit schändlichen Riten Hexenglauben zu praktizieren und mögen zuweilen einfältige Menschen dazu verleiten, ihnen zu glauben. Hexenglaube als Religion mag zwar kein universales Credo und keine etablierte Liturgie haben, aber in einigen Punkten besteht Einmütigkeit. Keine Hexe unserer Zeit praktiziert

Menschenopfer, Folter oder irgendeine Form von rituellem Mord. Wer das tut, ist ein Psychopath, aber keine Hexe.

Die Weltanschauung der Hexenreligion achtet vor allem das Leben. Der Kosmos ist ein polarisiertes Feld von Kräften, die sich ständig in Form wirbeln und wieder in reine Energie auflösen. Die Polarität, die wir Göttin und Gott nennen, erschafft den Kreislauf, der den Bewegungen der Gestirne und dem Wechsel der Jahreszeiten zugrunde liegt, die Harmonie der natürlichen Welt und die Evolution innerhalb menschlichen Lebens. Wir nehmen das Wechselspiel der Kräfte auf zwei grundsätzliche Arten wahr: die ganzheitliche Sehweise des Sternenlichts über die rechte Hirnhälfte und das Unbewußte sowie die lineare, analytische, bewußte Sehweise über die linke Hirnhälfte. Die Kommunikation zwischen Bewußtem und Unbewußtem, zwischen Sprechendem Selbst und Kindlichem Selbst und durch das letztere mit dem Göttlichen Selbst, dem Geist, hängt von der Offenheit für beide Arten der Wahrnehmung ab. Verbale Begriffe müssen in Symbole und Bilder übersetzt werden. Unbewußte Bilder müssen ans Licht des Bewußtseins gehoben werden. Durch die offene Kommunikation können wir uns auf die Kreisläufe der Natur einstimmen, auf die ekstatische Ur-Vereinigung, welche die Kraft der Schöpfung ist. Die Einstimmung verlangt Opfer: Die Bereitschaft, sich zu wandeln, sich von jedem Punkt des Rades zu lösen und sich weiterzubewegen. Doch das Opfer bedeutet nicht Leiden, und das Leben in all seinen Aspekten, Licht und Dunkel, Wachsen und Vergehen, ist ein großes Geschenk. In einer Welt, in der der erotische Tanz von Gott und Göttin strahlend alle Dinge durchwebt, werden wir, die wir uns ihrem Rhythmus überlassen, hingerissen vom Wunder und Geheimnis des Daseins.

3. Der Hexenkonvent

Zwischen den Welten

Neumond

Letzte Nacht trafen wir uns in dem gemieteten Laden. Lange Zeit redeten wir nur – über unsere Befürchtungen, unsere Zweifel an der Magie und an uns selbst: daß dies nicht wirklich ist, daß es wirklich ist, daß es nicht dauern wird, daß es ein Ego-Trip ist, daß wir verrückt sind, daß wir in Wirklichkeit machtgierig sind, daß wir unseren Sinn für Humor verlieren werden, daß wir eingebildet sind, daß wir es nicht ernstnehmen können, daß es nicht gelingen wird, daß es gelingen wird...

Irgendwann reichten wir uns die Hände und begannen, gemeinsam zu atmen. Plötzlich merkten wir, daß sich ein magischer Kreis gebildet hatte. Wir ließen das Öl reihum gehen, um uns einzureiben, und küßten einander. Irgend jemand begann, leise zu summen, und Pat fing an, einen Rhythmus auf der Trommel zu schlagen. Und wir alle psalmodierten, verwoben Stimmen und Melodien, als entströmten jedem andere Worte:

Isis, Astarte, Ishtar
Dämmer und Dunkel, Dämmer und Dunkel
Mondin, zunehmende Mondin
Gieße dein Licht über uns, deine Strahlen
Leuchte! Leuchte! Leuchte! Leuchte! Leuchte!

und über allem stand der klagende Ton einer Flöte; irgendwie fremd, arabisch oder wie ein schluchzendes Jazz-Saxophon, aber wir lächelten...

Wir verstummten alle im gleichen Augenblick. Dann teilten wir die Früchte miteinander, lachten und redeten über unsere Stimmung. Wir überlegten uns einen Namen für unseren Hexenzirkel. Jemand schlug »Compost« vor. Genau das richtige! Erdig, organisch, nährend – das würde uns auch vor Dünkel bewahren.

Jetzt sind wir der Compost-Konvent!

Das Ritual gelang. Was immer die Magie bewirkt, sie wird uns nicht die Fähigkeit rauben, über uns zu lachen. Und unsere Ängste werden immer geringer. (Aus meinem *Buch der Schatten*)

Für eine Hexe ist der Zirkel Rückhalt, bewußtseinsstärkende Gruppe, Zentrum für die Erkenntnis der Seele, Seminar für Priesterinnen, Mysterienschule, Ersatzfamilie und Religionsgemeinschaft in einem. In einem strengen Zirkel ist die Bindung traditionsgemäß enger als Familienbande: gegenseitiger Austausch von Gedanken, Emotionen und Imaginationen. »Vollkommene Liebe und vollkommenes Vertrauen« sind das Ziel.

Die Gliederung in Konvente unterscheidet die Organisation der Hexenreligion sehr stark von der der meisten anderen Religionen. Der Hexenglaube gründet nicht auf großen formlosen Massen, die einander nur oberflächlich kennen. Auch stützt er sich nicht auf einzelne Gurus mit ihren Anhängern und Schülern. Es gibt keine hierarchische Autorität, keinen Dalai Lama, keinen Papst. Die Hexenreligion ist zellenartig aufgebaut, basiert auf kleinen Zirkeln, deren Mitglieder ein tiefes Engagement untereinander und der Glaube verbindet.

Die Hexenreligion zieht Menschen an, die von Natur aus eher Einzelgänger sind. Der Aufbau des Konvents ermöglicht, daß ausgeprägte Individualisten ein tiefes Gefühl der Gemeinschaft erleben, ohne ihre geistige Unabhängigkeit einzubüßen. Das Geheimnis ist die gute Überschaubarkeit. Ein Hexenzirkel besteht traditionsgemäß aus nicht mehr als dreizehn Mitgliedern. In einer so kleinen Gruppe beeinflußt die Anwesenheit oder Abwesenheit jedes einzelnen die übrigen. Die Gruppe wird bestimmt von Vorlieben, Abneigungen, Glauben und Geschmack jedes Mitglieds.

Gleichzeitig wird der Konvent zu einem eigenständigen Gebilde mit eigenem Charakter. Er bringt einen Kraftkegel hervor (vgl. hierzu Seite 194), einen Energiewirbel, der jenseits der Mitgliedschaft und über sie hinaus wirkt. In einem strengen Konvent besteht ein Synergismus, eine gegenseitige Verstärkung aller Kräfte. Er ist mehr als die Summe seiner Teile. Er ist ein Energiesammelbecken, aus dem seine Mitglieder schöpfen können.

Wenn eine Hexe einem Konvent beitreten will, muß sie initiiert werden, sich einem Aufnahmeritual unterziehen, bei dem die internen Lehren und die Geheimnisse der Gruppe enthüllt werden. Die Initiation geschieht erst nach langer Vorbereitung, während der allmählich Vertrauen und Sicherheit in der Gruppe aufgebaut werden. Wenn der Zeitpunkt richtig gewählt ist, wird das Ritual auch ein Übergangsritus, der ein neues Stadium der persönlichen Entwicklung kennzeichnet. Der Hexenglaube wächst langsam. Nie kann er zur Massenreligion werden, mit der an Straßenecken oder zwischen Tür und Angel hausiert wird. Hexen wollen nicht missionieren. Von künftigen Mitgliedern wird erwartet, daß sie selbst einen Konvent suchen und starkes Interesse daran bekunden. Die Stärke des Glaubens ist eine Frage der Qualität, nicht der Quantität.

Ursprünglich waren Konventmitglieder Lehrer und Priesterinnen oder Priester einer großen heidnischen Bevölkerung von Uneingeweihten. In jeder Sippe bildeten sie die Ältestenräte, die weisen Frauen und Männer, die hinter der Vordergründigkeit ihrer Riten nach den tieferen Bedeutungen forschten. Bei den großen Sonnenfesten, den Sabbaten, vollzogen sie die Rituale, organisierten die Zusammenkünfte und erklärten die Bedeutungen der Zeremonien. Jeder Zirkel besaß sein eigenes Territorium, das traditionsgemäß eine Quadratmeile (4,83 km^2) maß. An den großen Sabbatfesten trafen benachbarte Konvente zusammen, um Wissen, Kräuter, Beschwörungen und natürlich auch Klatsch auszutauschen. Manchmal schlossen sich Konvente unter einer Hexenkönigin oder Großmeisterin zusammen. Bei Vollmond trafen sich nur die Konvente zu den Esbats, studierten die geheimen Lehren und trieben Magie.

Zur Zeit der Hexenverbrennungen wurden die großen Feste

abgeschafft oder christianisiert. Die Konventmitglieder wurden am unnachgiebigsten verfolgt, weil man sie als die eigentlichen Erhalter der Religion ansah. Strengste Geheimhaltung wurde notwendig. Jedes Mitglied eines Konvents konnte die anderen zu Folter und Tod verraten, und so waren »vollkommene Liebe und vollkommenes Vertrauen« mehr als leere Worte. Die Konvente isolierten sich voneinander, die Traditionen zerbrachen, die Lehren gerieten in Vergessenheit.

Heute gibt es in der Hexenreligion starke Bemühungen, die Kommunikation zwischen Konventen und den Austausch von Wissen wiederherzustellen. Doch viele einzelne Hexen können es noch nicht über sich bringen, »ihr stilles Kämmerlein« zu verlassen. Das öffentliche Bekenntnis kann den Verlust ihres Arbeitsplatzes und ihres Lebensunterhalts bedeuten. Erkannte Hexen sind für gewalttätige Spinner eine leichte Beute. Ein Paar aus Südkalifornien wurde durch einen Brandanschlag obdachlos, nachdem sie bei einer Talkshow im Fernsehen aufgetraten waren. Andere Hexen werden von Behörden wegen traditioneller Praktiken wie zum Beispiel Wahrsagerei belästigt oder bei örtlichen Verbrechen zu Sündenböcken gemacht. Leider sind Vorurteile immer noch sehr verbreitet. Sensible Menschen werden niemals jemand als Hexe identifizieren, ohne ihn zuerst unter vier Augen um Erlaubnis gefragt zu haben. In diesem Buch habe ich meine Freundinnen und Gefährt(inn)en durchweg bei ihren Konventnamen genannt, um ihr Privatleben zu schützen.

Jeder Zirkel ist autonom. Jeder ist hinsichtlich Ritualen, The*a*logie und Unterweisung seine eigene Autorität. Konvente, die gleiche Riten befolgen, mögen sich als Teil derselben Tradition betrachten. Um ihren Mitgliedern gesetzlichen Schutz zu gewährleisten, schließen sich viele Konvente zusammen und lassen sich als Kirche eintragen, aber die Rechte der einzelnen Konvente werden stets eifersüchtig gehütet.

Gewöhnlich entwickeln die Konvente eine spezifische Richtung und einen besonderen Schwerpunkt. Manche Konvente befassen sich vor allem mit der Heilkunst oder der Lehre; andere tendieren zu Arbeit mit der Psyche, Trancezuständen, gesellschaftlichem Engagement, Kreativität oder Inspiration. Manche scheinen einfach nur gute Partys zu veranstalten; schließlich sind »alle Akte der Liebe und des Vergnügens« Rituale der Göttin. Ein Konvent kann Männer und Frauen als Mitglieder aufnehmen oder sich ausschließlich auf Männer beschränken. (Es gibt nur ganz wenige reine Männerzirkel. Die Gründe dafür werden im 6. Kapitel erläutert.)

Ein Konvent oder Zirkel ist eine Gruppe Gleichrangiger, aber keine »führungslose Gruppe«. Autorität und Macht gründen sich indessen auf ein Prinzip, das sich völlig von dem ansonsten weitgehend die Welt beherrschenden unterscheidet. Macht ist in einem Konvent nie Macht *über* andere, sondern sie kommt aus dem Inneren.

In der Hexenreligion ist die Macht oder Kraft ein anderer Begriff für Energie, den feinen Kräftestrom, der die Wirklichkeit gestaltet. Eine kraftvolle Persönlichkeit trägt Energie in die Gruppe hinein. Die Fähigkeit, Kraft zu kanalisieren, hängt von der persönlichen Integrität, von Mut und Ganzheit ab. Sie kann nicht angenommen, ererbt, übertragen oder für selbstverständlich gehalten werden, und sie verleiht auch nicht das Recht, andere zu kontrollieren. Die Kraft im Inneren entwickelt sich aus der Fähigkeit, sich selbst zu beherrschen, seine eigenen Ängste und Grenzen zu erkennen, Verpflichtungen zu erfüllen und ehrlich zu sein. Die Quellen der inneren Kraft sind unversiegbar. Die Kraft eines Menschen mindert nicht die eines anderen. Im Gegenteil, wenn jedes Konventmitglied seine Kraft in sich erfährt, nimmt die Kraft der Gruppe zu.

Im Idealfall dient ein Konvent als Übungsfeld, auf dem jedes Mitglied seine persönliche Kraft entwickelt. Die Unterstützung und die Sicherheit der Gruppe stärken bei jedem Mitglied das Selbstvertrauen. Die seelische Schulung eröffnet neue Wahrnehmungen und Fähigkeiten, und die Rückmeldung von seiten der Gruppe wird zum immer präsenten Spiegel, in dem »wir uns sehen, wie die anderen uns sehen«. Ziel eines Konvents ist nicht, die Führenden abzuschaffen, sondern jede Hexe so zu schulen, daß sie Leiterin, Priesterin (oder Priester) wird.

Die Streitfrage der Führerschaft hat die feministische Bewegung und die Neue Linke sehr beschäftigt. Vertreterinnen der

Auffassung von der inneren Kraft sind auf der politischen Szene Amerikas traurige Mangelware. Es wird richtig erkannt, daß Macht über andere unterdrückt, aber zu oft wird das »kollektive Ideal« mißbraucht, um die Starken abzuwerten, anstatt in den Schwachen Stärke aufzubauen. Statt daß man die starken Frauen unterstützt, greift man sie an. »Bin ich eine Verräterin? Sie sollten mich erschießen. Machten einen Führer aus mir. Von uns erwartet man nicht, daß wir Führer haben. Ich werde in irgendeiner Untergrund-Zeitung hingerichtet werden, mein Charakter wird unterirdisch gemeuchelt.«[1]

Die Vorstellung von der inneren Kraft fördert gesunden Stolz und nicht selbstlose, scheue Anonymität; Freude an der eigenen Stärke, nicht Scham und Schuldgefühl. Autorität bedeutet beim Hexenglauben Verantwortung. Die Konventleiterin muß die innere Kraft und Sensibilität besitzen, um die Energie der Gruppe zu kanalisieren, jede Phase des Rituals einzuleiten und zu beenden oder den Zeitplan der Stimmung des Zirkels anzupassen. Wie eine Theaterinszenierung braucht auch ein Ritual einen Regisseur.

In der Praxis wird die Führung in einer reifen Gruppe von einem Konventmitglied an das andere übergeben. Der Zauberstab, der die Autorität der Leiterin symbolisiert, kann reihum an die einzelnen Konventmitglieder weitergereicht werden. Verschiedene Abschnitte des Rituals können von verschiedenen Personen geleitet werden.

Unser Ritual bei der Tagundnachtgleiche im Herbst zum Beispiel wurde von Alan angeregt, der ein Aspirant ist und noch nicht vom Konvent initiiert wurde. Alan hat sich stark in der männlichen Emanzipationsbewegung engagiert und wünschte ein Ritual, das sich um die Veränderung unseres anerzogenen geschlechtlichen Rollenverhaltens drehen sollte. Acht von uns – von Compost, von meinem Frauenkonvent Honeysuckle (= Geißblatt) und aus Alans Männergruppe – hatten das Ritual gemeinsam vorbereitet. Hier ist mein Bericht:

Tagundnachtgleiche, Herbst 1978
Eine heiße Nacht. Siebzehn von uns trafen sich bei Guidot, neun Frauen und acht Männer. Nachdem wir uns ein bißchen unterhalten hatten, gingen wir nach oben in den Ritualraum. Mit Hilfe von Guidot und Paul bildete Alan den magischen Kreis. Dabei gebrauchte er wunderbare Anrufungen, die er vermutlich aus dem Stegreif improvisierte. Ein paar von uns hatten den anderen das Ritual erklärt, so daß alle bereit waren. Ich leitete die Anrufung der Göttin und benutzte dazu den Kore-Gesang. Ich begann, ihn zu sprechen, und als ich zu melodischem Gesang überging, war mir, als näherte sich mir etwas im Rücken und hebe mich aus mir heraus. Meine Stimme bekam einen anderen Klang, wurde zu einem langsamen, tiefen Beben, und ihre Kraft strömte in den Kreis. Während dann alle in den Gesang einfielen, durchströmte uns die dunkle stöhnende Klage über das Ende des Sommers, traurig, aber schön ...

Wandel wirkt, Berührung wirkt ...
berühre uns ... wandle uns ...

Alan, Paul und Guidot riefen den Gott an. Alan nannte ihn den Sanften Bruder, den Streiter gegen die Gewalt. Er schrieb eine höchst eindrucksvolle Anrufung (nachzulesen im 6. Kapitel). Wir begannen, einen Beschwörungstanz entgegen dem Uhrzeigersinn zu vollführen. Während des Tanzes stieß einer einen Satz aus, die Gruppe nahm ihn auf, wiederholte ihn, sang ihn rhythmisch, ließ ihn emporsteigen, gellen und dann ersterben, bis seine Macht über uns mit ihm entschwand. So fing Alan an:
»Du mußt erfolgreich sein!«
»Du mußt erfolgreich sein!« »Du mußt erfolgreich sein! »Du must!« »Du mußt!« »Du mußt!« »Mußt!«
»Brave Mädchen tun das nicht!« »Brave Mädchen tun das nicht!« »Ein großer Junge weint doch nicht!« »Du bist unweiblich!« »Schwuler!« »Schwuler!« »Schwuler!«
Jeder Schrei hallte als vielfaches Echo zurück, wilde, höhnende Stimmen wurden im trüben Licht zu Furien, die unseren Verstand narrten, die spotteten, lachten, schrien und dann vergingen wie Rauchwölkchen. Am Ende stampften und kreischten

wir, siebzehn völlig nackte Erwachsene, die auf und ab sprangen und gellend riefen: »Nein! Nein! Nein! Nein! Nein!«
Das Kindliche Selbst war in seiner ganz ursprünglichen Herrlichkeit erwacht. Val versank in sich, in ihre Kraft als Älteste. Sie vollzog das (geheime) Mysterium, ich glaube, Paul und Alan halfen ihr dabei. Ich sah es noch nie. Laurel, Brook und ich führten in die Trance hinein. Dazu benutzten wir eine weiche, geflüsterte dreistimmige Einleitung:

Deine Finger lösen sich auf ...
Träume, träume und schlaf den magischen Schlaf ...
Lösen sich in Wasser auf, deine Zehen ...

Valerie weckte uns. Wir bildeten zwei Gruppen, eine für die männlichen und eine für die weiblichen Mysterien. Die Männer brauchten viel Zeit – ich glaube, sie gerieten in eine Diskussion über die Dionysos-Riten. Als sie aufhörten, traten wir nacheinander in den Kreis zurück, in dem abwechselnd Frau und Mann nebeneinander saßen. Dann umschritten wir den Kreis, und jeder sprach aus, wie wir stark werden:

»Ich werde stark, indem ich meine Ängste erkenne.«
»Ich werde stark durch meine Freunde.«
»Ich werde stark, indem ich Fehler mache.«
»Ich werde stark, indem ich Stellung beziehe.«
»Ich werde stark durch Träumen.«

Dann sangen wir und mehrten die Kraft, um die Visionen von unserem wahren, freien Selbst zu verwirklichen, die wir in der Trance gesehen hatten. Der Gesang steigerte sich immer weiter; es war so fühlbar angenehm, den Strom der Kraft zu spüren, die leise Resonanz der tiefen männlichen Stimmen, die hohen glockenreinen Töne der Frauen – es wirbelte um uns wie eine mächtige heiße Woge.
Später segneten Alan und ich den Wein und die Kuchen. Als der Becher kreiste, sprachen wir einzeln aus, wofür wir dankbar waren. Viele Male machte der Becher die Runde. Dann entspannten wir uns, aßen, lachten, unterhielten uns ganz normal. Alan beendete das Ritual und öffnete den Kreis.
Hinterher war ich erstaunt, wie reibungslos alles verlaufen war und jeder verschiedene Rollen gespielt hatte. Es ist ein schönes

Gefühl, zurücktreten zu können und andere Menschen Mittelpunkt sein zu lassen, sie ihre Kraft entwickeln zu sehen.

Zur Zeit sind in Compost und in dem Frauenzirkel Honeysuckle nur erfahrene Mitglieder. Jede Initiierte kann Rituale leiten, Energie lenken und Neulinge heranbilden. Allerdings war der Werdegang der beiden Gruppen sehr unterschiedlich.

Compost ist typisch für viele der neuen, in Eigeninitiative gegründeten Konvente, die heute wie Pilze aus dem Boden schießen, ohne eine offizielle Unterweisung im Hexenglauben erlebt zu haben. Ich selbst war vor vielen Jahren, als ich noch das College besuchte, von Hexen in die Lehre eingeführt, aber nie richtig initiiert worden. Ein großer Teil meines Wissens stammte aus Traumgestalten und Trance-Erlebnissen. Es war mir unmöglich, einen Konvent zu finden, den ich gefühlsmäßig annahm. Daher wirkte ich viele Jahre allein. Schließlich entschloß ich mich, versuchsweise selbst einen Konvent zu gründen, ob ich »autorisiert« war oder nicht. Am Bay Area Center für Alternative Bildung fing ich an, eine Gruppe im Hexenglauben zu unterrichten.

Innerhalb weniger Wochen begann sich eine Gruppe interessierter Frauen einmal wöchentlich zu treffen. Unsere Rituale waren kollektiv und spontan, wie das am Anfang dieses Kapitels beschriebene. Wir verzichteten auf festgelegte Formen und Worte.

Nach ein paar Monaten hatte sich eine starke Kerngruppe gebildet, und wir vollzogen eine formelle Initiation. Unsere Rituale erfolgten nun nach einem vorgegebenen Muster, und wir beschlossen, eine Gliederung der Riten zu einem gemeinsamen Rahmenwerk festzulegen, in dessen Grenzen wir alle spontan und offen sein könnten. Bis dahin hatte die Leiterin – meist ich – entschieden, was jeweils geschehen sollte, und alle anderen waren ihr gefolgt.

Wir trafen viele Hexen aus anderen Konventen, und ich begann mit einer Lehrerin der Feentradition zu arbeiten. Allmählich bekam ich einen Sinn für meine eigene Kraft. Als Gruppe bemerkten wir außerdem, daß die Energien, die wir weckten, wirklich waren und nicht bloß symbolisch. Die Gruppe wünschte eine offizielle Leiterin. Gleichzeitig empfand ich das Bedürfnis, daß meine neu entdeckte innere Kraft anerkannt würde. Der Konvent bestätigte mich als Hohepriesterin.

Wie die meisten Menschen, deren Sinn für die innere Stärke sich rasch entwickelt, verfiel ich gelegentlich in Extreme. Aus der kollektivistischen Konventangehörigen wurde eine zeitweise ziemlich ungeschickte Hohepriesterin. An manchen Tagen lesen sich meine Aufzeichnungen von Ritualen ganz anders als die in diesem Kapitel zitierten: »Ich bildete den Kreis.. Ich rief die Göttin an ... Ich leitete den Gesang ... Ich richtete den Kraftkegel aus ...« Glücklicherweise waren meine Gefährtinnen tolerant genug, um mich Fehler machen zu lassen, und aufrichtig genug, mir zu sagen, wenn ihnen mein Verhalten nicht gefiel. Wir begannen, die Pflichten zu teilen: Ein Konventmitglied sollte Salz und Wasser bringen und den Kreis reinigen, ein anderes sollte das Räucherwerk entzünden und im Raum verteilen. Die Männer beschworen den Gehörnten Gott, und wir riefen reihum die Göttin an und lenkten den Kraftkegel. Ich übte meine Pflichten als Leiterin lockerer aus.

Als andere Konventangehörige ihre eigenen Kräfte entwickelten, beschlossen wir, den »Zauberstab wandern« zu lassen. Unsere einmütige Wahl fiel auf eine warmherzige Frau, die sehr viel Mütterlichkeit ausstrahlte. Diane hatte unsere einfachen spontanen Rituale immer am meisten gemocht, und unter ihrer Führung ließen wir viele Förmlichkeiten außer acht und experimentierten. Sie mochte beispielsweise sagen: »Heute abend möchte ich den Kreis nicht formal bilden. Kommt, wir klopfen bloß gegen alle vier Wände und singen. Warum singen wir nicht gegenseitig unsere Namen?« Und dann sangen wir einfach, manchmal stundenlang, und entwickelten daraus schießlich eines unserer einfachsten und hübschesten heutigen Rituale.

Als Diane uns zum Sommer verließ, gaben wir den Zauberstab an Amber weiter, das jüngste Mitglied unseres Konvents. Diane hatte den Kreis durch ein beständiges Glühen erwärmt, Amber entzündete ihn mit Raketen, Feuerwerk und farbigen Lichtern. Sie ist begabt, reizend, liebenswert und unausgeglichen, eine gute Musikerin mit einer opernhaften Singstimme und einem Sinn fürs Dramatische. Sie inspirierte uns, theatralischere Rituale zu schaffen, so wie viele, die im 12. Kapitel beschrieben sind. Allerdings hatte Amber Schwierigkeiten, beständig auf dem hohen Niveau der Pflichterfüllung zu wirken, das von der Führung eines Konvents verlangt wird. Sie machte gerade eine problematische Phase in ihrem Privatleben durch, und obwohl sie meist ihren Verpflichtungen nachkam, verursachte ihr das eine Menge Angst und Streß. Rückblickend finde ich, wir erwiesen ihr keinen guten Dienst, indem wir ihr nicht eine längere Zeit der Unterweisung gönnten.

Der Honeysuckle-Konvent hatte einen anderen Werdegang. Er entstand zu einer Zeit, als ich bereits viele Monate Hohepriesterin des Compost-Konvents und von der Feentradition initiiert war. Ich kam aus einer überaus starken Position als Führerin, und es dauerte viel länger, bis jemand meine Autorität in Frage stellte. Ich durfte die Ausbildung der neuen Gruppe nicht überstürzen, und es dauerte fast ein Jahr, bis ich das Wort Initiation auch nur erwähnte. Sobald eine Frau sich reif fühlte, mehr Verantwortung zu übernehmen, meine Autorität in Frage zu stellen vermochte und bereit war, die Rolle als Aspirantin aufzugeben, wurde sie initiiert. Für jedes Mitglied wurde ein neues Ritual geschaffen, und jeder Ritus veranschaulichte eine Periode des Wachstums.

Es kann schwierig sein, einen geeigneten Konvent zu finden. Hexen stehen nicht im Branchenverzeichnis und haben auch selten eine hinweisende Eintragung im Telefonbuch. Oft veranstalten sie jedoch Kurse in Form von Fernseh-Kollegs (in USA) oder in metaphysischen Buchläden. Inzwischen bieten manche Universitäten an ihren Theologischen Fakultäten Vorlesungen über Hexenglauben an. Die beste Möglichkeit sind natürlich persönliche Kontakte. Hexen glauben, daß jemand, der innerlich bereit ist, sich mit dem Glauben einzulassen, auch an die richtigen Menschen gerät.

Leider behaupten viele Menschen, Hexen zu sein, die bloß einen schmutzigen Charakter haben. Wenn dir jemand begegnet, die sich als Hexe ausgibt, dann lausche auf deine innere Stimme, und laß dich von deiner Intuition leiten. Viele Konvente haben geheime Rituale, aber man sollte dir genügend davon erzählen und zeigen, daß du dir von allem ein einigermaßen klares Bild machen kannst. Ein echter Konvent wird nie etwas von dir verlangen, das du für dich als falsch empfindest. Jede Form von Nötigung, Zwang oder aufdringlicher Verkaufstaktik widerspricht dem Geist des Hexenglaubens. Wirkliche Hexen überlassen bei der Suche dir die Initiative.

Hexenglaube ist keine Ware. Es gibt keine Gebühren für die Initiation, und es verstößt gegen die Ethik, für die Unterweisung im Konvent Geld zu verlangen. Natürlich dürfen Hexen, die offizielle Kurse geben oder als psychologische Beraterin arbeiten, für ihre Zeit und Leistung ein angemessenes Honorar verlangen. Doch sie werden dir nie für viel Geld geweihte Kerzen verkaufen oder von dir fordern, daß du ihnen deine Ersparnisse gibst, damit sie Unheil abwenden. Das sind Lieblingstricks betrügerischer Gauner, die das einfältige Volk hereinlegen. Ein Konvent kann Beiträge erheben, um Kerzen, Räucherwerk und andere Kosten bestreiten zu können: Aber die Hohepriesterin wird keinen Mercedes fahren, der mit den Beiträgen ihrer vertrauensvollen Gefährtinnen finanziert ist.

In einem starken Konvent fühlen sich die Mitglieder eng verbunden und wenden sich natürlich in Zeiten der Belastung einander zu. Allgemein verbringen sie auch außerhalb der Gruppentreffen Zeit miteinander und freuen sich an gemeinsamen Unternehmungen. Sie haben aber auch außerhalb ihren Freundeskreis und andere Interessen und kleben nicht dauernd aneinander. Ein Konvent soll keine Abkehr von der Welt sein, sondern ein stützendes Gebilde, das jedem Mitglied hilft, in der Welt besser zurechtzukommen.

Derzeit gibt es viel mehr Menschen, die einem Konvent beitreten möchten, als Gruppen, die Neulinge aufnehmen können. Wenn du keinen sympathischen Konvent findest, kannst du den Hexenglauben entweder allein praktizieren oder selbst einen Konvent gründen.

Allein zu wirken, ist nicht ideal. Ohne die Unterstützung durch eine Gruppe ist es viel schwieriger, die Sehweise des Sternenlichts zu erlernen. Wer die unbekannten Wege des Geistes allein beschreitet, läuft größere Gefahr, sich in Subjektivität zu verlieren. Außerdem macht das gemeinsame Tun mit anderen viel mehr Freude.

Doch wie eine Hexe behauptet, die ihre Religion jahrelang allein ausgeübt hat: »Es hat seine Vor- und Nachteile, allein zu wirken. Dein Wissen ist allein eher lückenhaft, aber das ist es eigentlich auch in vielen Konventen. Der Vorteil ist, daß du lernst, dich auf dich zu verlassen, und deine Grenzen erfährst. Wenn du dann einem Konvent beitrittst, weißt du, was du willst und was für dich am besten ist.«

Jede Hexe muß lernen, allein zu meditieren und zu visualisieren, das heißt ihr bildliches Vorstellungsvermögen zu schulen. Die meisten Übungen in diesem Buch können allein gemacht werden; die Rituale lassen sich entsprechend abwandeln. Jedenfalls ist es besser, allein zu wirken als mit der falschen Gruppe.

Wenn eine Gruppe interessierter, aber unerfahrener Personen zusammentrifft, ist es vordringlichste Aufgabe, ein Gefühl der Sicherheit herzustellen. Offenheit und Vertrauen entwickeln sich langsam sowohl über verbalen als auch nonverbalen Austausch. Um miteinander vertraut zu werden ebenso wie um Magie zu treiben, brauchen die Menschen Zeit. Oft führe ich eine Gruppe zusammen über ein Eintopfessen, bei dem alle eine sehr greifbare Form der Energie miteinander teilen – Nahrung. Auch bewußtseinsstärkende Techniken können sehr hilfreich sein. Wir lassen dann reihum jeden erzählen, warum sie oder er zu der Gruppe kam und was sie oder er sich davon verspricht. Jeder darf während einer festgesetzten Zeit sprechen, ohne unterbrochen zu werden, so daß auch die zurückhaltenderen ermutigt werden, sich zu äußern, und die gesprächigeren nicht die Unterhaltung an sich reißen. Fragen und Kommentare sind üblich, nachdem jeder das Wort hatte.

Für die Vertrauensbildung in der Gruppe ist auch der nichtverbale Austausch wichtig. Die folgenden Übungen lehren, Energie zu fühlen und einander zu vermitteln, was die Grundlage der Hexenrituale ist. Sie können einzeln ausgeführt werden oder in ruhiger Folge ineinander übergehen. Ich habe niedergeschrieben was ich sage, wenn ich eine Gruppe durch die Übung führe. Für die Gruppe sind die gesprochenen Worte als solche weniger wichtig als der Rhythmus deiner Stimme und das Pausieren an der richtigen Stelle. Das kann man nur durch die Praxis lernen. Lies die Übungen durch, mach dich mit ihnen vertraut, und improvisiere sie dann in deiner natürlichen Sprechweise.

3. Übung: Gruppenenergie empfinden

Die Energie, von der wir im Hexenglauben reden, ist wirklich. Sie ist eine subtile Kraft, die wir alle wahrzunehmen lernen können. Achtet jetzt einmal, während wir im Kreis sitzen, auf die Art der Energie in der Gruppe. Fühlt ihr euch munter? Wach? Aufgeregt? Ruhig oder ängstlich? Verkrampft oder entspannt? (Pause)

Die Energie wandert entlang unserer Wirbelsäule auf und ab. Jetzt setzen wir uns hin, so gerade, wie es ohne Mühe geht. Schön. Wir beobachten, wie sich der Energiespiegel geändert hat. Fühlt ihr euch munterer? Bewußter? Gut. (Pause)

Euer Atem bewegt die Energie innerhalb und außerhalb des Körpers. Er weckt die Kraftzentren eures Körpers. Nun atmet tief ein. Tief einatmen ... ganz tief einatmen. Atmet aus dem Zwerchfell ... aus dem Bauch ... aus eurem Schoß. Euer Magen muß sich beim Atmen vor- und zurückwölben ... wenn nötig, lockert die Kleidung. Füllt euren Leib mit dem Atem. Fühlt, wie ihr euch entspannt ... erfrischt. Nun achtet darauf, wie sich die Energie in der Gruppe geändert hat. (Pause)

Jetzt breiten wir die Arme aus und reichen uns die Hände, verbinden uns miteinander um den Kreis. Atmet weiter tief. Fühlt, wie die Energie im Kreis umgeht. Es kann wie ein leichtes Kribbeln, wie eine geringfügige Erwärmung oder ein schwaches Kältegefühl erscheinen. Wir können das alle auf verschiedene Arten wahrnehmen. Vielleicht sehen es einige auch – wie tanzende Funken mitten im Kreis. (Lange Pause)

(Hier beenden:) Jetzt atmet tief ein, saugt die Kraft in euch hinein wie durch einen Strohhalm. Spürt, wie sie den Rücken hinunterwandert und in die Erde fließt. Entspannt euch.

(Oder zur nächsten Übung übergehen.)

4. Übung: Atmen als Gruppe

(Zur Einleitung sagst du:) Wir wollen uns im Kreis die Hände reichen und uns gerade hinsetzen/hinstellen.

Und jetzt laßt uns die Augen schließen und gemeinsam atmen – den tiefen Atem über den Bauch, über den Schoß. Einatmen ... (langsam) ausatmen ... einatmen ... ausatmen ... einatmen ... ausatmen ... Beim Atmen spürt ihr, wie ihr euch entspannt. Ihr fühlt euch erstarken ... mit jedem Atemzug ... ihr erfrischt euch ... mit jedem Atemzug ... ihr spürt, wie eure Sorgen davonschwimmen ... mit jedem Atemzug ... ihr gewinnt neue Kraft ... während wir gemeinsam atmen ... einatmen ... ausatmen ... einatmen ... ausatmen.

Und spürt euren Atem, während er das Zentrum des Kreises erreicht ... während wir atmen ... wie ein Körper ... einen Atem atmen ... einatmen ... ausatmen ... ein einziger Kreis werden ... mit jedem Atemzug ... eins werden ... (Lange Pause)

(Hier beenden wie in Übung 3 oder weitermachen)

5. Übung: Der Baum des Lebens

(Dies ist eine der wichtigsten Meditationen, die einzeln ebenso wie in der Gruppe geübt wird. Wenn du allein bist, beginne sitzend oder aufrecht stehend, und atme tief und rhythmisch.)

Beim Atmen achten wir darauf, gerade zu sitzen. Wir fühlen, wie die Energie zunimmt, während die Wirbelsäule sich aufrichtet ... (Pause)

Nun stellt euch vor, daß eure Wirbelsäule der Stamm eines Baumes ist ... Von seinem Grund senken sich Wurzeln tief bis in die Mitte der Mutter Erde hinein ... (Pause)

Und ihr könnt die Kraft aus der Erde ziehen ... mit jedem Atemzug ... Ihr fühlt, wie die Energie zunimmt ... wie die Säfte durch den Stamm des Baumes emporsteigen ...

Ihr fühlt, wie die Kraft in eurer Wirbelsäule emporsteigt ... fühlt, wie ihr selbst lebendiger werdet ... mit jedem Atemzug ...

Und von eurem Scheitel ranken sich Zweige zur Erde nieder ... ihr spürt sie im Rücken ... ihr spürt die Kraft, die aus dem Scheitel hervorbricht ... ihr fühlt, wie sie durch die Zweige abwärts strömt ... bis sie die Erde wieder berührt ... und einen Kreis vollendet ... den magischen Kreislauf schließt ... zu ihrem Ursprung zurückkehrt.

(Falls in einer Gruppe:) Und während ihr tief atmet, spürt ihr, wie sich all unsere Zweige miteinander verweben ... und wie die Kraft sie durchströmt ... durch sie tanzt wie der Wind ... ihr fühlt den Strom der Kraft. (Lange Pause)

(Beenden wie in Übung 3 oder weitermachen)

6. Übung: Gesang der Kraft

(Diese Übung sollte stets mit dem Atmen als Gruppe beginnen – der 4. Übung.)

Jetzt wollen wir unseren Atem hören ... in jedem Ton, der euch gefällt ... Stöhnen ... Seufzen ... Kichern ... leises Summen ... Heulen ... eine Melodie ... singt die wortlosen Klänge der Vokale ...

(Warte. Bei einer neuen Gruppe kann für kurze Zeit Stillschweigen eintreten. Allmählich wird jemand anfangen zu seufzen oder ganz leise zu summen. Andere werden nach und nach einfallen. Der Singsang kann sich zu kräftigem Summen steigern oder zu einer Welle gutturaler Töne anschwellen. Wenn den Teilnehmern danach zumute ist, fangen sie vielleicht an zu glucksen, zu bellen oder wie Tiere zu heulen. Der Gesang kann einen plötzlichen Höhepunkt erreichen und abbrechen oder in einigen Crescendi der Kraft an- und abschwellen. Laß ihn sich von selbst entwickeln.

Wenn alle verstummt sind, lege eine Pause zur Entspannung ein. Bevor die Gruppe unruhig werden kann, laß die Kraft in die Erde fließen, wie in Übung 7.)

7. Übung: Die Kraft erden

(Das Erden der Kraft gehört zu den Grundtechniken der Magie. Immer, wenn die Kraft heraufbeschworen wurde, muß sie geerdet werden. Die Kraft, die wir als belebende Energie empfinden, degeneriert andernfalls zu nervöser Spannung und Reizbarkeit. In den bisherigen Übungen erdeten wir die Energie, indem wir sie in uns hineinsaugten und durch uns hindurch in die Erde fließen ließen. Diese Methode ist oft nützlich, wenn man allein arbeitet.)

Nun laßt euch zu Boden sinken und entspannt euch. Legt eure Handflächen flach auf den Boden, oder legt euch flach hin. Laßt die Kraft durch euch hindurch in die Erde hineinsinken. (Auch wenn ihr euch in einem Penthouse fünfzehn Stockwerke über der Erde trefft, stellt euch vor, wie die Energie bis nach unten in den wirklichen Boden fließt.) Entspannt euch, und laßt die Kraft durch euch fließen ... laßt sie tief in die Erde verströmen ... wo sie gereinigt und erneuert wird. Entspannt euch, und laßt euch friedlich davontragen.

Die letzten fünf Übungen enthalten die Grundzüge eines Hexenrituals. Der Kreis wird gebildet, indem man einander die Hände reicht. Die Kraft wird heraufbeschworen, einander mitgeteilt und geerdet. Im allgemeinen schließt sich ein gemeinsames Mahl an – Magie macht Appetit! Während der Weinbecher kreist, werden Toaste ausgesprochen, und die Menschen danken der Göttin für die guten Dinge, die sie ihnen gab. Dieser Teil des Treffens ist entspannt und zwanglos und eignet sich gut, um Eindrücke auszutauschen und zu diskutieren, was geschehen ist. Jetzt können die Beteiligten aus dem Kreis heraustreten, aber das Treffen *muß* formal beendet werden, bevor irgend jemand nach Hause geht. Wenn eine Zusammenkunft gegen Ende auseinanderbröckelt, läßt sie die Teilnehmer ohne ein Gefühl der Geschlossenheit und Vollständigkeit zurück. Wenn magische Rituale vollzogen werden, wandelt sich die beschworene Energie unter Umständen leicht in Angst und Gereiztheit anstatt in Frieden und Lebenskraft. Eine Zusammenkunft kann ganz schlicht beendet werden, indem alle einander bei den Händen fassen und gemeinsam sprechen:

Der Kreis ist nun offen, doch ungebrochen,
Der Frieden der Göttin erfülle eure Herzen,
Ein fröhliches Treffen, ein fröhlicher Abschied
Und ein fröhliches Wiedersehen. Seid gesegnet.

Dann küßt man einander reihum (im Uhrzeigersinn).

Das Gefühl der Zusammengehörigkeit wird auch gefördert, wenn sich der Zirkel mit Gedichten, Liedern, Geschichten, Bildern und kreativer Arbeit beschäftigt. Wenn wir eine Gruppe neuer Mitglieder in den Honeysuckle-Konvent aufnehmen, gestalten wir einen Abend, indem wir uns im Kreis unsere Lebensgeschichte erzählen. Wir machen auch ein regelmäßiges gemeinsames Lauftraining und Gruppenwanderungen. Der Compost-Konvent veranstaltet gelegentlich »Exkursionen«, zum Beispiel zur Parade beim Chinesischen Mondfest. Einmal trafen wir uns, um uns »The Wizard of Oz« im Fernsehen anzuschauen. Anschließend tanzten wir die Straße entlang und sangen dabei »Follow the Yellow Brick Road«.

Während die Gruppe allmählich zusammenwächst, entstehen unvermeidlich zwischenmenschliche Konflikte. Die Bindekräfte innerhalb der Gruppe bewirken, daß manche Mitglieder sich draußen gelassen fühlen. Jeder Mensch ist Teil des Ganzen, aber auch ein Individuum, das teilweise von den anderen getrennt ist. Manche Menschen sehen die Gruppe leicht als feste Einheit an, die alle vollständig einbegreift, während sie allein teilweise ausgeschlossen sind. Häufig entsteht zwischen Konventmitgliedern eine sexuelle Anziehung. Während nun das erste Aufflammen der Liebe Kraft in die Gruppe hineinzieht, verursacht jedoch ein zerstrittenes Paar einen Riß. Wenn die beiden ihre Beziehung beenden und spüren, daß sie in der Gruppe nicht mehr zusammen arbeiten können, entsteht ein wirkliches Problem. Eine Konventleiterin, die Stärke und Ausstrahlung besitzt, wird oft zur

Zielscheibe der Projektionen anderer Mitglieder. Mitunter sieht man in ihr die allesspendende Erdmutter, die ewig ersehnte und doch unerreichbare Frau oder die allwissende Prophetin. Für sie ist es stets eine Versuchung, diesen schmeichelnden Bildern zu glauben und sich seelisch an der Energie zu laben, die darin enthalten ist. Doch wenn sie das tut, hemmt sie ihre eigene Entwicklung zu einem menschlich vollkommenen Wesen. Früher oder später wird sie irgend etwas falsch machen, und das Bild wird zertrümmert; die Folgen können katastrophal sein.

Einen gewissen Teil der Zeit und Energie der Gruppe zur Lösung der zwischenmenschlichen Konflikte aufzuwenden, ist notwendig und wünschenswert und gehört zum Wachstumsprozeß eines gesunden Konvents. Nur zu leicht aber kann eine Gruppe zu einer Art amateurhafter Encounter-Sitzung oder Urschreitherapie entarten. Ein Konvent kann nicht als therapeutische Gruppe funktionieren. Probleme zwischen Mitgliedern lassen sich durch Anwendung von Magie oft wirksamer lösen als durch endlose Diskussionen. Anstatt zum Beispiel eine unsichere Konventangehörige durch gutes Zureden zu bestätigen, stellen wir sie mitten in den Kreis und singen ihren Namen. Wenn zwei Mitglieder nicht miteinander auskommen und keines den Konvent verlassen will, muß die Gruppe eventuell ein Los ziehen und somit die Entscheidung der Göttin überlassen. Wenn eine Hohepriesterin in Gefahr zu sein scheint, durch ihre Position verführt zu werden, müssen die weniger hervortretenden Mitglieder ihr das freundlich sagen. Die objektive konstruktive Kritik ist einer der großen Vorzüge des Konventgefüges.

Ein Konvent wird zum sicheren Raum, in dem die Mitglieder unbeschwert ihre Hemmungen loswerden können: lachen, tanzen, albern sein, spontan singen und Gedichte vortragen, Wortspiele machen, das Kindliche Selbst nach außen kehren und spielen. Nur dann können Zustände höherer Wahrnehmung erreicht werden. Um den Zensor des Sprechenden Selbst zum Verstummen zu bringen und die innere Stimme frei sprechen zu lassen, wurden viele Methoden entwickelt.

Die Nacktheit ist eine dieser Methoden. Wenn wir unsere Kleidung ablegen, lassen wir unsere gesellschaftliche Maske fallen, enthüllen wir unser sorgsam gepflegtes Selbstbild. Wir öffnen uns. Die mystische Bedeutung des nackten menschlichen Körpers ist »Wahrheit«. Verschiedene Menschen brauchen unterschiedliche Privatsphären. Während manche glücklich an Nacktbadestränden herumhüpfen, können sich andere nackt erst wohlfühlen, wenn nach längerer Zeit Vertrauen hergestellt ist. Die öffentlichen Rituale in unseren Konventen finden immer bekleidet statt. Wenn es Gästen, die wir zu privaten Zeremonien unter freiem Himmel eingeladen haben, peinlich ist, sich auszuziehen, sind sie in jeder beliebigen Kleidung willkommen. Das Schamgefühl eines Menschen darf niemals verletzt werden.

Die folgende Übung machen wir, um allmählich die innere Stimme zu befreien und Hemmungen abzulegen.

8. Übung: Trance durch Wortassoziationen

(Alle legen sich bequem auf den Boden. Löscht das Licht. Beginnt mit der Atmung als Gruppe, Übung 4. Sobald alle entspannt sind, machst du folgendermaßen weiter:)

Wir gehen jetzt im Uhrzeigersinn um den Kreis. Ich fange an und sage ein Wort, und die nächste sagt darauf das erste Wort, das ihr gerade einfällt. Die nächste reagiert dann auf dieses Wort, dann wieder die nächste und so weiter reihum. Denkt nicht über das Wort nach, sondern entspannt euch einfach, atmet tief, und laßt es geschehen. (Du fängst an. Die Reihenfolge kann etwa so sein :)

Grün / Erbse / Suppe / heiß / kalt / Eis / Schnee / weiß / schwarz / Vogel / fliegen / Himmel / Sterne / Nacht / Dunkel.

(Nach ein paar Runden:)

Jetzt wiederholt jede das letzte Wort ihrer Nachbarin und hängt ein neues dran.

(Die Reihenfolge kann sich so ergeben:)

Dunkle Höhle / Höhlengrab / Grabesstille / Stiller Ozean / Ozeanriese / Riesenstern / Sternenlicht / Lichtstrahl / Strahlenmeer . . .

(Nach einigen Runden:)

Jetzt greift jede die beiden letzten Wörter auf und fügt eines hinzu.

(Die Reihenfolge könnte etwa so aussehen:)

Strahl Sonne Licht / Sonne Licht Tag / Licht Tag Nacht / Tag Nacht Ewigkeit / Nacht Ewigkeit Sterne / Ewigkeit Sterne Himmel / Sterne Himmel Mond / Himmel Mond Sonne ...

(Das ist eine echte Anrufung, die wir machten. Sie wurde während einer entsprechenden Übung von einer Gruppe assoziiert. Im Lauf der Trance verselbständigen sich die Wörter. Die Kombinationen ergeben ständig wechselnde Szenen, die lebhaft vor dem geistigen Auge erstehen. Allmählich verwischt sich der Kreis, und die Teilnehmer beschreiben bloß, was sie sehen:)

Ich sehe einen dunklen Himmel, von Millionen Sternen übersät – einer schießt durch den Himmel ...

Ich sehe einen flammenden Kometen, er zieht einen goldenen Schweif hinter sich her ...

Ich sehe einen Pfau, seine Schleppe zieren grünlich schillernde Augen ...

Ich sehe ein Auge, das mich betrachtet ...

Ich sehe ein Gesicht, das dunkle Gesicht einer schönen Frau ...

(Die Beschreibungen können schlicht oder ausführlich sein. Manche bekommen eindrucksvolle Visionen, andere hören Geräusche oder Stimmen oder haben neue Empfindungen. Manche Teilnehmer schlafen ein. Nach einer gewissen Zeit verstummt die Gruppe, jede Teilnehmerin schwebt in ihrer eigenen Vision. Laß jeder genügend Zeit, um ihre Innenwelt voll zu erleben, dann sprich:)

Jetzt atmet tief, und sagt euren Visionen Lebewohl. Gleich werden wir die Augen aufmachen und wach sein, ganz und vollständig wach, wir werden uns erfrischt und erneuert fühlen. Ich zähle jetzt bis drei, und wir öffnen die Augen und wachen auf. Jetzt einmal tief atmen ... einatmen ... ausatmen ... eins ... zwei ... drei ... Augen auf! Ihr seid wach, erfrischt und erneuert.

Es ist überaus wichtig, daß jede vollständig ins normale Bewußtsein zurückgeholt wird. Macht das Licht an, und schafft dadurch eine ganz neue Atmosphäre. Eßt und trinkt gemeinsam (aber keinen Alkohol!), bewegt euch, und redet miteinander. Andernfalls können manche Teilnehmer in leichter Trance verbleiben, und dieser Zustand ermüdet und deprimiert.

Diese Übungen sind besonders geeignet, um die schöpferische Fantasie freizusetzen, und können sowohl in Konventen als auch in Kursen für Kunst oder Poesie angewandt werden.

Das Ritual ist zum Teil eine Sache der Ausdruckskunst, des Theaters. Manche begeistert diese Seite des Hexenwesens, andere werden schüchtern oder gehemmt vor einer Gruppe. Die stilleren Konventmitglieder können jedoch auf andere Weise Kraft kanalisieren. Brook will zum Beispiel nur selten den magischen Kreis bilden oder die Göttin anrufen, aber wenn sie singt, wird ihre sonst angenehme, unauffällige Stimme zu einem unheimlichen, überirdischen Kanal für die Kraft.

Die magischen Übungen sind von einem Konvent zum anderen sehr verschieden, ihr Zweck ist jedoch immer derselbe: die Sehweise des Sternenlichts zu bahnen, jene andere Art des Erkennens, die zur rechten Hirnhälfte gehört und es uns ermöglicht, Verbindung mit dem Göttlichen in uns aufzunehmen. Der Anfänger muß vier Grundfertigkeiten ausbilden: Entspannung, Konzentration, Visualisierung (bildliches Vorstellungsvermögen) und Projektion.

Entspannung ist wichtig, weil jede Art von Spannung die Energie hemmt. Muskelverspannung wird als geistiger und seelischer Streß empfunden. Seelische Belastungen verursachen physische und muskuläre Verspannung und Un-Behagen. Kraft, die durch einen verspannten Körper strömen soll, ist wie ein elektrischer Strom, den man gegen eine Reihe von Widerständen schickt: Der meiste Saft geht unterwegs verloren. Körperliche Entspannung scheint auch das Hirnstrombild zu verändern und Zentren zu aktivieren, die normalerweise nicht benutzt werden.

9. Übung: Entspannung

(Diese Übung kann in der Gruppe, allein oder zu zweit gemacht werden. Zuerst legt man sich mit locker ausgestreckten Armen und Beinen flach auf den Rücken. Alle beengenden Kleidungsstücke werden gelockert.)

Wenn wir wissen wollen, wie sich Entspannung anfühlt, müssen wir zuerst Anspannung erfahren. Wir werden jetzt nacheinander alle Muskeln unseres Körpers anspannen und sie angespannt halten, bis wir mit einem Atemzug den ganzen Körper *ent*spannen. Preßt die Muskeln nicht so stark, daß sie sich verkrampfen, sondern spannt sie nur leicht an.

Wir beginnen mit den Zehen. Spannt die Zehen des rechten Fußes an ... und jetzt am linken Fuß. Rechten Fuß anspannen ... und linken Fuß anspannen ... rechtes Fußgelenk .... und linkes Fußgelenk ....

(Abschnittweise wird der ganze Körper angespannt. Die Gruppe muß zwischendurch immer wieder ermahnt werden, erschlaffte Muskeln erneut anzuspannen.)

Nun spannen wir die Kopfmuskeln an. Der ganze Körper ist jetzt angespannt ... ihr fühlt die Spannung an jeder Stelle. Spannt jeden Muskel an, der erschlafft ist. Jetzt tief atmen ... einatmen (Pause) ... ausatmen ... und ... entspannen!

Vollkommen locker lassen. Ihr seid vollständig und total entspannt. (Im Singsang:) Eure Finger sind entspannt. Eure Zehen sind entspannt. Eure Hände sind locker, eure Füße sind locker. Eure Handgelenke sind entspannt, eure Fußgelenke sind entspannt.

(Und so fort durch den ganzen Körper. Zwischendurch pausieren und sagen:)

Ihr seid ganz und gar entspannt. Ganz und gar entspannt. Euer Körper ist leicht, er fühlt sich an wie Wasser, das in der Erde versickert.

Laßt euch im Zustand der Entspannung friedlich treiben und strömen. Wenn Ärger oder Ängste deinen Frieden stören, stell dir vor, daß sie aus deinem Körper wie Wasser abfließen und in der Erde versickern. Du fühlst dich geheilt und erneuert.

(Überlaß dich fünf bis zehn Minuten lang der tiefen Entspannung. Diese Übung sollte täglich gemacht werden, bis du dich vollkommen entspannen kannst, indem du dich einfach hinlegst und dich fallen läßt, ohne den ganzen Prozeß im einzelnen durchgehen zu müssen. Für Menschen mit Schlafstörungen ist diese Übung überaus nützlich. Du darfst dich dabei aber nicht in den Schlaf gleiten lassen. Du übst deinen Geist ja, um in einem entspannten, aber wachen Zustand zu bleiben. Später wirst du diesen Zustand gebrauchen, um dich in Trance zu versetzen. Das ist viel schwieriger, wenn du nicht gewöhnt bist, wach zu bleiben. Wenn du abends vor dem Einschlafen geübt hast, setz dich auf, öffne die Augen, und beende die Übung bewußt, bevor du einschläfst.

Viele der anderen Übungen werden am besten in einem Zustand der tiefen Entspannung ausgeführt. Du mußt ausprobieren, was bei dir am besten geht.)

Visualisierung ist die Fähigkeit, mit den innersten Sinnen zu sehen, zu hören, zu fühlen, zu berühren und zu schmecken. Unsere physischen Augen sehen nicht, sondern sie übermitteln nur die von Lichtreizen ausgelösten Nervenimpulse an das Gehirn. Das Gehirn *sieht;* es kann innere Bilder ebenso klar erkennen wie Bilder der Außenwelt. In unseren Träumen sind alle fünf Sinne lebendig. Durch Übung können die meisten Menschen die Fähigkeit entwickeln, im Wachzustand die inneren Sinne intensiv zu gebrauchen. Von Natur aus sehen manche Menschen Bilder, andere hören oder fühlen Eindrücke. Einige Menschen finden es schwierig oder unmöglich, sich etwas zu visualisieren, die meisten stellen aber fest, daß diese Fertigkeit durch Übung besser wird.

Visualisierung ist wichtig, weil wir über die inneren Bilder und Empfindungen mit dem Kindlichen Selbst und dem Göttlichen Selbst kommunizieren. Sind die inneren Sinne richtig wach, dann können wir Visionen von außergewöhnlicher Schönheit haben, die Blütendüfte von der Insel der Seligen riechen, Ambrosia schmecken und den Gesang der Götter hören.

10. Übung: Erden und Zentrieren

Bevor wir visualisieren lernen, müssen wir uns erden und zentrieren. Dies ist wiederum eine der magischen Grundtechniken. Erden bedeutet, eine Energieverbindung mit der Erde herzustellen. Die Übung »Baum des Lebens« ist eine Methode des Erdens. Eine weitere besteht darin, eine Leitung oder einen Pol zu visualisieren, der von der Basis der Wirbelsäule bis in die Mitte der Erde reicht. Zentriere dich, indem du deinen Körper auf seinen Schwerpunkt ausrichtest. Atme aus deiner Körpermitte, mit Zwerchfell und Bauch. Fühle, wie die Energie aus der Erde strömt und dich erfüllt.

Das Erden ist wichtig, weil du dadurch die Lebenskraft der Erde anziehen kannst, anstatt deine eigene zu erschöpfen. Das Kanalisieren der Energie dient als seelischer Blitzableiter – die Kräfte laufen durch dich in die Erde, anstatt deinen Geist und Körper auszubrennen.

11. Übung: Einfache Visualisierung

Diese Übung eignet sich für alle, denen es schwerfällt, sich etwas bildlich vorzustellen. Erde und zentriere dich. Schließ die Augen und stelle dir vor, daß du auf eine weiße Wand oder auf einen leeren Bildschirm blickst. Visualisiere darauf einfach geometrische Formen, eine Linie, einen Punkt, einen Kreis, ein Dreieck, eine Ellipse usw.

Wenn du die Formen deutlich erkennen kannst, visualisiere den Bildschirm farbig: nacheinander rot, gelb, blau, orange, grün, violett und schwarz. Es geht leichter, wenn du zuvor einen farbigen Gegenstand mit offenen Augen betrachtest, dann die Augen zumachst und die Farbe im Geiste siehst.

Zum Schluß versuchst du, dir die geometrischen Formen in verschiedenen Farben vorzustellen. Wechsle im Geist die Farben und die Formen, bis du sie in deiner Vorstellung auf Anhieb malen kannst.

12. Übung: Der Apfel

Visualisiere einen Apfel. Du hältst ihn in deinen Händen, drehst ihn, befühlst ihn. Fühlst seine Form, seine Größe, das Gewicht, das Oberflächenrelief. Betrachte im Geist die Färbung, die Brechung des Lichts auf der Schale. Halte ihn an deine Nase, und rieche daran. Beiße hinein, schmecke ihn. Höre das Geräusch beim Hineinbeißen. Iß den Apfel, spüre jeden einzelnen Bissen beim Schlucken. Beobachte, wie er kleiner wird. Wenn du ihn bis aufs Kerngehäuse gegessen hast, blende ihn aus.

Wiederhole diese Übung mit anderen Speisen. Eis in Waffelhütchen eignet sich dazu ebenfalls sehr gut.

13. Übung: Der Drudenfuß

Visualisiere ein linienförmiges, blau flackerndes Licht, wie die Gasflamme eines Bunsenbrenners. Nun zeichne damit im Geist ein Pentagramm, einen fünfzackigen Stern, mit einer offenen Zacke in der Richtung der Anrufung. Du beginnst von oben rechts nach unten links. Beobachte, wie sich das Pentagramm aus der blauen Flamme bildet. Halte das Bild einige Augenblicke im Geiste fest.

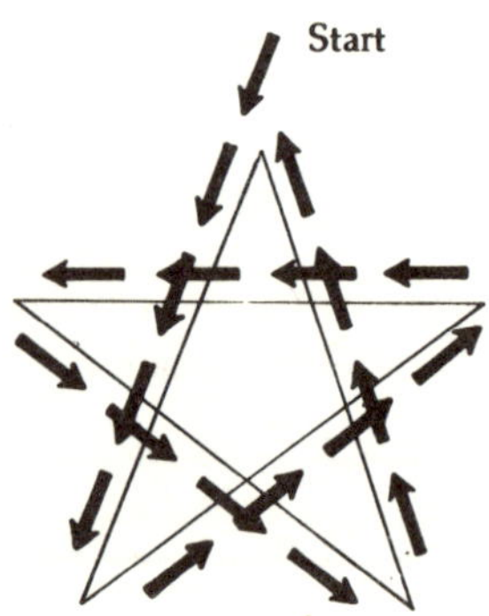

Beschwörendes Pentagramm

Nun zeichne das Pentagramm in der Bannrichtung nach, indem du von unten links nach oben rechts anfängst. Beobachte, wie dabei das Pentagramm verschwindet.

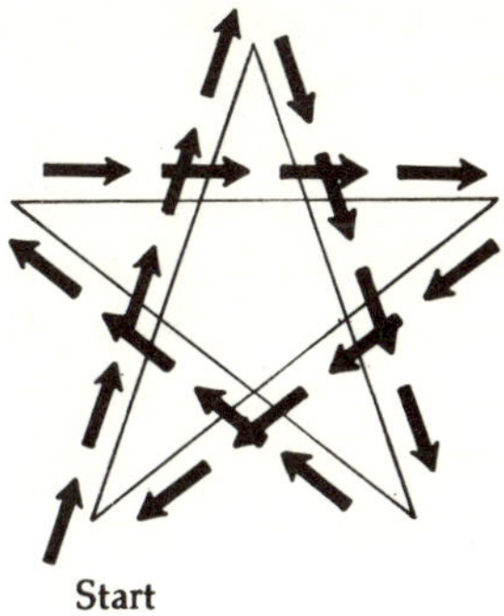

Bannendes Pentagramm

Übe das Pentagramm, bis es leicht kommt. Diese Visualisierung gehört zum Bilden des magischen Kreises.

14. Übung: Der Knoten

Visualisiere, wie du einen Knoten knüpfst, der dir auch in Wirklichkeit gelingt. Versuche dabei nicht, dich selbst von außen zu visualisieren, sondern setze dich in das Bild. Beobachte im Geiste, wie deine Hände arbeiten, und spüre, wie die Schnur durch deine Finger gleitet. Empfinde jede Bewegung, die du machen würdest, dann ziehe den Knoten zusammen und fühle, wie sich dabei die Schnur straff spannt. Diese Visualisierung wird angewandt, um Zauber zu wirken.

In späteren Kapiteln sind schwierigere Visualisierungen beschrieben.

Konzentration ist die Fähigkeit, sich in ein Bild, einen Gedanken oder eine Arbeit zu versenken, das eigene Wahrnehmungsfeld einzuengen und Ablenkungen auszuschalten. Wie beim Muskel wird diese Fähigkeit durch Übung verbessert.

In unserer Zeit praktizieren viele Menschen östliche Meditationsformen – Yoga, Zen, Transzendentale Meditation –, mit denen sich das Konzentrationsvermögen ausgezeichnet schulen läßt. Je mehr du die Visualisierungen übst, um so leichter kannst du dich auf die inneren Bilder konzentrieren. Die folgenden drei Übungen verbessern deine Konzentrationsfähigkeit.

15. Übung: Kerzen-Meditation

Zünde in einem ruhigen, abgedunkelten Raum eine Kerze an. Erde und zentriere dich, und blicke ruhig auf die Kerze. Atme tief und fühle, wie das Licht der Kerze dich erwärmt. Laß dich ganz von dem friedlichen Schimmer erfüllen. Während dir Gedanken in den Sinn kommen, erlebe sie, als kämen sie von außen. Laß die Flamme nicht zum Doppelbild werden, sondern betrachte sie intensiv. Bleibe so mindestens fünf bis zehn Minuten, dann entspanne dich.

16. Übung: Der Diamant

Auch für diese Übung zündest du in einem ruhigen, dämmrigen Raum eine Kerze an. Blicke auf die Kerze und stelle dir mitten auf deiner Stirn, genau über deinen Augenbrauen, einen Diamanten vor. Der Diamant reflektiert das Licht der Kerze, und die Kerze reflektiert das Licht des Diamanten. Fühle die Spiegelung der Energie. Bleibe so mindestens fünf bis zehn Minuten, dann entspanne dich.

17. Übung: Spieglein, Spieglein ...

Erde und zentriere dich. Blicke dir durch einen Spiegel in die Augen. Konzentriere dich auf den Raum zwischen ihnen. Sprich dir immer wieder deinen Namen vor. Wenn dir Gedanken in den Sinn kommen, laß sie wieder auf dich wirken, als kämen sie von außen. Nach fünf bis zehn Minuten entspannst du dich.

Projektion ist die Fähigkeit, Energie auszusenden. Das können die meisten Menschen, wenn sie sich erst dieses Gefühls bewußt sind. Projektion wird auch in einem anderen Sinn benutzt und bedeutet dann die Fähigkeit, außerhalb des Körpers zu reisen: Diese Form der Projektion wird im 9. Kapitel erläutert. In der Übung »Baum des Lebens« sowie beim »Atmen in der Gruppe« und beim »Gesang der Kraft« haben wir schon erlebt, was für ein Gefühl es ist, wenn man Energie aussendet. Hier sind zwei weitere Übungen:

18. Übung: Der Felsen

Erde und zentriere dich. Stelle dir vor, daß du an der Küste des Meeres stehst und über die Wellen blickst. In deiner kräftigeren Hand hältst du einen schweren Felsbrocken. Hebe ihn hoch, atme ein, und laß ihn beim Ausatmen davonfliegen! Beobachte, wie er direkt am Horizont ins Meer stürzt.

Jetzt sieh wieder geradeaus. Vergegenwärtige dir, daß du in doppelter Entfernung einen Horizont erkennst. Dehne dich im Geist, damit du ihn siehst. In deiner Hand hältst du einen Felsbrocken, der doppelt so schwer ist wie der erste. Wieder atmest du tief ein, und beim Ausatmen wirfst du ihn mit aller Kraft. Beobachte, wie er in weiter Ferne in die Wogen stürzt.

Nun blickst du wieder geradeaus und erkennst einen Horizont, der nochmal so weit entfernt ist. In deiner Hand hast du einen nochmal so schweren Felsbrocken. Atme noch einmal tief ein, und wirf beim Ausatmen mit aller Kraft. Beobachte, wie der Stein versinkt.

Mach diese Übung, bis du die Kraft fühlen kannst, die beim Schleudern des Felsbrockens frei wird.

19. Übung: Der Hammer

Erde und zentriere dich. Visualisiere, daß du einen schweren Hammer in deiner Hand hältst. Ein widerspenstiger Nagel ragt vor dir aus einem Brett. Schlag den Nagel mit aller Kraft in das Brett. Wiederhole die Übung insgesamt dreimal.

Bei den Konventen gibt es verschiedene Arten, neue Mitglieder aufzunehmen. Manche veranstalten Kurse oder bieten Studiengruppen an. Wir finden es besser, daß die Initiierten (Eingeweihten) einzelne Schülerinnen übernehmen. Jede Anwärterin erhält individuellen Unterricht, der für sie maßgeschneidert ist. Jedes Konventmitglied hat die Möglichkeit, Autorität zu sein, und ist gezwungen, das eigene Wissen über den Hexenglauben zu überdenken, um es lehren zu können. Zwischen den Aspirantinnen und ihren Meisterinnen entsteht eine starke Bindung, so daß jede Neue zu einem Mitglied der Gruppe eine besondere Beziehung hat. Auch untereinander entwickeln die Neulinge eine Bindung. Gemeinsam nehmen sie an Ritualen teil, so daß keine als »einziger Grünschnabel« dasteht.

Wenn ich eine Aspirantin unterweise, betrachte ich mich als eine Art Tanzlehrerin. Ich rate zu einer regelmäßigen Schulung, die viele Übungen aus diesem Kapitel, praktisch die Grundtechniken der Magie, umfassen sollte. Außerdem versuche ich, Schwachstellen und Unausgewogenheiten herauszufinden, und verordne ausgleichende Übungen. Einer Anwärterin zum Beispiel, deren Geist dauernd abschweift, würde ich Konzentrationsübungen vorschlagen. Paul hingegen, der viele Jahre einer buddhistischen Sekte angehörte und nach eigener Aussage »Löcher in die Wände gucken« kann, riet ich zu täglichem Lauftraining.

Während der Rituale haben Aspiranten die Möglichkeit, ihre allein eingeübten Fertigkeiten in einem komplizierten Wechselspiel der Kräfte mit dem Konvent und miteinander zu vereinen.

Als tägliche Grundübung empfehle ich drei Dinge. Das erste ist ein regelmäßiges körperliches Training. Seine Notwendigkeit kann gar nicht genug betont werden. Leider sind die meisten hierzu am schwersten zu bewegen. Der Hexenglaube zieht geistig und spirituell veranlagte Persönlichkeiten mehr an als kräftige Athleten. Das magische und psychische Wirken setzt jedoch eine ungeheure Vitalität voraus – buchstäblich die innerste Energie, die des Kindlichen Selbst. Diese Vitalität wird ergänzt und erneuert durch körperliche Aktivität, ähnlich, wie sich die Räder eines Autos drehen und die Lichtmaschine antreiben, die die Batterie wieder auflädt. Bei zuviel geistiger und spiritueller Arbeit, die nicht durch körperliche Aktivität ausgeglichen wird, erschöpfen sich unsere geistigen Batterien. In manchen Fällen hilft Yoga, aber es wird meist als spirituelle Disziplin gelehrt, mit deren Hilfe seelische Zentren eröffnet werden können, nicht aber die körperliche Vitalität gesteigert wird. Für unsere Zwecke sind Laufen, Schwimmen, Radfahren, Tennis oder Rollschuhlauf besser – etwas Aktives und Fröhliches, das uns hinaus an die frische Luft bringt. Körperbehinderte Hexen können natürlich zu Übungen im Sitzen gezwungen sein, wie zum Beispiel isometrisches Muskeltraining. Wenn sie sich täglich einige Zeit im Freien aufhalten können, wie etwa auf einer Wiese oder unter einem Baum, wo sie elementare Energien in sich aufnehmen können, werden sie oft genauso viel profitieren wie ein Marathonläufer.

Das zweite, was ich Neulingen empfehle, sind tägliche Entspannungsübungen und tägliche Meditations-, Visualisierungs- und Konzentrationsübungen. Diese wechseln oft, während sich die Aspiranten entwickeln. Manche üben mehrere nacheinander, aber eine genügt. Zu viele sind umständlich. In einer Phase meiner eigenen Entwicklung machte ich morgens nach dem Aufwachen eine einstündige Trance-Übung an der Schreibmaschine, dann zwanzig Minuten Yoga einschließlich Meditationen über die vier Elemente und die Visualisierung des magischen Kreises im 4. Kapitel. Im späteren Verlauf des Tages übte ich die tiefe Entspannung und eine Trance im Liegen. Abends meditierte ich vor einer Kerze, führte ein Wasser-Reinigungsritual und eine Reihe persönlicher Beschwörungen durch. Leider blieb mir dabei kaum noch Zeit, um richtig zu leben. Nach ein paar Wochen entschied ich, daß Mäßigung die Mutter der Weisheit sei, in der Magie wie auch in anderen Bereichen.

Als drittes rege ich an, ein magisches Tagebuch zu führen, ein sogenanntes »Buch der Schatten«. Traditionell war dies das Rezeptbuch der Rituale, Zauber, Gesänge und Beschwörungen, das jede Hexe von ihrer Meisterin abschrieb. Wenn ich auch bei dem Geständnis erröte: Solche Informationen werden heute im allgemeinen fotokopiert und im Konvent verteilt. Das »Buch der Schatten« ist mehr ein persönliches Tagebuch. Es kann Ritualbeschreibungen enthalten, Berichte über Träume, Reaktionen bei Übungen, Gedichte, Geschichten und Trance-Erlebnisse (Reisen). Allein wirkende Hexen können ihr Buch der Schatten benutzen, um die Objektivität zu entwickeln, die man sonst meistens erst im Konvent erwirbt. Trancen und Meditationen können im Buch der Schatten niedergeschrieben werden. In *The New Diary* beschreibt Tristine Rainer sogar Methoden, wie man das Tagebuchschreiben nutzen kann, um sich an vergangene Leben zu erinnern.[2]

Schoß, stützende Gruppe, Schule der Magie und Freundeskreis – der Konvent ist das Herz des Hexenglaubens. Im Kreis lernt jede Hexe, ihre innere Kraft, die Integrität von Geist, Körper und Seele zu entwickeln. Wie bei Familien gibt es auch im Konvent manchmal Streitigkeiten. Doch immer, wenn der magische Kreis gebildet ist, immer, wenn die Hexen den Kegel heraufbeschwören und gemeinsam die Götter anrufen, anerkennt jede in der anderen die Göttin, den Lebensgeist allen Seins. Und so spricht jede Eingeweihte, wenn sie an den Eingang zum magischen Kreis herantritt, das einzige Motto aus: »Vollkommene Liebe und vollkommenes Vertrauen.«

4. Die Schaffung des heiligen Bezirks

Zwischen den Welten

Bildung des magischen Kreises

Der Raum ist nur von flackernden Kerzen an den Kardinalpunkten erhellt. Die Konventmitglieder stehen im Kreis und reichen einander die Hände. Mit ihrem geweihten Messer tritt die Hohepriesterin zum Altar und grüßt Himmel und Erde. (Aus literarischen Gründen lasse ich die Hohepriesterin den magischen Kreis bilden. Ihre Aufgabe kann aber jedes qualifizierte weibliche oder männliche Konventmitglied übernehmen.) Dann schreitet sie zur östlichen Ecke des Raumes. Zwei Priesterinnen folgen ihr: Eine trägt den Kelch mit Salzwasser, die andere das glimmende Räucherwerk. Sie blicken gegen Osten. Die Hohepriesterin erhebt ihr Messer und ruft:

Heil euch, Wächter der Türme im Osten,
Mächte der Luft!
Wir beschwören und rufen euch,
Goldener Adler der Dämmerung,
Sternensucher,
Wirbelnder Wind,
Aufgehende Sonne,
Komm!
Durch die Luft, die Ihr Atem ist,
Sende uns dein Licht,
Sei hier! Jetzt![1]

Während sie spricht, zeichnet sie mit dem geweihten Messer das beschwörende Pentagramm in die Luft. Durch das blaßblau schimmernde Pentagramm fühlt sie, wie ein heftiger Wind einsetzt und über die von den ersten Strahlen der Morgensonne erhellte Hochebene fegt. Sie atmet tief, saugt die Kraft in sich hinein und erdet sie sodann durch ihr Messer, das sie in die Erde senkt.

Während die zweite Priesterin dreimal Wasser versprengt, ruft sie: »Mit Salz und Wasser reinige ich den Osten!« Die dritte Priesterin zeichnet das beschwörende Pentagramm mit Räucherwerk nach und spricht dabei: »Mit Feuer und Luft erfülle ich den Osten!«

Die Hohepriesterin zieht mit nach außen gewendetem Messer die Umrisse des Kreises nach. Sie sieht ihn vor ihrem geistigen Auge Gestalt annehmen, während sie zu allen vier Ecken hinschreiten und die Anrufung, die Reinigung und die Beschwörung der Energie wiederholen.

Heil euch, Wächter der Türme im Süden,
Mächte des Feuers!
Wir beschwören und rufen euch,
Roter Löwe der Mittagshitze,
Flammender!
Sommerhitze,
Lebensfunke,
Komm!
Durch das Feuer, das Ihr Geist ist,
Sende uns deine Flamme,
Sei hier! Jetzt!

Heil euch, Wächter der Türme im Westen,
Mächte des Wassers!
Wir beschwören und rufen euch,
Schlange der wasserreichen Abgründe,
Regenmacher,
Graugewandetes Zwielicht,
Abendstern!
Durch die Wasser Ihres lebendigen Leibes

Sende uns deinen Strom,
Sei hier! Jetzt!

Heil euch, Wächter der Türme im Norden,
Mächte der Erde,
Eckstein aller Macht!
Wir beschwören und rufen dich,
Herrin der äußeren Finsternis,
Schwarzer Stier der Mitternacht,
Stern des Nordens,
Mitte des wirbelnden Himmels,
Stein,
Gebirge,
Fruchtbares Feld,
Kommt!
Durch die Erde, die Ihr Leib ist,
Sende uns deine Stärke,
Sei hier! Jetzt!

Die Hohepriesterin zeichnet das letzte Glied des Kreises, das im Osten endet. Wieder grüßt sie Himmel und Erde, wendet sich um, berührt mit der Spitze ihres geweihten Messers den Hexenkessel in der Mitte und spricht:

Der Kreis ist gebildet.
Wir sind zwischen den Welten,
Jenseits der Grenzen der Zeit,
Wo Tag und Nacht,
Geburt und Tod,
Freude und Trauer
Eins werden.

Die dritte Priesterin hält eine dünne Wachskerze an das Licht in der Südecke und entzündet damit die Kerzen im zentralen Hexenkessel und auf dem Altar. Dabei spricht sie:

Das Feuer brennt.
Das Ritual beginnt.

Sie kehren in den Kreis zurück. Die zweite Priesterin lächelt das Konventmitglied zu ihrer Linken an und küßt sie oder ihn mit den Worten: »Vollkommene Liebe und vollkommenes Vertrauen.« Der Kuß wird im Kreis weitergegeben.

»Die Entfaltung Gottes ... umfaßt die Schaffung neuen Raumes, in dem wir Frauen frei sind, um die zu werden, die wir sind ... Sein Zentrum liegt am Rande der patriarchalen Institutionen ... sein Zentrum ist das Leben der Frauen, die beginnen, sich zur Ganzheit zu befreien.«[2]

»Das Eintreten in den neuen Raum beinhaltet auch ... das Eintreten in eine neue Zeit ... Das Zentrum der neuen Zeit liegt an der Grenze zur patriarchalen Zeit ... es ist unsere Lebenszeit. Es *ist* immer, wenn wir aus unserem eigenen Realitätssinn heraus leben, wenn wir uns weigern, von der linearen, ausgemessenen, quantitativen Zeit des patriarchalen Systems besessen, erobert und entfremdet zu werden.«[3] Mary Daly

Beim Hexenglauben definieren wir immer dann einen neuen Raum und eine neue Zeit, wenn wir einen Kreis bilden, um ein Ritual zu beginnen. Der Kreis existiert an den Grenzen des gewöhnlichen Raums und der gewöhnlichen Zeit. Er besteht »zwischen den Welten« des Sichtbaren und des Unsichtbaren, zwischen blitzlichtartigem und sternenlichtartigem Bewußtsein; ein Raum, in dem anders geartete Wirklichkeiten aufeinandertreffen, in dem sich uns Vergangenheit und Zukunft erschließen. Die Zeit wird nicht länger präzise gemessen, sondern sie wird dehnbar oder fließend, ein wirbelndes Sammelbecken, in dem wir untertauchen und schwimmen. Die Beschränkungen und Unterscheidungen unserer gesellschaftlich festgelegten Rollen sind nicht länger gültig. Nur das Gesetz der Natur herrscht, das Gesetz der Isis, das lautet: »Was ich zum Gesetz erhoben, kann der Mensch nicht auflösen.«[4] Im magischen Kreis offenbaren sich die Kräfte *in uns*, die Göttin und die Alten Götter.

Das Bilden des magischen Kreises ist die Inszenierung einer Meditation. All unsere Gebärden, alle benutzten Geräte, alle beschworenen Kräfte bringen Bedeutungsschichten in uns zum Schwingen, um einen Aspekt unserer selbst wachzurufen. Die äußeren Formen sind eine Hülle für innere Visualisierungen, so daß der Kreis zum lebenden Mandala wird, in dem wir zentriert sind.

Wenn wir einen magischen Kreis bilden, schaffen wir eine Energieform, eine Grenzlinie, welche die Bewegungen subtiler Kräfte umrahmt und einfaßt. Beim Hexenglauben besteht die Aufgabe des Kreises nicht so sehr in der Abwehr negativer Energien als darin, Kraft hereinzuholen, so daß sie sich zu einem Kegel auftürmt. Ohne Topf kannst du kein Wasser kochen, und du kannst auch Kraft nicht vermehren, wenn sie nicht vorhanden ist. Es ist nicht ratsam, während des Rituals den Kreis zu verlassen, denn dadurch wird die Energie zerstreut. Allerdings können Katzen und ganz kleine Kinder anscheinend den Kreis übertreten, ohne das Kraftfeld zu stören. Wenn Erwachsene den Kreis vor Beendigung des Rituals verlassen müssen, zeichnen sie gewöhnlich mit einem geweihten Messer ein pantomimisches »Tor« hinein.

Formal steht das Bilden des Kreises am Beginn des Rituals, als die komplizierte Regieanweisung, die uns befiehlt, unser Bewußtsein auf eine tiefere Stufe zu schalten. Beim Ritual blenden wir den Unglauben aus, so wie wir es tun, wenn wir ein Spiel beobachten: Wir gestatten den kritischen und analytischen Funktionen des Sprechenden Selbst, sich zu entspannen. In der Folge kann das Kindliche Selbst vollständig und gefühlsmäßig darauf reagieren, was sich ereignet. Wie wir bereits sahen, reagiert das Kindliche Selbst am besten auf Handlungen, Symbole, Greifbares, so daß diese Änderung des Bewußtseins unter Verwendung einer Fülle von Geräten und Symbolen ausagiert wird.

In den erhalten gebliebenen Steinkreisen des Megalithikums, wo sich über Hunderte von Jahren Rituale abspielten, wurden große Reservoire von Kraft errichtet. Da die Steine den geheiligten Bezirk festlegten, mußte nicht, wie bei uns, eigens ein Kreis gebildet werden. Wahrscheinlich stammt die heute von den meisten Hexen praktizierte Art, den Kreis zu bilden, aus der Zeit der Hexenverbrennungen, als die Zusammenkünfte heimlich hinter verschlossenen Türen stattfanden und in einfachen Hütten ein Tempel geschaffen werden mußte. Die Hexen haben womöglich Formelemente von den Kabbalisten übernommen. Es heißt, oft hätten Hexen Juden vor der Verfolgung durch Christen versteckt, und sie hätten ihr Wissen ausgetauscht. (Während die Hexen dies im allgemeinen gern für wahr halten, muß ich einräumen, daß die Juden nichts davon erfahren zu haben scheinen – oder daß sie gegebenenfalls mit dieser Tatsache nicht hausieren gehen.)

Jedem Ritual geht stets eine Reinigungsphase voraus, während der die Teilnehmer Ärger, Sorgen und Ängste ablegen, die ihre Konzentration stören würden. In manchen Konventen wird jedes Mitglied schlicht mit Salzwasser besprengt, während der Kreis gebildet wird. Bei sehr großen Ritualen ist dies die einzig praktikable Methode. In kleinen Gruppen und bei wichtigen Anlässen wenden wir jedoch eine intensivere Meditationsübung an, die sogenannte Salz-Wasser-Reinigung.

Salz und Wasser sind reinigende Elemente. Wasser wäscht uns natürlich rein. Salz bewahrt vor Verderbnis und ist ein natürliches Desinfektionsmittel. Der Ozean, der Bauch des Lebens, besteht aus Salzwasser, aber auch die Tränen, die uns helfen, das Herz von Kummer zu befreien.

20. Übung: Salz-Wasser-Reinigung

(Dies ist eine der grundlegenden individuellen Meditationen, die regelmäßig geübt werden sollten. In Zeiten großer Angst oder Niedergeschlagenheit oder wenn man schwere Verantwortung übernimmt, ist es sinnvoll, sie täglich zu machen.)

Fülle einen Becher mit Wasser. (Nimm deinen Ritualkelch, wenn du einen hast.) Füge mit deinem geweihten Messer oder einem anderen Gerät drei Prisen Salz hinzu, und rühre gegen den Uhrzeigersinn um.

Setze dich hin, mit dem Becher in deinem Schoß. Laß deine Ängste, Sorgen, Zweifel, Haßgefühle und Enttäuschungen in dein Bewußtsein treten. Betrachte sie als schwarzen Strom, der beim Atmen aus dir herausfließt und von dem Salzwasser im Becher aufgelöst wird. Laß dir Zeit, bis du dich gründlich gereinigt fühlst.

Nun hebe den Becher empor. Atme tief, und fühle, wie du Kraft aus der Erde ziehst (wie in der »Lebensbaum«-Übung). Laß die Kraft in das Salzwasser fließen, bis du visualisieren kannst, wie es in weißem Licht erglüht.

Nippe an dem Wasser. Wenn du es auf der Zunge spürst, wisse, daß du die Kraft zu reinigen und zu heilen aufgenommen hast. Furcht und Kummer wurden verwandelt in die Kraft der Veränderung. Gieße das restliche Wasser in ein fließendes Gewässer. (Leider ist in unserer dekadenten Zeit das nächste fließende Gewässer meist der Ausguß der Küchenspüle und der Abwasserkanal.)

21. Übung: Salz-Wasser-Reinigung in der Gruppe

Die Mitglieder des Konvents versammeln sich im Kreis. In den vier Ecken des Raumes sind Räucherwerk und brennende Kerzen aufgestellt. Die Hohepriesterin tritt an den Altar, erdet und zentriert sich. Sie ergreift den wassergefüllten Becher mit der rechten Hand und sagt: »Sei gesegnet, Kreatur des Wassers.« Dann nimmt sie das Salzgefäß in die linke Hand und spricht: »Sei gesegnet, du Kreatur der Erde.« Sie hält beides mit ausgestreckten Armen himmelwärts und läßt Kraft in sie hineinfließen. Dabei spricht sie:

Salz und Wasser,
Innen und außen,
Seele und Leib,
Seid rein!
Werft ab alles Schädliche,
Nehmt auf alle guten und heilenden Kräfte!
Durch die Macht der Mutter allen Lebens,
Und ihres Geliebten, des Gehörnten Gottes.
So sei es!

Sie legt die Dinge auf den Altar, nimmt das Messer in die kräftigere Hand und spricht dabei: »Sei gesegnet, du künstliches Werk.« Sie streut drei Prisen Salz in das Wasser, rührt es gegen den Uhrzeigersinn um und spricht:

Möge dieses Messer gereinigt sein,
Mögen diese Geräte und dieser Altar gereinigt sein.

Und während sie einige Tropfen über den Altar sprengt, grüßt sie Himmel und Erde:

Im Namen des Lebens und des Todes, so sei es!

Dann hält sie den Becher an ihr Herz und überträgt die Kraft auf das Wasser. Wenn sie es im Geiste schimmern sieht, kehrt sie in den Kreis zurück. Der Becher wird herumgereicht, und jedes Mitglied vollzieht die Reinigung. Die anderen Teilnehmer können leise singen, während der Becher kreist. Bei einer großen Gruppe werden drei oder vier Becher gleichzeitig mit Kraft erfüllt, sonst dauert es Stunden, bis der eine Becher die Runde gemacht hat.

Wenn der Becher zu der Hohenpriesterin zurückgekehrt ist, läßt sie einen Kuß im Kreis wandern. Dann fängt sie an, den magischen Kreis zu bilden. Wenn der Raum für die Zusammenkunft einer besonderen Reinigung bedarf, kann der folgende Bann angewandt werden:

22. Übung: Bann gegen die bösen Geister

Nach der Reinigung ergreift die Hohepriesterin das Schwert oder das geweihte Messer und tritt in die Mitte des Kreises. Sie zückt die Klinge gegen Erde und Himmel und deklamiert laut:

Geister des Bösen,
Feindliche Wesen,
Ungebetene Gäste,

Hinweg mit euch!
Verlaßt uns, verlaßt diesen Ort, verlaßt diesen Kreis,
Damit die Götter ihn betreten können.
Geht oder seid verbannt in die äußere Finsternis!
Geht oder seid ertränkt in den Fluten des Abgrunds!
Geht oder seid ein Opfer der Flammen!
Geht oder seid vom Winde verweht!
Durch die Macht der Mutter und des Gehörnten,

Der ganze Konvent schreit:

Wir bannen dich! Wir bannen dich! Wir bannen dich!
Hinweg mit dir!

Alle kreischen, schreien, klatschen in die Hände, klingeln mit Schellen und lärmen, um die negativen Kräfte zu vertreiben.

Badewasser kann mit magischer Kraft »aufgeladen« werden. Man gibt einige Salzkristalle hinein, und dann können die Konventmitglieder ein rituelles Bad nehmen, bevor sie den Kreis betreten. Dies ist ausführlicher bei der Initiation im 10. Kapitel beschrieben. Da Zeit und heißes Wasser oft nicht zur Verfügung stehen, nimmt man das Bad am besten zu Hause.

Wie vielen Kulturen und Religionen liegt auch dem Hexenglauben die Vorstellung des geviertelten Kreises zugrunde. Die vier Richtungen und die fünfte, das Zentrum, entsprechen jeweils einer Eigenschaft des Selbst, einem Element, einer Tages- und Jahreszeit, Hexenkultgeräten, Tiersymbolen und Formen der eigenen Kraft. Die ständige Visualisierung dieser Beziehungen erzeugt tiefe innere Verbindungen, so daß physische Handlungen innere Zustände auslösen. Die Handlung, den magischen Kreis zu bilden, erweckt dann alle Teile des Selbst und bringt uns in Berührung mit Geist, Energie, Gefühlen, Leib und Seele, so daß wir ständig zu einem Ganzen werden.

Die »Hüter der Türme« sind Energieformen, die Geister der vier Elemente. Sie bringen die elementare Energie von Erde,

Luft, Feuer und Wasser in den Kreis, um unsere menschliche Kraft zu vermehren. Der Wirbel der Kraft, der geschaffen wird, wenn wir die vier Richtungen beschwören, bewahrt den Kreis vor Störungen und zieht die höheren Kräfte der Göttin und des Gottes an.

In einem Ritual hat jede Gebärde ihre Bedeutung. Wenn wir uns im Sinne der Sonne oder des Uhrzeigers (= deosil) bewegen, folgen wir der Richtung, in die sich die Sonne am Himmel zu bewegen scheint, und ziehen Kraft an. Im Uhrzeigersinn ist die Richtung von Wachstum, Glück, Vorteil und Segen. Wenn wir uns gegen den Uhrzeigersinn bewegen, gehen wir gegen die Sonne; diese Richtung wird zum Herabmindern und zum Bannen benutzt.

Die Geräte, die gegenständlichen Dinge, die wir beim Hexenkult benutzen, sind die begreifbaren Vertreter unsichtbarer Kräfte. Der Geist wirkt magisch, und kein noch so kunstvoll geschmiedetes Messer und kein noch so eleganter Zauberstab kann mehr tun, als die Kraft eines geschulten Geistes zu mehren. Die Geräte sind nur Hilfen zur Verständigung mit dem Kindlichen Selbst, das viel besser auf konkrete Dinge reagiert als auf Abstrakta.

Hinsichtlich der Geräte gibt es beim Hexenkult zwei grundsätzlich verschiedene Denkweisen: die Auffassung der zeremoniellen Magie und die der »Küchenmagie«, wie ich sie nenne. Die Zeremoniellen sind Puristen. Sie glauben, daß magische Geräte niemals von anderen benutzt oder für andere als rituelle Zwecke verwendet werden dürfen. Gegenstände können zu Reservoiren psychischer Kraft werden, die zerstreut wird, wenn du beispielsweise Obst mit deinem geweihten Messer schneidest. Die Vertreterinnen der »Küchenmagie« dagegen glauben, daß die Göttin sich in alltäglichen Dingen genauso verbirgt wie in magischen Kreisen. Wenn du mit deinem geweihten Messer Obst schneidest, wird die Frucht demnach geweiht und die Küchenarbeit zur heiligen Aufgabe. Welcher Denkschule du dich auch anschließen magst, es verstößt gegen die guten Sitten, die Geräte einer anderen Hexe ohne deren Erlaubnis zu benutzen.

Rituelle Geräte können gekauft, selbst hergestellt, geschenkt oder manchmal unter ungewöhnlichen Umständen gefunden werden. Mutter Moth vom Compost-Konvent fand ihr rituelles Messer auf dem weißen Mittelstreifen einer Fernstraße, als sie eines Nachts nach Hause fuhr. Mitunter bekommt eine Neueingeweihte Geräte vom Konvent geschenkt. Feilsche nie um den Preis, wenn du magisches Gerät kaufst.

Die Entsprechungen mögen sich bei den verschiedenen Traditionen unterscheiden und die Deutungen der Symbole nicht immer übereinstimmen. Im folgenden werden die Korrespondenzen der Feentradition benutzt (die vollständigen Tafeln sind ab S. 297 wiedergegeben).

Der Osten

Der Osten entspricht dem Element Luft, dem Geist, der Morgendämmerung, dem Frühling, den blassen luftigen Farben, weiß und violett, dem Adler und den hochfliegenden Vögeln und der Macht zu *wissen.* Seine Geräte sind Messer und Schwert, die gleichwertig benutzt werden können. Das geweihte Messer hat gewöhnlich eine doppelte Schneide mit schwarzem Griff, aber es werden alle Arten benutzt, vom Küchenmesser bis zum Schweizer Armeetaschenmesser mit Korkenzieher, der ja zum Öffnen der Flaschen mit rituellem Wein unentbehrlich ist. Nur wenige Hexen besitzen ein Schwert. Bei Ritualen im Freien sind Schwerter sehr effektvoll, in geschlossenen Räumen aber unnötig.

23. Übung: Luft-Meditation

Blicke nach Osten. Erde und zentriere dich. Atme tief, und sei dir bewußt, wie die Luft in deine Lungen hinein- und aus ihnen herausströmt. Fühle sie als den Atem der Göttin, und nimm die Lebenskraft, die Inspiration des Universums in dich auf. Laß deinen Atem sich mit den Winden, den Wolken, den großen Strömen mischen, die mit der Erdumdrehung über Land und Meer rauschen. Sprich: »Heil Arida, Strahlende Herrin der Luft!«

24. Übung: Meditation mit Messer oder Schwert

Erde und zentriere dich. Halte dein Messer oder Schwert in der kräftigeren Hand. Atme tief und nimm die Kraft der Luft, des Geistes, in dich auf. Diesen Kultgeräten eignet die Kraft zu trennen, Linien zu zeichnen, Grenzen zu setzen, zu wählen und Entscheidungen zu verwirklichen. Erinnere dich an Entscheidungen, die du getroffen und trotz Schwierigkeiten ausgeführt hast. Fühle, wie die Kraft deines Geistes andere beeinflußt, und erkenne deine Verantwortung, diese Kraft nicht zu mißbrauchen. Du hast die Kraft, in Übereinstimmung mit dem, was du für richtig hältst, ethisch zu handeln. Laß die Kraft deiner Intelligenz, deines Wissens, deines sittlichen Mutes in dein rituelles Gerät hineinfließen.

Der Süden

Der Süden entspricht dem Element Feuer, der Energie oder dem Geist, dem Mittag und Sommer, feurigem Rot und Orange, dem Sonnenlöwen und der Willensstärke. Sein Gerät ist der Zauberstab. Das kann eine dünne Haselgerte, ein kräftiger Eichenstock oder ein magisch geformtes Stück Treibholz sein. Der Zauberstab wird benutzt, um Energie zu kanalisieren, einen Kraftkegel heraufzubeschwören und die Göttin oder den Gott anzurufen.

25. Übung: Feuer-Meditation

Blicke nach Süden. Erde und zentriere dich. Sei dir des elektrischen Funkens in jedem deiner Nerven bewußt, wenn die Impulse von einer Synapse zur anderen springen. Sei dir der Verbrennung in jeder deiner Körperzellen bewußt, wenn die Nahrung verbrannt wird, um Energie freizusetzen. Laß dein inneres Feuer eins werden mit Kerzenlicht, Scheiterhaufen, Blitz, Sternenlicht und Sonnenschein, eins mit dem strahlenden Geist der Göttin. Sprich: »Heil, Tana, Göttin des Feuers!«

26. Übung: Meditation mit Zauberstab

Erde und zentriere dich. Halte deinen Zauberstab in der stärkeren Hand. Atme tief und fühle die Kraft des Feuers, der Energie. Nimm dich wahr als Gefäß der Energie. Du kannst Geist in Materie verwandeln, Idee in Wirklichkeit, und Gedachtem Gestalt geben. Fühle deine schöpferische Kraft zu schaffen, zu handeln, zu verwandeln. Kommuniziere mit deinem *Willen,* deiner Kraft zu tun, was du tun mußt, dir ein Ziel zu setzen und auf es hinzuarbeiten. Laß deinen Willen in deinen Zauberstab hineinfließen.

Der Westen

Der Westen entspricht dem Element Wasser, den Gefühlen, dem Zwielicht, dem Herbst, den Farben blau, grau und tiefpurpur, dem Meergrün, den Seeschlangen, Delphinen und Fischen, der Kraft zum *Wagnis.* Vom Westen kommt der Mut, uns unseren tiefsten Gefühlen zu stellen. Sein Gerät ist der Becher oder Kelch, der Salzwasser oder Wein enthält.

27. Übung: Wasser-Meditation

Blicke nach Westen. Erde und zentriere dich. Fühle, wie das Blut durch deine Adern strömt, spüre die fließenden Gezeiten in jeder Zelle deines Körpers. Du bist Flüssigkeit, ein Gestalt gewordener Tropfen aus dem Urmeer, das der Leib der Großen Mutter ist. Suche die ruhigen Sammelbecken der Stille in dir auf, die Ströme des Gefühls, die Gezeiten der Kraft. Versinke tief im Brunnen deiner inneren Wahrnehmung, im Unterbewußtsein. Sprich: »Heil, Tiamat, Schlange der wasserreichen Abgründe!«

Erde und zentriere dich. Halte deinen Kelch mit beiden Händen. Atme tief und spüre die Kraft des Wassers, des Fühlens und Empfindens. Verbinde dich mit dem Strom deiner Empfindungen: Liebe, Ärger, Trauer, Freude. Der Kelch (oder Becher) ist Symbol des Nährens, der überfließenden Brüste der Göttin, die alles Lebendige ernährt. Mach dir bewußt, wie du genährt wirst und wie du andere nährst. Die Kraft des Fühlens ist die Kraft, menschlich zu sein, wirklich und ganz zu sein. Laß die Stärke deiner Empfindungen in den Becher strömen.

Der Norden

Der Norden gilt als die kraftvollste Richtung. Da die Sonne niemals den Norden erreicht, ist er die Richtung des Mysteriums, des Unsichtbaren. Der Nordstern ist der Mittelpunkt, um den die Himmel kreisen. Beim Hexenkult sind die Altäre nach Norden ausgerichtet. Norden entspricht der Erde, dem Dinglichen, der Mitternacht, dem Winter, den Farben Braun und Schwarz und dem Grün der Vegetation. Vom Norden kommt die Kraft, stillzuschweigen, zuzuhören oder zu sprechen, Geheimnisse zu bewahren, das Unsagbare zu wissen. Die Göttin als Dunkle Jungfrau, als Neumond, der noch nicht sichtbar ist, und der Gott als Heiliger Stier, sie sind Totems des Nordens, und sein Zeichen ist der Drudenfuß oder das Pentagramm, das wesentliche Symbol des Hexenglaubens. Als fünfzackiger Stern mit einer offenen Zacke, im Umkreis des Vollmondes, kann der Drudenfuß in einen Teller graviert, auf eine Keramikplatte aufgeschmolzen oder aus Brotteig und Salz geformt werden. Er wird verwendet, um Energien zu erden oder als Platte zum Servieren der geweihten Kuchen.

29. Übung: Erd-Meditation

Blicke nach Norden. Erde und zentriere dich. Fühle deine Knochen, dein Skelett, die Festigkeit deines Körpers. Nimm deine Leiblichkeit wahr und alles, was berührt und gefühlt werden kann. Fühle die Wirkung der Schwerkraft, dein Gewicht, deine Anziehung durch die Erde, die der Leib der Göttin ist. Du bist ein Naturereignis, ein wandernder Berg. Verschmilz mit allem, was aus der Erde kommt: Gras, Bäume, Samen, Früchte, Blumen, wilde Tiere, Metalle und Edelsteine. Kehre zum Staub zurück, zum Kompost, zum Schlamm. Sprich: »Heil, Belili, Mutter der Berge!«

30. Übung: Drudenfuß-Meditation – Die fünf Stufen des Lebens

Erde und zentriere dich. Halte deinen Drudenfuß in beiden Händen. Atme tief und fühle die Kraft der Erde und des Körpers. Das Pentagramm ist dein Körper, vier Gliedmaßen und der Kopf. Es stellt die fünf Sinne dar, innen und außen. Verbinde dich mit deiner Kraft zu sehen, zu hören, zu riechen, zu schmecken und zu tasten. Das Pentagramm bedeutet die vier Elemente samt dem fünften – der Quintessenz. Und es bedeutet die fünf Stadien des Lebens, deren jedes ein Aspekt der Göttin ist:

1. Geburt: der Beginn, die Zeit des Eintritts in das Sein;
2. Initiation: die Jugend, die Zeit der Individuation;
3. Liebe: die Zeit der Vereinigung mit dem Du, des Erwachsenseins, der Sexualität, der Verantwortung;
4. Reife: die Zeit des fortgeschrittenen Alters, des Nachdenkens, der Integration, der Weisheit;
5. Tod: die Zeit des Endes, des Loslassens, des Voranschreitens zur Wiedergeburt.

Blicke auf dein Pentagramm oder zeichne dir eines auf ein Blatt Papier. Bezeichne an den Zacken die fünf Stadien im Uhrzeigersinn, und erlebe reihum jede Phase, wie sie im Laufe des

Lebens und innerhalb jeder neuen Aktivität oder Beziehung verläuft. Zeichne die Verbindungslinien nach, und denke über ihre Bedeutung nach. Die Liebe ist mit Geburt und Tod, der Tod ist mit Liebe und Initiation verbunden.

Im gälischen Baumalphabet wurde jedes der fünf Lebensstadien durch einen Baum symbolisiert, dessen Name mit einem der fünf Vokale begann:[5]

A: Geburt – *A*ilm, Weißtanne
O: Initiation – *O*nn, Ginster oder Stechginster
U: Liebe – *U*ra, Heidekraut
E: Reife – *E*adha, Espe
I: Tod – *I*dho, Eibe

Bringe die Vokale zum Klingen, und fühle nacheinander die Kraft jedes Lebensabschnitts. Berühre deinen Körper mit dem Pentagramm, und laß die Lebenskräfte deiner Leiblichkeit in es hineinfließen.

31. Übung: Das Eisenpentagramm

(Ein Pentagramm ist ein gezeichneter oder geschriebener Drudenfuß. Es ist eine Meditationshilfe der Feentradition und überhaupt eine wichtige Übung.)

Erde und zentriere dich. Zeichne ein Pentagramm mit den Verbindungslinien in dein Buch der Schatten, und markiere die Zacken im Uhrzeigersinn mit den Wörtern: Sexualität, Selbst, Leidenschaft, Stolz und Kraft.

In der *Sexualität* äußert sich die Lebenskraft, die das Universum antreibt. Sie ist Polarität, die Anziehung zwischen Gott und Göttin; die zu- und abnehmende Vitalität, die das Universum erhält; die orgastische, ekstatische Harmonie, die in jedem Wesen gegenwärtig ist.

Das *Selbst* ist Identität, Individualität. Jeder Mensch ist einzigartige Manifestation der Göttin, und diese Individualität wird im Hexenglauben hoch geachtet. Selbstliebe ist die Grundlage aller

Liebe. »Liebe dich selbst, und du wirst sehen: das Selbst ist überall.«

Leidenschaft ist die Kraft des Empfindens, die dem Leben Farbe, Tiefe und Vitalität verleiht. Freude, Trauer, Ekstase, Ärger, Furcht, Leid, Liebe – die Göttin äußert sich in allen menschlichen Empfindungen. Wir können sie nur in voller Intensität erleben, wenn wir bereit sind, uns damit auseinanderzusetzen.

Stolz ermutigt uns, schöpferisch zu sein, zu handeln und uns mitzuteilen, zu wachsen und die verdienten Früchte unseres Bemühens froh zu genießen. Wahrer Stolz beruht nicht auf Vergleichen

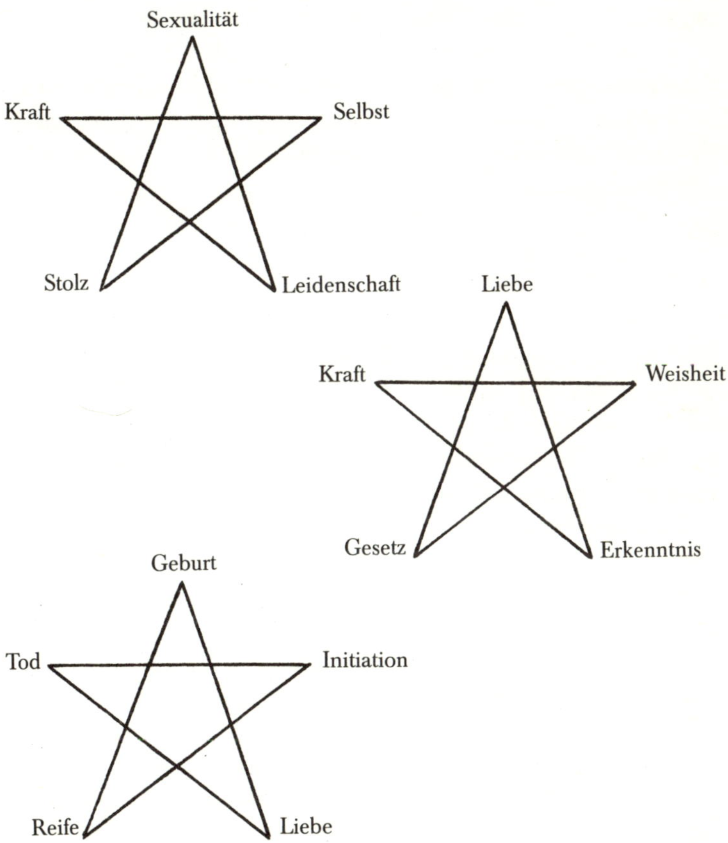

oder Konkurrenz, er ist ein absolutes Gefühl für den eigenen inneren Wert. Stolz impliziert die Verantwortung, in Übereinstimmung mit der Selbstachtung und der Achtung vor dem Selbst der anderen zu handeln.

Kraft ist Energie, innere Macht und nicht Macht über andere. Wenn die fünf Punkte im Gleichgewicht sind, kann die Lebenskraft sich frei entfalten, und dann erfüllt sie uns mit Vitalität. Kraft ist Integrität, Kreativität, Mut; das Kennzeichen einer heilen Person.

Meditiere nacheinander über jeden der Punkte, und erforsche dann die einzelnen Glieder und Verbindungen: Sexualität – Leidenschaft, Selbst – Stolz, Leidenschaft – Kraft usw. Lege dich mit ausgebreiteten Armen und Beinen hin, so daß du einen Stern bildest. Laß deinen Kopf und deine Gliedmaßen Punkte des Pentagramms sein. Wenn alles richtig ist, sind sie im Gleichgewicht. Sind manche Punkte schwach ausgebildet, dann arbeite daran, die betreffenden Eigenschaften zu entwickeln. Nimm die Kraft des Eisenpentagramms in dich auf.

32. Übung: Das Perlenpentagramm

Das Perlenpentagramm ist eine Meditationshilfe wie das Eisenpentagramm. Seine Punkte sind Liebe, Weisheit, Erkenntnis, Gesetz und Kraft. Beginne wie beim Eisenpentagramm.

Liebe ist die treibende Kraft des Lebens. Sie ist sowohl blind erotisch als auch tief personenbezogen, ein leidenschaftliches, stolzes, kraftvolles Bemühen um sich selbst und andere. Sie ist das Gesetz der Göttin und das Wesen der Magie.

Weisheit und *Erkenntnis* sind am besten gemeinsam zu begreifen. Erkenntnis ist Lernen, die Kraft des Verstandes, das Universum zu verstehen und zu beschreiben. Weisheit ist das Wissen, wie Erkenntnis anzuwenden ist und wie nicht. Erkenntnis bedeutet zu wissen, was gesagt werden kann. Weisheit bedeutet zu wissen, ob man etwas sagt oder nicht. Erkenntnis gibt Antworten, Weisheit stellt Fragen. Erkenntnis kann gelehrt werden. Weisheit wächst aus der Erfahrung, aus gemachten Fehlern.

Gesetz meint das Gesetz der Natur, nicht das menschliche Gesetz. Wenn wir Naturgesetze brechen, erleiden wir die Folgen als natürliches Ergebnis unserer Handlungen, nicht als Strafe dafür. Wenn du gegen das Gesetz der Schwerkraft handelst, fällst du. Magie geschieht innerhalb der Naturgesetze und nicht außerhalb derselben. Doch die Naturgesetze können weitreichender und komplizierter sein, als wir begreifen.

Kraft wiederum ist die aus dem Inneren kommende Kraft, wenn Liebe, Erkenntnis, Weisheit und Gesetz vereint sind. Die Kraft, die in der Liebe wurzelt und durch Erkenntnis, Gesetz und Weisheit gezähmt ist, bewirkt Wachstum und Heilung.

Meditiere über die einzelnen Punkte und ihre Verbindungen zueinander. Nimm die Pentagramm-Lage ein, fühle die Punkte als Teil deiner selbst, und erkenne dein eigenes Ungleichgewicht. Nimm die Schönheit des Perlenpentagramms in dich auf.

Die Mitte

Die Mitte des magischen Kreises ist die Stelle der Verwandlung. Sie entspricht dem reinen Wesen, der Zeitlosigkeit, dem transparenten Licht, der Kraft zu gehen, sich zu bewegen, zu wandeln, zu verwandeln. Ihr magisches Symbol ist der Hexenkessel. Dies kann der traditionelle dreibeinige Gußeisentopf oder eine Schüssel aus Ton oder Metall sein. Im Hexenkessel brennt ein Feuer: eine Kerze, Räucherwerk, duftende Kräuter oder ein kleiner Scheiterhaufen. Es kann auch der Kochtopf sein, in dem das Essen, das wir zu uns nehmen werden, über einem Feuer bereitet wird.

33. Übung: Meditation der Verwandlung

Erde und zentriere dich. Flüstere immer wieder leise vor dich hin: »Sie verwandelt alles, was Sie berührt, und alles, was Sie berührt, wird verwandelt.« Fühle die ständigen Veränderungen in dir, in deinem Körper, deinen Ideen und Gefühlen, deiner Arbeit und deinen Beziehungen. In jedem reglosen Stein sind die Atome in beständigem Fluß. Fühle die Veränderungen rings um dich: Veränderungen, die du bewirkst und die du bewirkt hast. Sogar die Beendigung der Meditation ist Teil des Verwandlungsprozesses, der Leben bedeutet. Sprich: »Heil dir, Kore, ewig verwandelnde Eine, deren Name unnennbar ist!«

34. Übung: Meditation mit dem Hexenkessel

Erde und zentriere dich. Halte den Hexenkessel in beiden Händen. Atme tief, und fühle die Kraft der Verwandlung. Du hältst den Hexenkessel der Ceridwen, in dem die Toten lebendig werden. Du hältst den Kessel, in dem der Trank gebraut wurde, der alles Wissen und Begreifen vermittelt. Der Kessel ist der Bauch der Göttin, der Zeugungsgrund allen Werdens. Denke über die Verwandlungen nach, die dir täglich geschehen. In jedem Augenblick stirbst du und wirst tausendfach wiedergeboren. Fühle deine Kraft zu enden und erneut zu beginnen, deine Fähigkeit zu zeugen, schöpferisch zu sein, Neues zu gebären, und laß diese Kraft in deinen Hexenkessel einfließen.

Meditationen über die Elemente gehören zur Ausbildung jeder Hexe. Nachdem die Aspirantin die Energie jedes magischen Elements einzeln durchlebt hat, wird sie gelehrt, diese miteinander zu verbinden. Nach dieser Vorbereitung lernt sie, den magischen Kreis zu bilden.

35. Übung: Die Visualisierung des magischen Kreises

(Bei dieser Übung kannst du liegen, dich bequem hinsetzen oder -stellen. Blicke entweder wirklich oder im Geist in die jeweilige Himmelsrichtung.)

Erde und zentriere dich. Blicke nach Osten. Visualisiere dein Messer in der kräftigeren Hand, und zeichne damit ein beschwörendes Pentagramm (wie in Übung 13). Sieh, wie es mit blaßblauer Flamme brennt. Sprich: »Heil euch, Wächter der Türme im Osten! Mächte der Luft!«

Schreite durch das Pentagramm und sieh, wie ein heftiger Wind über eine weite Ebene mit wehendem Gras fegt. Atme tief und fühle die Luft auf deinem Gesicht, in deinen Lungen und in deinem Haar. Die Sonne geht auf, und in ihren Strahlen schimmert ein goldener Adler, der auf dich zufliegt. Wenn du von der Kraft der Luft erfüllt bist, sprich: »Heil euch und lebt wohl, ihr Schimmernden!« Schreite durch das Pentagramm zurück.

Nun wende deinen Blick nach Süden. Zeichne wieder das beschwörende Pentagramm. Sprich: »Heil euch, Wächter der Türme im Süden! Mächte des Feuers.«

Schreite durch das Pentagramm. Du befindest dich auf glühendem Buschland unter der sengenden Sonne. Es ist Mittag. Fühle die Sonnenhitze auf deiner Haut, und nimm ihre Kraft in dich auf. In der Ferne sonnen sich rotgoldene Löwen. Wenn du dich an das Feuer gewöhnt hast, sprich: »Heil euch und lebt wohl, ihr Strahlenden.« Geh durch das Pentagramm zurück.

Wende dich mit dem Gesicht nach Westen, und zeichne wieder das Pentagramm. Sprich: »Heil euch, Wächter der Türme im Westen! Mächte des Wassers.«

Schreite durch das Pentagramm. Du stehst auf einer Klippe über brodelnder See. Fühle die Gischt und die Gewalt der Wellen. Es herrscht Zwielicht, und die graugrünen Wogen sind violett gesäumt, während die Sonne untergeht. Delphine und Seeschlangen tauchen und spielen in der Gischt. Wenn du dich auf die Kraft des Wassers eingestimmt hast, sprich: »Heil euch und lebt wohl, ihr Fluten!« und schreite durch das Pentagramm zurück.

Wende nun dein Gesicht nach Norden. Zeichne das Pentagramm und sprich: »Heil euch, Wächter der Türme im Norden, Mächte der Erde!«

Schreite durch das Pentagramm. Du stehst mitten in einer üppigen, fruchtbaren Landschaft an den Hängen eines Gebirges. Rings um dich wachsen saftige grüne Gräser, die von sprudelnden Quellen genährt, und schlanke stille Bäume, die von den Mineralien und Nährstoffen der Erde gedüngt werden. In der Ferne wogt Getreide auf fruchtbaren Äckern. Bergziegen kleben über dir in felsiger Höhe, während weit unten wilde Viehherden über die Ebene donnern. Es ist Mitternacht. Der Mond ist verborgen, aber die Sterne leuchten. Großer und Kleiner Bär umkreisen den Nordstern, den ruhigen Mittelpunkt des wirbelnden Himmelsrades. Sprich: »Heil euch und lebt wohl, ihr Stillen.«

Visualisiere alle vier Pentagramme um dich in einem blau flammenden Kreis. Über deinem Kopf befindet sich ein achteckiger Stern. Atme tief und nimm die Kraft aus dem Stern in dich auf. Laß sie dich erfüllen. Fühle, wie sie jede Zelle deines Körpers mit Licht erfüllt, einem Lichtkegel, der rings um dich bis tief in die Erde reicht. Danke dem Stern, und laß das Licht zu seinem Ursprung zurückkehren. Öffne den magischen Kreis, indem du visualisierst, daß die Pentagramme weg in den Raum fliegen.

Zu den zusätzlichen Geräten, die in den meisten Hexenzirkeln benutzt werden, gehören eine Schnur, ein Halsband, ein Weihrauchfaß und das Buch der Schatten (die »Hexenbibel«), von dem im 3. Kapitel die Rede war. Die Schnur ist Symbol der Bindung, der Zugehörigkeit zu einem bestimmten Konvent. In manchen Traditionen spiegelt die Farbe der Schnur die Stufe, bis zu der die Trägerin den Hexenkult beherrscht. Das Weihrauchfaß wird für Räucherwerk benutzt und mit Osten oder Süden, Luft oder Feuer identifiziert. Das Halsband ist der Kreis der Wiedergeburt, das Zeichen der Göttin. Diesen Zweck erfüllt jedes Schmuckstück, das einem gefällt.

Natürlich werden beim Hexenkult auch Kerzen, Kräuter, Öle und Räucherwerk benutzt. Leider ist hier nicht der Platz, um ihre Anwendung und ihre Korrespondenzen ausführlich zu erläutern, zumal diese Informationen sich im Anhang befinden und auch anderweitig nachgelesen werden können.[6] Im allgemeinen ist eine Hexe weniger von den traditionellen Assoziationen der Kräuter, Düfte und Farben abhängig als von ihrer eigenen Intuition. Wenn wir die »richtigen« Hilfsmittel nicht auftreiben können, improvisieren wir einfach.

Gewöhnlich werden die Kultgeräte auf einem Altar aufbewahrt. Dazu eignet sich alles von der handgeschnitzten alten Truhe bis zu einer von einem Tuch umhüllten Kiste. Wird der Altar regelmäßig für Meditation und magische Praktiken benutzt, dann wird er mit Energie, mit einem Wirbel der Kraft erfüllt. Im allgemeinen ist der Altar einer Hexe nach Norden gewandt, und die Geräte werden in die entsprechenden Richtungen gelegt. Bilder der Göttin und des Gottes – Figuren, Muscheln, Blumen oder ein Spiegel – befinden sich in der Mitte.

36. Übung: Die Weihe eines Kultgerätes

(Kultgeräte können mit psychischer Energie durchtränkt und in einem Gruppenritual, während einer Initiation oder einzeln geweiht werden. Ich beschreibe im folgenden den Ritus für ein Messer; für andere Geräte sind die entsprechenden Angleichungen vorzunehmen.)

Baue den Altar nach deinen Vorstellungen auf, und zünde Kerzen und Räucherwerk an. Vollziehe das Reinigungsritual mit Salz und Wasser, und bilde einen magischen Kreis, indem du den Kreis visualisierst. Bitte die Göttin um ihren Beistand.

Halte dein Messer in der kräftigeren Hand und sprich: »Sei gesegnet, du künstliches Geschöpf.« Schließe die Messer- oder Schwertmeditation an.

Berühre mit dem Messer reihum die Symbole jedes der vier Elemente: das Räucherwerk für die Luft, den Zauberstab für das Feuer, den Becher für das Wasser und das Pentagramm für die Erde. Meditiere über die Kraft eines jeden Elements und visualisiere, wie diese Kraft in das Messer strömt. Sprich: »Mögest du von der Kraft der (Luft, des Feuers usw.) durchdrungen werden und mir zu Diensten sein im (Osten, Süden usw.), zwischen den Welten, in allen Welten. So sei es.«

Zieh dein Messer durch die Kerzenflamme, und berühre damit den Hexenkessel in der Mitte. Vergegenwärtige dir weißes Licht, das ihn erfüllt und durchdringt. Sprich: »Mögest du erfüllt sein von der Mitte aus – oben und unten, durch und durch, innen und außen – und mir zwischen den Welten und in den Welten dienen. So sei es.«

Zeichne oder schreibe deine persönlichen Symbole auf die Klinge oder das Heft. Bestreiche das Messer mit deinem Speichel, Schweiß, Menstruationsblut oder anderen Körpersäften, um die Verbindung mit deinem Kultgerät herzustellen. Hauche es an und stell dir vor, daß deine persönliche Kraft hineinfließt.

Halte das Messer an dein Herz und an deine Lippen. Hebe es dem Himmel entgegen und weise damit zur Erde. Umschlinge es mit deiner Schnur (oder stell dir das vor, falls du keine Schnur hast), und visualisiere einen Schild aus Licht, der die Kraft bindet. Sprich: »Schnur umwinde, Kräfte binde, Licht gespiegelt, sei versiegelt.«

Erde die Kraft, danke der Göttin und öffne den Kreis, indem du deinen Dank in alle Richtungen sprichst und visualisierst, daß sich die Pentagramme auflösen.

Beim Bilden eines magischen Kreises kommt es weniger auf die äußeren Formen an als auf die Intensität der inneren Visualisierung. Wenn die Hohepriesterin zum Beispiel die Wächter im Osten beschwört, sieht sie vor ihrem inneren Auge die Sonne aufgehen und spürt den Wind. Sie vergegenwärtigt sich auch die flammenden Pentagramme und den Lichtkreis, der den Konvent umgibt. In einem starken Konvent mag eine einzige Person die äußeren Handlungen vornehmen, doch werden alle innerlich den Kreis visualisieren und sich auf die Elemente einstimmen.

Die äußeren Formen können sehr schlicht sein. Wenn man allein ist, mag es genügen, einfach einen Ring aus weißem Licht um den Raum zu visualisieren oder sich reihum in jede Richtung zu wenden und an die Wand zu klopfen. In einer Gruppe kann man einander die Hände reichen und den Kreis malen, oder ein Teilnehmer schreitet im Kreis um die Gruppe. Der Kreis kann vorher mit Kreide, Steinen, Schnur, Blumen oder Muscheln markiert oder unsichtbar mit dem Messer gezogen werden.

Am Anfang dieses Kapitels wurde beschrieben, wie ein magischer Kreis gebildet wird. Während du versuchst, dich an die Worte und Handlungen zu erinnern, visualisiere zuerst die Elemente und fühle, daß die Kraft viel schwerer zu beschwören ist, als sich beispielsweise gleichzeitig Kopf und Magen zu reiben. Doch mit zunehmender Übung wird deine Konzentration besser, bis die ganze Sequenz leicht und natürlich abläuft. Vielleicht möchtest du lieber deine eigenen Beschwörungen dichten als die vorgegebenen zu benutzen. Hier sind noch ein paar andere Beispiele:

Alan Acacia

Magischer Kreis für die Versöhnung bei Streit

Heil euch, Wächter der Türme im Osten, Mächte der Luft:
Fegt das Schale hinweg, erfüllt unsere Lungen.
Helft uns
Unser Leben erneuern.
Klärt den Himmel und klärt den Geist,
Damit wir unseren Weg erkennen.
Laßt unsre Worte sicheren Raum erschaffen.
Seid gesegnet!

Heil euch, Wächter der Türme im Süden, Mächte des Feuers:
Erfüllt unsere Herzen, erwärmt uns.
Helft uns, dem Winterschlaf, der Einsamkeit zu entfliehen,
Damit wir einander erkennen.
Laßt die Leidenschaft uns leiten,
Wenn wir gegen Unrecht kämpfen.
Laßt unsere Gefühle aufbrechen
Aus all ihren heimlichen Winkeln.
Seid gesegnet!

Heil euch, Wächter der Türme im Westen, Mächte des Wassers:
Ergießt euch über uns, löscht unsren Durst.
Gebt, daß wir uns erinnern
An das Urmeer, aus dem wir kommen.
Nun vereint uns alle.

Laßt unsere Stimmungen hin- und herfluten,
Bis alle eins werden.
Laßt die Dürre der Trennung vergehen.
Seid gesegnet!

Heil euch, Wächter der Türme im Norden, Mächte der Erde:
Stärkt unser Wollen, helft uns
Ganz und gegenwärtig zu sein.
Laßt unsre Körper stark sein,
Wenn wir einander lieben.
Laßt die Dumpfheit des Alltags dahingehn.
Laßt uns alle einander finden
Auf einem einzigen Planeten.
Mit unserem Streben und unserer Magie
Werde ein größerer Kreis gebildet
Aus Liebe und gemeinsamer Harmonie.
Seid gesegnet!

Valeries rhythmische Beschwörung der vier Himmelsrichtungen

Osten:
Quecksilber Bote
Meister der Kreuzwege
Frühling schwebend
Erfüllt meinen Geist
Goldenes Flüstern
Luftiger Fährmann
Segle von Osten her auf den Flügeln des Windes.

Süden:
Einsame Blume, flammender Wille
Knisternde Energie unter meiner Haut
Brüllender roter Löwe
Fliegender Puls

Den Süden durchstreifend
Hab ich mich geöffnet. Erfülle mich.

Westen:
Perlgrauer Krieger
Gespenstische Suche
Prinz des Zwielichts
Segelt nach Westen
Gespür, Herrin des Sonnenuntergangs
Uralte Schlange des Meeres
Perlenkönigin des zwielichtigen Gewässers
Silberfluß, nahe dich still.

Norden:
Mutter der Berge, Mutter der Bäume
Mutter der Mitternacht, Mutter der Erde
Wurzel und Blatt und Blüte und Dorn
Komm, komm zu uns aus dem Norden.

Starhawk

Beschwörung zur Sommersonnwende

(Bei diesem Ritual beginnst du im Norden)
Meine Knochen, mein Leib sind Erde,
Gebirge meine Brüste,
Grünes Gras und blattreiche Bäume
Mein wehendes Haar.
Undurchdringlicher Staub, versickernder Schlamm,
Saat, die weiße Wurzeln in die Tiefe sendet.
Teppich gefiederter Blätter
Sei unser Lager.
Durch die Erde, die Ihr Schoß ist,
Mächte des Nordens, sendet uns eure Stärke.

Luft, mein Atem, Brise des Morgens.
Zuchthengst des Morgensterns.
Wirbelnder Wind, der alles Geflügelte emporträgt.
Biene und Vogel,
Süßer Duft,
Klagende Stimme des Sturmes
Trage uns
Durch die Luft, die Ihr Atem ist,
Mächte des Ostens, sendet uns euer Licht.

Entflamme mein Herz, brenne lichterloh.
Mein Geist ist eine Flamme.
Nichts entgeht meinem Auge.
Flamme springt über von Nerv zu Nerv
Funke des Sonnenfeuers.
Hitze erhebt sich, unsagbares Entzücken.
Die Flammen singen: Verzehre uns.
Durch das Feuer, das Ihr Geist ist,
Mächte des Südens, sendet uns euer Feuer.

Wasser, mein Schoß, mein Blut
reinige, kühle uns.
Wellen, weißgeflügelte, brechen über das Ufer.
Steine poltern, ein Rollen und Zischen,
Wenn die Flut weicht.
Rhythmus und Pulsschlag,
Flut und sprudelnde Quelle.
Wir verströmen uns.
Schwemme uns hinweg
Durch die Wasser ihres lebendigen Schoßes
Mächte des Westens, sendet uns eure Flut.

Das Energiefeld, das durch einen magischen Kreis geschaffen wird, kann auch zum Schutz genutzt werden. Das läßt sich ganz einfach bewerkstelligen:

37. Übung: Der schützende magische Kreis

Visualisiere einen Kreis oder eine Kugel weißen Lichts um dich, wobei die Energie im Uhrzeigersinn läuft. Sage dir, daß dies eine unüberwindliche Schranke ist, die schädliche Kräfte nicht durchdringen können. Wenn du Zeit hast, visualisiere den magischen Kreis oder rufe reihum jedes der vier Elemente an.

38. Übung: Der dauerhaft schützende Kreis

(Um deine Wohnung oder um deinen Arbeitsplatz kannst du einen dauerhaft schützenden Kreis errichten. Das folgende Ritual kannst du allein oder in der Gruppe ausführen. Bei einer Gruppe trägt jeder Teilnehmer einen der Gegenstände.)

Erde und zentriere dich. Umschreite das Haus entgegen dem Uhrzeigersinn mit einer Glocke, einem Besen und Salzwasser, das mit Kraft aufgeladen wurde. Laß die Glocke erklingen, um die bösen Kräfte zu vertreiben. Fege unerwünschte Kräfte mit dem Besen hinweg, oder benutze einen Zauberstab, um sie zu verscheuchen. Besprenge alle Öffnungen – Fenster, Türen, Spiegel und größere Wasserausgüsse mit dem Salzwasser. Besprenge auch die Ecken jedes Zimmers. Falls angebracht, sprich auch einen Bann wie in der Übung 22. Vollziehe das Reinigungsritual mit Salz und Wasser.

Nun umschreite mit Salzwasser, geweihtem Messer und Räucherwerk das Haus im Uhrzeigersinn. Zeichne an jedem Eingang ein beschwörendes Pentagramm mit dem Messer, dann mit dem Salzwasser. Konzentriere dich darauf, ein unzerstörbares Schutzsiegel zu bilden. Segne zum Schluß jeden Eingang und jede Ecke mit Räucherwerk und lade die guten Kräfte ein, hereinzukommen. Sprich:

Salz und Meer:
Haltet fern das Böse.
Feuer und Luft:
Zieht an alles Gute
Für und für.
Der Kreis ist geschlossen.

Bilde einen magischen Kreis in dem Raum, den du für Rituale benutzen willst. Rufe und beschwöre die Kraft, um dem Haus Schutz zu gewähren. Dann danke der Göttin, erde die Kraft und öffne den Kreis.

Du kannst einen schützenden Kreis verstärken, indem du ihn visualisierst. Tu das vor magischen Ritualen oder vor dem Schlafengehen.

Der Kreis ist gebildet, das Ritual beginnt. Wir haben uns gereinigt und zentriert, der Raum ist bereit, die Götter zu empfangen. Unsere geistigen Ketten sind gesprengt. Frei von Furcht können wir uns dem Licht der Sterne öffnen. Wir sind bereit, die Göttin zu beschwören: in vollkommener Liebe und vollkommenem Vertrauen.

5. Die Göttin

Zwischen den Welten

Die Gemeinde der Göttin[1]

Höret die Worte der Großen Mutter, die einst Artemis, Astarte, Dione, Melusine, Aphrodite, Ceridwen, Diana, Arionrhod und Brigid genannt ward und viele andere Namen trug:

Wann immer ihr etwas begehrt, sollt ihr euch einmal im Monat, am besten bei Vollmond, an einem geheimen Ort zusammenfinden und meinen Geist anbeten, die ich die Königin aller Weisheit bin. Ihr sollt frei sein von Sklaverei, und als Zeichen, daß ihr frei seid, sollt ihr eure Riten nackt vollziehen. Singt, feiert, tanzt, musiziert, und liebt euch in meiner Gegenwart, denn mein ist die Ekstase des Geistes und mein die Freude auf Erden. Denn mein Gesetz ist die Liebe zu allen Geschöpfen. Mein ist das Geheimnis, welches öffnet das Tor der Jugend; und mein ist der Becher mit dem Wein des Lebens, der Kelch der Ceridwen, welcher ist der Heilige Gral der Unsterblichkeit. Ich schenke das Wissen des ewigen Geistes, und jenseits des Todes gebe ich Frieden und Freiheit und vereine euch wieder mit denen, die vor euch gegangen sind. Auch verlange ich kein Opfer um meinetwillen, denn seht, ich bin die Mutter aller Dinge, und meine Liebe ergießt sich über die Erde.

Und dies sind die Worte der Sternengöttin, an deren Füßen himmlischer Staub haftet und deren Leib das Universum umkreist:

Ich, die ich die Schönheit der grünen Erde bin und die weiße Mondin unter den Sternen und das Mysterium der Wasser, ich rufe eure Seelen, sich zu erheben und zu mir zu kommen. Denn ich bin die Seele der Natur, die das Universum lebendig macht. Aus mir gehen alle Dinge hervor, und zu mir müssen sie zurückkehren. Ehret mich fröhlichen Herzens, denn seht, alle Akte der Liebe und der Freude sind meine Rituale. Laßt in euch walten Schönheit und Stärke, Kraft und Leidenschaft, Ehre und Demut, Heiterkeit und Ehrfurcht. Und ihr, die ihr mich erkennen wollt, wisset, daß euer Suchen und Sehnen euch nicht helfen wird, es sei denn, ihr kennt das Mysterium: denn wenn ihr das, was ihr sucht, nicht in euch selbst findet, werdet ihr es auch niemals außer euch finden. Denn seht, ich bin bei euch gewesen von Anbeginn, und ich bin es, zu der ihr am Ende eurer Wünsche gelangt.

Der Symbolismus der Göttin übt auf moderne Frauen eine unglaubliche Anziehungskraft aus. Die Wiederentdeckung der alten matriarchalen Gesellschaften gab uns ein tiefes Gefühl des Stolzes auf die Fähigkeit der Frau, Kultur zu schaffen und zu erhalten. Sie hat die Verfälschungen der patriarchalen Geschichtsschreibung ans Licht gebracht und uns Vorbilder weiblicher Kraft und Autorität gegeben. Die Göttin – alt und urzeitlich; die erste der Gottheiten; Schutzherrin des steinzeitlichen Jägers und des ersten Sämanns; unter deren Lenkung die Herden gezähmt, die heilenden Kräuter erstmals entdeckt wurden; in deren Gestalt die ersten Kunstwerke geschaffen wurden; der die ersten Steinsetzungen geweiht waren; die zu Gesang und Dichtung inspirierte – findet neue Anerkennung in der heutigen Welt. Sie ist die Brücke, über die wir die Abgründe in uns, die durch unsere gesellschaftliche Dressur entstanden, überwinden können, und die uns wieder mit unseren verlorenen Fähigkeiten verbindet. Sie ist das Schiff, mit dem wir über das Meer des Unbewußten segeln und Inseln darin erforschen. Sie ist das Tor, durch das wir in die Zukunft schreiten. Sie ist der Hexenkessel, in dem wir zerrissenen Geschöpfe brodeln, bis wir heil geworden sind. Sie ist der Geburtskanal, durch den wir wiedergeboren werden.

Eine historische oder vergleichende kulturelle Betrachtung der Göttin und ihrer Symbole würde mehrere Bände füllen, daher versuche ich es gar nicht erst bei dem begrenzten Umfang dieses Buches, zumal es bereits gute Literatur zu diesem Thema gibt.[2] Ich werde mich statt dessen darauf beschränken, die Göttin so zu beschreiben, wie der Hexenglaube sie sieht, und dabei ihre Funktion und ihre Bedeutung für die Frauen und Männer unserer Zeit herauszuarbeiten.

Oft werde ich gefragt, ob ich an die Göttin *glaube*. Ich frage zurück: »Glaubst du an Steine?« Für die meisten Menschen westlicher Denkweise ist es äußerst schwierig, die Idee einer manifesten Gottheit zu begreifen. Der Ausdruck »an etwas glauben« impliziert, daß wir die Göttin nicht *kennen*, daß sie irgendwie unfaßbar, unbegreiflich ist. Doch wir *glauben* nicht an Steine – wir mögen die Steine sehen, berühren, sie im Garten ausgraben oder kleine Kinder davon abhalten, sich gegenseitig damit zu bewerfen. Wir kennen sie, wir treten zu ihnen in Beziehung. In der Hexenreligion *glauben* wir nicht an die Göttin; wir verbinden uns mit ihr, durch den Mond, die Sterne, das Meer, die Erde, durch Bäume und Tiere, durch unsere Mitmenschen und durch uns selbst. Sie ist da. Sie ist in uns allen. Sie ist der vollendete Kreis: Erde, Luft, Feuer, Wasser und absolutes Sein – Leib, Seele, Geist, Gefühl und Wandel.

Die Göttin ist vor allem Irdischen, die dunkle nährende Mutter, die alles Leben hervorbringt. Sie ist die Kraft der Fruchtbarkeit und Zeugung; Schoß und auch bergendes Grab, die Macht des Todes. Alles geht aus Ihr hervor und kehrt in Sie zurück. Als Erde ist Sie auch pflanzliches Leben; Bäume, Kräuter und Samen, die das Leben erhalten. Sie ist der Leib, und der Leib ist heilig. Schoß, Brüste, Bauch, Mund, Scheide, Penis, Knochen und Blut – kein Teil des Körpers ist unrein, kein Aspekt der Lebensvorgänge ist durch irgendeine Idee von Sünde besudelt. Geburt, Tod und Zerfall sind gleichwertige heilige Teile des großen Kreislaufs. Wir offenbaren die Göttin beim Essen oder im Schlaf, beim Liebesakt oder bei der Verdauung.

Die Erdgöttin ist auch Luft und Himmel, überirdische Himmelskönigin, Sternengöttin, Herrscherin über die unsichtbare Welt der Empfindungen: über Erkenntnis, Verstand und Intuition. Sie ist die Muse, die alle Schöpfungen des menschlichen

Geistes erweckt. Sie ist die kosmische Liebende, Morgen- und Abendstern und Venus, die beim Liebesakt in Erscheinung tritt. Herrlich und glitzernd bleibt sie unfaßbar und undurchdringlich. Der Geist wird vom Drang überwältigt, die Unkennbare zu erkennen, die Unnennbare zu nennen. Sie ist die Inspiration, die uns mit einem Atemzug erfaßt.

Die Himmelsgöttin ist die Mondin, die mit den weiblichen Monatszyklen der Blutung und der Fruchtbarkeit verknüpft ist. Die Frau ist die irdische Mondin. Der Mond ist das Himmelsei, das im Schoß des Himmels dahintreibt, dessen Menstruationsblut der befruchtende Regen ist und der kühle Tau; der die Gezeiten des Meeres beherrscht, der erste Schoß für das Leben auf der Erde. Die Mondin ist damit auch Herrin über die Wasser; über die Wellen des Meeres, die Ströme, die Quellen, die Flüsse, welche Arterien der Mutter Erde sind; über die Seen, die tiefen Quellen und unterirdischen Meere und über die Gefühle und Regungen, die uns wie Wogen überfluten.

Die Mondgöttin hat drei Aspekte: Wenn sie zunimmt, ist sie die Jungfrau; voll und rund ist sie die Mutter; wenn sie abnimmt, ist sie die Greisin. Zur Ausbildung jeder Aspirantin gehören Perioden der Meditation über die Göttin in ihren vielen Aspekten. Ich habe zu wenig Platz, um sie alle zu erläutern, aber ich möchte doch die Meditationen über die drei Mondin-Aspekte wiedergeben:

39. Übung: Meditation bei zunehmendem Mond

Erde und zentriere dich. Visualisiere die zunehmende, nach rechts gewölbte Mondin. Sie ist die Kraft des Beginns, des Wachstums und der Zeugung. Sie ist wild und ungezähmt, wie Ideen und Pläne, bevor sie durch die Wirklichkeit abgeschwächt werden. Sie ist die leere Seite, das ungepflügte Feld. Spüre deine verborgenen Möglichkeiten und deine schlummernden Begabungen, deine Kraft zu beginnen und zu wachsen. Betrachte Sie als silberhaariges Mädchen, das frei durch den Wald unter der schlanken Mondsichel läuft. Sie ist ewige Jungfrau, niemand außer sich selbst gehörend. Rufe ihren Namen »Nimuë!«, und fühle ihre Kraft in dir.

40. Übung: Meditation bei Vollmond

Erde und zentriere dich, und visualisiere die volle runde Mondin. Sie ist die Mutter, die Kraft der Erfüllung. Sie nährt, was im Neumond begann. Sieh ihre offenen Arme, ihre vollen Brüste, ihren Schoß, in dem das Leben keimt. Fühle deine eigene Kraft zu nähren, zu geben, das Mögliche zu offenbaren. Sie ist die sexuelle Frau. Ihre Lust an der Vereinigung ist die bewegende Kraft, die alles Leben erhält. Fühle die Kraft in deiner Lust, in deinem Orgasmus. Ihre Farbe ist das Rot des Blutes, welches Leben bedeutet. Rufe ihren Namen »Mari!«, und fühle deine Fähigkeit zu lieben.

41. Übung: Meditation bei abnehmendem Mond

Erde und zentriere dich. Visualisiere eine von schwarzem Himmel umgebene, nach links gewölbte, abnehmende Halbmondin. Sie ist die alte Frau, die Greisin, die ihre Wechseljahre hinter sich hat; ist die Kraft des Vergehens, des Todes. Alle Dinge müssen enden für das neue Werden. Das Korn, das gesät wurde, muß geschnitten werden. Die leere Seite muß dem Werk weichen, das geschrieben werden soll. Das Leben nährt den Tod, der Tod führt zu neuem Leben – in diesem Wissen liegt die Weisheit. Die Greisin ist die unendliche alte, die Weise Frau. Fühle dein Alter, die Weisheit des Werdens, die in jeder Zelle deines Körpers gespeichert ist. Erkenne deine Kraft zu enden, zu verlieren und gleichermaßen zu gewinnen, zu zerstören, was stagniert oder was verwelkt ist. Sieh die von Schwarz umhüllte Greisin unter dem abnehmendem Mond. Rufe ihren Namen »Anu!«, und fühle ihre Kraft in deinem eigenen Tod.

Die Dreiheit der Mondin wird zur Pentade, zum fünffältigen Stern von Geburt, Initiation, Liebe, Reife und Tod. Die Göttin offenbart sich im gesamten Lebenszyklus. Frauen werden im Alter wie in der Jugend geehrt und geachtet.

Geburt und Kindheit sind natürlich allen Kulturen gemeinsam. Doch unsere Gesellschaft hat erst neuerdings die Vorstellung anerkannt, daß die Phase der Initiation, der persönlichen Erforschung und Selbst-Entdeckung für Frauen notwendig ist. Von Mädchen erwartete man bisher, daß sie aus der Kindheit nahtlos in Ehe und Mutterschaft traten – aus der Verfügungsgewalt des Vaters in die des Ehemannes. Eine Initiation verlangt Mut und Selbstvertrauen, Eigenschaften, zu deren Entwicklung die Mädchen nicht ermutigt wurden. Zur Phase der Initiation gehört heute etwa, eine Karriere aufzubauen, Beziehungen zu erproben oder die eigene Kreativität zu entwickeln. Frauen, die diese Phase in ihrer Jugend entbehrten, finden es oft notwendig, sie später nachzuholen. Die späteren Lebensabschnitte können nur vollständig erfahren werden, wenn die Initiation abgeschlossen und ein individualisiertes Selbst entwickelt wurde.

Die Phase der Liebe wird auch als *Erfüllung* bezeichnet und ist ein Lebensabschnitt von hoher Kreativität. Beziehungen vertiefen sich, und der Sinn für Verantwortung erwacht. Eine Frau kann sich dann entscheiden, Kinder aufzuziehen oder an einer Karriere, einem Projekt oder einer guten Sache zu arbeiten. Eine Künstlerin oder Schriftstellerin erreicht vielleicht ihren reifen Stil.

Die Produkte des Schöpferischen, seien es Kinder, Gedichte oder Organisationen, beginnen ein Eigenleben zu führen. Wenn sie unabhängig und anspruchsloser werden, ist das Stadium der Reife erreicht. Mit dem Alter kommt eine neue Initiation, die reflektierende, körperlich weniger aktive Phase, die aber durch die Einsichten der Erfahrung größere Tiefe erhält. Das Alter wird in der Hexenreligion sehr positiv als die Zeit angesehen, da Aktivität zu Weisheit geläutert ist. Es führt zu der letzten Initiation, dem Tod.

Diese fünf Phasen gliedern unser Leben, aber sie sind auch in jeder neuen Unternehmung und jedem schöpferischen Projekt erkennbar. Jedes Buch, jedes Gemälde, jede neue Berufstätigkeit wird zunächst als Idee geboren. Sie unterliegt einer anfänglichen Periode des Erkundens, die uns mitunter in Schrecken versetzt, weil wir gezwungen sind, neue Dinge zu lernen. Wenn uns eine neue Fertigkeit oder Vorstellung geläufig geworden ist, kann die Idee ausgeführt werden. Sie existiert unabhängig; wenn wir damit fertig sind, lesen andere das Buch, betrachten das Bild, essen die Speisen oder wenden das Wissen an, das wir gelehrt haben. Schließlich sind wir darüber hinausgewachsen. Sie stirbt, und wir können etwas Neues beginnen.

Das Pentagramm, alle fünfzipfligen Blätter und fünfblättrigen Blüten sind durch die Göttin als Fünfheit geheiligt. Insbesondere der Apfel ist ihr Emblem, denn wenn er quer durchgeschnitten wird, bildet das Kerngehäuse ein Fünfeck.

Nie ist die Göttin einfacher Natur. Wo immer sie in Erscheinung tritt, verkörpert sie beide Pole der Dualität – das Leben im Tod, den Tod im Leben. Sie hat tausend Namen und tausend Aspekte. Sie ist die Milchkuh, die webende Spinne, die Honigbiene mit ihrem bohrenden Stachel. Sie ist der Vogel mit den Schwingen des Geistes und die Sau, die ihre Jungen frißt; die Schlange, die sich häutet und erneuert; die Katze, die im Dunkel sieht; der Hund, der den Mond anjault – alle sind Sie. Sie ist das Licht und die Finsternis, die Herrin über Liebe und Tod, die *alle* Möglichkeiten offenbar macht. Sie bringt Lust und Schmerz.

Eine Göttin als Muse oder Mutter, als Inspiration, als nährende und heilende Kraft, kann man sich leicht vorstellen. Schwieriger ist es, die Göttin als Zerstörerin zu begreifen. Der jüdisch-christliche Dualismus hat uns so beeinflußt, daß wir Zerstörung als Synonym mit dem Bösen denken. (Obwohl, die Göttin weiß es, der Jehova des Alten Testaments von aller Lieblichkeit und Helligkeit weit entfernt war.) Die meisten von uns leben der Natur entfremdet und abgeschnitten von den Erfahrungen, die »primitivere« Völker dauernd daran erinnern, daß jeder Akt der Schöpfung auch ein Akt der Aggression ist. Um einen Garten zu bepflanzen, mußt du vorher Unkraut ausreißen, Schnecken töten und die Setzlinge ausdünnen, sobald sie ans Licht drängen. Um ein Buch zu schreiben, muß du von deiner Arbeit einen Entwurf nach dem anderen zerstören, Abschnitte herausschneiden und

Wörter und ganze Sätze streichen. Schöpfung verlangt Veränderung, und jede Veränderung zerstört, was vorausging.

Die Schöpferin-Zerstörerin ist im Feuer manifest, das alles, was man ihm gibt, zerstört, um Wärme und Helligkeit zu schaffen. Feuer ist der nährende Herd, das schöpferische Feuer der Schmiede, das Freudenfeuer der Feste. Die Göttin ist aber auch das verzehrende Feuer des Zorns.

Es ist schwierig, sich mit der Kraft des Zorns auseinanderzusetzen. Zorn setzen wir gleich mit Gewalt, und wir Frauen sind so erzogen, daß wir unseren Zorn für falsch und unannehmbar halten. Zorn ist jedoch eine Äußerung der Lebenskraft. Er ist eine Überlebensregung, ein Warnsignal, daß irgendetwas in unserer Umgebung uns bedroht. Gefahr löst eine physische, psychische und emotionale Reaktion aus, die unsere Kräfte mobilisiert, um die Situation zu ändern. Da wir Menschen sind, fassen wir verbale und emotionale Angriffe als Bedrohungen auf und werden zornig. Wenn wir unseren Zorn aber nicht zugeben dürfen, erleben wir uns als fehlbar, statt die Bedrohung von außen zu bejahen. Statt überzukochen, um die Umgebung zu verändern, wird unsere Energie in innere Anstrengung zur Verdrängung und Beherrschung vergeudet.

Die Göttin befreit die Energie aus unserem Zorn. Er gilt als geheiligt, und seine Kraft ist gereinigt. Wie ein Waldbrand in unberührter Wildnis reißt er das Unterholz hinweg, damit die Schößlinge unserer Kreativität das hegende Sonnenlicht empfangen. Wir kontrollieren unsere *Handlungen:* Wir versuchen aber nicht, unsere Gefühle zu kontrollieren. Der Zorn wird zur Bindekraft, die aufrichtige Auseinandersetzungen und Kommunikation mit anderen fördert.

Ich habe von der Göttin als psychologischem Symbol und auch als manifester Wirklichkeit gesprochen. Sie ist beides. Sie existiert, und wir erschaffen sie. Die mit der Göttin verbundenen Symbole und Eigenschaften sprechen zum Kindlichen Selbst und durch dieses zum Göttlichen Selbst. Sie binden uns emotional. Wir wissen, daß die Göttin nicht der Mond ist – aber dennoch begeistern wir uns für sein Licht, das durch die Bäume schimmert. Wir wissen, die Göttin ist keine Frau, aber wir antworten mit Liebe, als wäre sie eine, und verbinden uns emotional mit all den abstrakten Eigenschaften hinter dem Symbol.

Viele Gestalten und Symbole stellen die Göttin dar. Augen, die schematisiert auch Brüste sind, symbolisieren ihre nährenden Kräfte und die Gabe der Innenschau. Die Sichel stellt den Mond dar: Eine zunehmende und eine abnehmende Sichel, Rücken an Rücken, werden zum Labrys oder der Doppelaxt, der Waffe der Göttin-Kulturen, Dreiecke, Ovale und Rauten, die Formen des weiblichen Genitals, sind ebenfalls ihre Symbole. Im Rahmen ihrer Unterweisung lernt die Aspirantin, Symbole zu visualisieren, über sie zu meditieren und mit ihnen in ihrer Fantasie zu spielen, bis sie ihr unmittelbar ihre Bedeutung enthüllen. Jedes Symbol oder jeder Aspekt der Göttin kann ein Ausgangspunkt für die Meditation sein. Aus Platzgründen gebe ich hier nur ein Beispiel, die Doppelspirale:

42. Übung: Die doppelte Spirale

Erde und zentriere dich. Visualisiere eine doppelte Spirale. Wenn du sie deutlich siehst, laß sie wachsen, bis du in ihr drinstehst, und folge ihrem Verlauf gegen den Uhrzeigersinn. Sie wird zum Irrgarten mit hohen gestutzten Hecken, dann zum Labyrinth aus steinernen Mauern. Ihre verdrehten Windungen führen zu einem verborgenen Geheimnis. Während du dich durch die Spirale bewegst, löst sich die Welt auf, die Form löst sich auf, bis du dich im verborgenen Herzen befindest, wo Geburt und Tod eins sind. Das Zentrum der Spirale leuchtet; es ist der Nordstern, und die Arme der Spirale sind die Milchstraße, eine Myriade von Sternen, die langsam um den ruhigen Mittelpunkt kreisen. Du bist im Spiral-Schloß im Rücken des Nordwindes. Erforsche es in deiner Fantasie. Achte darauf, wem du begegnest und was du erfährst. Du bist frei flutend im Schoße der Göttin. Nun fühle dich gestoßen und gequetscht, während du dich aus der Spirale herausbewegst, die jetzt der vaginale Weg der Wiedergeburt ist. Bewege dich im Uhrzeigersinn durch die doppelte Spirale deiner Erbsubstanz, der DNA (= Desoxyribonukleinsäure). Nun wird sie zum wirbelnden Wind – fliege mit ihr. Laß sie zur schwingenden Ranke einer Pflanze werden – zu einem Kristall, einer Muschel – einem kreisenden Elektron. Die Zeit ist eine Spirale – die Zyklen wiederholen sich endlos und sind doch ständig in Bewegung. Erkenne die Spirale als Form, die aller Energie zugrundeliegt. Wenn du aus ihr auftauchst, laß sie zu ihrer kleinen, abstrakten, symbolischen Gestalt zurückkehren. Danke ihr, und laß sie verschwinden.

Die Gemeinde der Göttin am Anfang dieses Kapitels spiegelt das Verständnis der Göttin in der Hexenreligion. Es beginnt mit einer umfangreichen Aufzählung von Namen für die Göttin, die aus vielen Kulturen entlehnt sind. Sie werden nicht gesondert betrachtet, sondern vielmehr als verschiedene Aspekte desselben Wesens, das alle Wesen ist. Die verwendeten Namen können mit den Jahreszeiten oder den Vorlieben der Sprecherin wechseln. Beispielsweise kann die Göttin nach dem Jungfrau-Aspekt der griechischen Göttin im Frühling Kore heißen. Eine Hexe jüdischer Herkunft mag die alte hebräische Göttin als Ashimah oder Asherah anrufen; eine afroamerikanische Hexe zieht vielleicht Iemaja vor, die westafrikanische Göttin des Meeres und der Liebe.[3] In den meisten Traditionen des Hexenglaubens wird die Auffassung vertreten, daß der interne Name der Göttin große Kraft verkörpert. Daher wird er geheimgehalten und nur den Initiierten enthüllt. Die außerhalb am häufigsten gebrauchten Namen sind Diana für die Göttin des Mondes und Aradia, Ihre Tochter, die der Legende zufolge zur Erde gesandt wurde, um die Menschen zu befreien, indem Sie sie die Künste der Magie lehrte.[4]

»Wenn ihr etwas begehrt« bezieht sich sowohl auf geistige als auch auf materielle Bedürfnisse. Der Hexenglaube macht hier keine Unterscheidung. Die Göttin offenbart sich in den Speisen, die wir genießen; in den Menschen, die wir lieben; in unserer Arbeit und in unseren Behausungen. Es wird nicht als Schande angesehen, um benötigte Güter und Annehmlichkeiten zu bitten. »Wirke für dich selbst, und du wirst sehen, das Selbst ist überall«, ist ein Leitsatz der Feentradition. Durch die materielle Welt öffnen wir uns der Göttin. Doch die Hexenreligion anerkennt auch, daß tiefere Wünsche und Sehnsüchte bleiben, wenn die materiellen Bedürfnisse befriedigt sind. Sie können nur durch Verbindung mit den nährenden, lebenspendenden inneren Kräften, die wir *Göttin* nennen, erfüllt werden.

Der Konvent trifft bei Vollmond zusammen, zur Ehre der Göttin auf der Höhe ihres Ruhmes. Man glaubt, daß die Ströme subtiler Kraft bei Vollmond am stärksten sind. Die Göttin wird mit der befruchtenden Mond-Energie identifiziert, die das geheimnisvolle Dunkel erleuchtet; mit der weiblichen, gezeitenabhängigen, pulsierenden Kraft, die im Gleichklang mit dem weiblichen Menstruationszyklus zunimmt und abnimmt. Die Sonne wird mit ihrem männlichen, polaren Selbst identifiziert, mit dem Gott, dessen Feste an acht Höhepunkten der Kraft im Sonnenzyklus gefeiert werden.

Die Göttin ist die Befreierin, und es heißt, »Ihr zu dienen, ist vollkommene Freiheit.«[5] Sie ist Befreierin, weil sie sich in unseren tiefsten Emotionen und Reisen nach innen offenbart, die immer und unvermeidlich die Systeme bedrohen, in denen sie leben sollen. Sie ist Liebe und Zorn, die sich nicht bequem in die gesellschaftliche Ordnung einfügen wollen. »Frei von Sklaverei« zu sein bedeutete einst, daß innerhalb des rituellen Kreises alle gleich waren, ob sie draußen in der Welt als Bauern, Leibeigene oder Adlige lebten. Heute kann Sklaverei im geistigen, emotionalen oder physischen Bereich bestehen: die Sklaverei begrenzter Wahrnehmung, eindressierter Ideen, blinden Glaubens oder der Angst. Der Hexenglaube verlangt intellektuelle Freiheit und den Mut, sich mit den eigenen Annahmen auseinanderzusetzen. Er ist kein dogmatisches Glaubensgebäude, sondern eine ständig sich selbst erneuernde Haltung der Freude und des Staunens gegenüber der Welt.

Der nackte Körper stellt die Wahrheit dar, jene Wahrheit, die tiefer geht als gesellschaftliche Sitten. Hexen vollziehen die Rituale aus mehreren Gründen nackt: als Möglichkeit, Zusammengehörigkeit herzustellen und die gesellschaftlichen Masken fallenzulassen; weil die Kraft auf diese Weise am leichtesten heraufzubeschwören ist und weil der Körper des Menschen an sich geheiligt ist. Nacktheit ist das Zeichen, daß die Loyalität einer Hexe vor allen Ideologien und tröstlichen Illusionen der Wahrheit gilt.

Die Rituale sind fröhlich und machen Spaß. Hexen singen, feiern, tanzen, lachen, scherzen und freuen sich am Vollziehen der Rituale. Die Hexenreligion ist eine ernste Sache, aber sie ist nicht pompös oder feierlich. Wie beim chassidischen Judentum oder beim Bhakti-Yoga werden Freude und Ekstase als Wege zum Göttlichen betrachtet. Die »Ekstase des Geistes« ist nicht von der »Sinnenfreude« getrennt. Das eine führt zum anderen, und keines kann wahrhaft ohne das andere verwirklicht werden. Sinnenfreuden, die nicht mit der tiefen Gefühlsstärke der Göttin verbunden sind, werden mechanisch und bedeutungslos – bloße Empfindungen, die ihren Reiz bald verlieren. Doch auch spirituelle Ekstase, die den Sinnen und dem Körper zu entfliehen trachtet, wird reizlos und wurzellos und entzieht Lebenskraft, statt sie zu nähren.

Liebe ist das Gesetz der Göttin: leidenschaftliche sexuelle Liebe, die warme Zuneigung unter Freunden, die heftige beschützende Liebe der Mutter zu ihrem Kind, die tiefe Kameradschaft im Konvent. In der Hexenreligion eignet der Liebe nichts Gestaltloses oder Oberflächliches; sie ist immer spezifisch, gilt leibhaftigen einzelnen Menschen und nicht verschwommenen Vorstellungen von Humanität. Liebe umfaßt auch die Tiere, die Pflanzen, die Erde selbst – »alles Seiende« und nicht bloß menschliche Wesen. Sie gilt auch uns selbst und unseren menschlichen Schwächen.

Ceridwen ist die keltische Gestalt der Göttin. Ihr Hexenkessel ist der Schoß – das Gefäß der Wiedergeburt und der Inspiration. In der frühen keltischen Mythologie wurden die erschlagenen Krieger im Kelch der Göttin wieder zum Leben erweckt. Dieser wurde in die Unterwelt entführt, und die Helden, die ihn zurückerobern wollten, waren die Urgestalten von König Artus und seinen Rittern, die seine spätere Inkarnation anstrebten: den Heiligen Gral. Das keltische Jenseits wird Land der Jugend genannt, und das Geheimnis, das sein Tor öffnet, wird in dem

Hexenkessel gefunden: Das Geheimnis der Unsterblichkeit liegt darin, den Tod als integrierenden Bestandteil des Lebenszyklus zu begreifen. Nichts geht im Universum auf ewig verloren. Die Wiedergeburt ist im Leben selbst zu sehen, wo jedes Ende einen neuen Anfang bringt. Die meisten Hexen glauben an eine Form der Seelenwanderung. Dies ist weniger eine Lehre als eine innere Überzeugung aus einer Weltsicht, die alle Ereignisse als kontinuierliche Prozesse betrachtet. Danach gilt der Tod als ein Punkt auf einem ewig sich drehenden Rad und nicht als endgültiges Ende. Wir werden ständig erneuert und wiedergeboren, wann immer wir reichlich und furchtlos aus dem »vollen Becher des Lebens« trinken.

Die Liebe der Göttin stellt keine Bedingungen. Sie verlangt keine Opfer – weder Menschen- noch Tieropfer – und sie will auch nicht, daß wir unsere normalen menschlichen Bedürfnisse und Wünsche opfern. Hexenglaube ist eine Religion der Selbstbejahung und nicht der Selbstverleugnung. Opfer gehören selbstverständlich zum Leben, zur dauernden Veränderung, die dauernde Verluste bringt. Opfergaben wie zum Beispiel ein Gedicht, ein Bild, ein paar Getreidekörner können unsere Dankbarkeit für ihre Geschenke ausdrücken, aber nur wenn sie nicht aus einem Gefühl der Verpflichtung, sondern frei dargebracht werden.

In der Passage über die Sternengöttin erkennen wir die Bildersprache der Himmelskörper, des Mondes, der Wasser, der grünen Erde, aus der alles hervorgeht und in die alles zurückkehren muß. Sie ist »die Seele der Natur«, die alle Dinge lebendig macht.

Alles Tun, das sich auf Liebe und Freude gründet, ist ein Ritual der Göttin. Sie kann in jeder Form und an allen Orten verehrt werden. Das bedarf keiner Liturgie, keiner Kathedralen und keiner Bekenntnisse. Wesentlich ist das Erkennen ihrer tiefsten Quelle inmitten der Freude. Dann ist die Freude nicht oberflächlich, sondern wird zum aufrichtigen Ausdruck der Lebenskraft; eine bindende Kraft, die uns aneinanderschmiedet, und nicht das bloße Gefühl der Befriedigung unserer individuellen Bedürfnisse.

Die Hexenreligion erkennt, daß jede Tugend zum Laster wird, wenn man sie nicht durch ihr Gegenteil ausgleicht: Wenn Schönheit nicht durch Stärke gedämpft wird, ist sie schal und unlebendig. Macht ist unerträglich, wenn sie nicht durch Leidenschaft gemäßigt wird. Ehrgefühl wird zu Arroganz, wenn nicht Demut es ergänzt. Fröhlichkeit wird zu bloßer Oberflächlichkeit, wenn nicht die Scheu ihr Tiefe verleiht.

Schließlich erfahren wir das Mysterium – daß wir draußen die Göttin niemals finden werden, wenn wir sie nicht in uns selbst finden. Sie ist sowohl im Inneren als auch in den äußeren Dingen. Standhaft wie ein Fels, wandelbar wie das Bild, das wir uns im Inneren von ihr machen. Sie offenbart sich in jedem von uns – wo sonst also sollen wir sie suchen?

Die Göttin ist »das Ende der Sehnsucht«, ihr Ziel und ihre Vollendung. In der Hexenreligion wird die Sehnsucht an sich als Offenbarung der Göttin betrachtet. Wir wollen unsere Wünsche nicht unterdrücken oder verdrängen, sondern sie zu erfüllen suchen. Sehnsucht ist der Kitt des Universums, sie bindet das Elektron an den Atomkern, den Planeten an die Sonne – und schafft so Gestalt, erschafft die Welt. Der Sehnsucht bis an ihr Ende zu folgen heißt, sich mit dem Ersehnten zu vereinigen, eins mit der Göttin zu werden. Wir sind schon eins mit der Göttin – sie war mit uns von Anbeginn. So wird die Erfüllung keine Angelegenheit der Selbstbefriedigung, sondern der Selbst-*Wahrnehmung.*

Für Frauen ist die Göttin das Symbol des innersten Selbst und der heilsamen, nährenden, befreienden Kraft in der Frau. Der Kosmos ist nach dem weiblichen Körper gebildet, der heilig ist. Alle Stufen des Lebens sind heilig: Das Alter ist kein Fluch, sondern ein Segen. Die Göttin begrenzt Frauen nicht auf ihren Körper. Sie erweckt in ihnen Geist und Seele und Gefühle. Durch Sie können wir die Kraft unseres Zorns und unserer Aggression ebenso wie die Kraft unserer Liebe erkennen.

Für einen Mann ist die Göttin nicht nur die universale Lebenskraft, sondern sein verborgenes weibliches Selbst. Sie verkörpert alle Eigenschaften, die ihn die Gesellschaft zwingt, *nicht* in sich anzuerkennen. Seine erste Erfahrung der Göttin mag deshalb etwas stereotyp erscheinen: Sie wird die kosmische Liebende sein, die sanft Hegende, die ewig ersehnte Andere, die Muse, alles, was er nicht ist. In dem Maße, wie er heil wird, bejaht er seine eigenen »weiblichen« Eigenschaften. Sie scheint sich zu wandeln, ihm ein neues Antlitz zu zeigen, immer den Spiegel vorzuhalten, in dem er sieht, was ihm so unfaßbar ist. Er wird Ihr ewig nachjagen, und Sie wird ihm entkommen, aber durch sein Streben wird er wachsen, bis auch er lernt, Sie in sich zu finden.

Die Göttin anzurufen heißt, sie in uns zu wecken, zeitweise der Aspekt zu werden, den wir beschwören. Eine Beschwörung kanalisiert Kraft über ein visualisiertes Bild der Göttlichkeit. In manchen Konventen wird eine Priesterin erwählt, um für die übrigen die offenbare Göttin darzustellen. In unseren Konventen wird Sie in jedem einzelnen Mitglied des Zirkels beschworen.

Eine Anrufung kann ein bestimmtes Gedicht oder ein Musikstück sein, das von einem einzelnen oder von der Gruppe gesprochen oder gesungen wird. In unseren Konventen singen wir meistens in der Gruppe, manchmal ohne Worte und spontan, manchmal wiederholen wir auch immer wieder einen bestimmten Satz. Bei einem vielstimmigen Gesang wiederholt zuweilen eine Priesterin ein einfaches Grundmotiv – beispielsweise »alles, was wild ist und frei« –, während eine weitere bestimmte Wortfolgen wiederholt, zum Beispiel »Grün, Knospe, Blatt – Knospe, Blatt, leuchte« usw. (siehe unten) und eine dritte eine lange poetische Passage vorträgt. Dazu summt der restliche Konvent leise die Vokale. Es ist leider unmöglich, den Effekt auf einer bedruckten Seite wiederzugeben, aber anschließend folgen wenigstens die Worte. Wenn du diese Anrufungen benutzen willst, spiele mit ihnen, experimentiere mit Melodien und Beschwörungsgesängen im Chor, arrangiere sie um, kombiniere und verwebe sie, ändere sie und laß dich davon inspirieren, um deine eigenen zu erfinden.

Wiederholte Grundmotive (an die Göttin):
MONDIN Mutter leuchtest allen, Erde und Himmel, wir RUFEN dich.
LUNA Mamma heller Schein KOMM.
HEIL alte Mondin geheime WEISE. HEIL alte Mondin geheime WEISE.

SIE SCHEINT für alle. Sie STRÖMT durch alles.
Durch alles was WILD ist und FREI. Durch alles was WILD ist und FREI.

Wiederholte Wortfolge »Grün – Knospe – Blatt«

(Dieser Gesang entstand aus einer Wortassoziations-Trance wie die 8. Übung. Die Worte sollen gleichmäßig betont werden, ohne Brüche zwischen den Gruppen, die sich zusammentun, um ihre Wortfolge leichter einhalten zu können. Die gesamte Wortfolge wird dauernd wiederholt.)

Grün Knospe Blatt – Knospe Blatt leuchte – Blatt leuchte blühe – leuchte blühe wachse – Blüte Wachstum Frucht – Wachstum Frucht Reife – Frucht Reife Saat – Reife Saat Tod – Saat Tod Erde – Tod Erde Dunkelheit – Erde Dunkelheit Erwachen – Dunkelheit Erwachen Grün – Erwachen Grün Knospe – ... usw.

Sumerischer Gesang: (Hintergrundgesang auf zwei oder drei Noten – wiederhole den ganzen Gesang)
NAMmu NAMmu O NamMU AE EE AE EE O NamMU
NINmah NINmah O NinMAH AE EE AE EE O NinMAH
MAmi MAmi O MaMI AE EE AE EE O MaMI
MAma MAma O MaMA AE EE AE EE O MaMA
MAH MAH O MAH MAH AE EE AE EE O MAH MAH ...

Anrufung der Taunetzenden

Taunetzende Mondin
Segelst rund am Himmel deine Bahn
Durchströmst alles
Scheinst für alle
Licht der Welt Du
Jungfrau Mutter Greisin
Grün wuchernde Webende
Isis Astarte Ishtar

Aradia Diana Cybele
Kore Ceridwen Levanah
Luna Mari Anna
Rhiannon Selene Demeter –
Sieh mit unseren Augen
Höre mit unseren Ohren
Taste mit unseren Händen
Atme durch unsere Nüstern
Küsse mit unseren Lippen. Öffne unsere Herzen
Erfülle uns!
Berühre uns. Wandle uns. Mache uns heil.

Ehrung der Göttin, der Herrin vieler Namen, der Jungfrau und unermesslichen Demeter

von Karen Lynd Cushen

Nimm und iß, dies ist mein Leib
Der in dir wachsen und
Ein Ganzes werden soll
Göttin der Ernte

Nimm und trink', dies ist mein Blut
Das deinen leeren Becher
Wieder füllen soll

Die Frucht deiner Freude bei der Wiederkehr deiner Tochter
Erhält uns, auch wenn du die Erde
Bei ihrem Abschied veröden läßt

Zerklüftet ist die Erde
Und Persephone
Die Jungfrau, deren Name unsagbar
Wird vom Totenreich verschlungen

Sie wird wiederkehren
Aus ihren Fußstapfen sprießen Blumen und Korn

Mit sich tragen wird sie
Dunkle Erinnerung an dort, woher sie kam

Demeter
Uns nah in unserem Kummer
Weil wir in jedem Jahr aufs neue deine Trauer sehen
Die das Antlitz der Erde verwüstet
Und deine Tochter
Nahe der Stunde unseres Todes
Weil jährlich der Tod sie heimsucht
Wir kennen die Hoffnung, denn wir erinnern uns
Immer wieder
An Persephone, die selbst sich heilt
Und dich, die Aufsteigende

Demeter, Mutter
Die wir auf deinen Knien lagen
Und schliefen in deinen Armen, wir preisen dich
Salbe uns, bette uns zur Nacht
Im roten Herzen deines Feuers
Wir werden nicht zurückweichen
Und keinem erlauben
Uns in Schrecken von diesem Herde wegzureißen
Durchglühe uns mit unsagbarer Hitze
Und kühle uns langsam
Daß wir geläutert wiederkehren
Mit dem ewig grünenden Frühling

Wir, dein heiliges Korn
Ehren dich nicht mit Gemetzel
Doch wenn wir pflügen, setz' deinen Fuß in die Furche, streu deine Saat
In die Fußstapfen deiner wiederkehrenden Tochter
Und ernte

Wir sind die Tenne
Der Grund deines Seins

Wo du lächelnd stehst, die Hände gefüllt mit Garben und Mohn
Zusiehst, wie die Spreu geschieden wird

In der Hitze des Morgens erwachen wir
Die ausgedörrten Kehlen dürstend nach dem eleusinischen Becher
Dem kühlenden Schluck des Schnitters
Die Glieder voll Sehnsucht, im Wind sich zu wiegen
In deinen alten Tänzen

Aus unseren Träumen, Mythen und Märchen
Jenen Ghettos, in denen dein Gedächtnis überlebt
Erblicken wir das Ohr des Korns
Wir kennen deinen Gesang
Den Gesang vom heiligen Körper
Deinem und unserem
Und wir preisen dich, Herrin der vielen Namen
Jungfrau und Unermeßliche

Kore-Gesang zur Tagundnachtgleiche im Frühling und im Herbst

Ihr Name unnennbar
Ihr Antlitz unvergeßlich
Ihre Kraft unermeßlich
Ihr Versprechen niemals gebrochen

(Frühling)
Sie erweckt die schlafende Saat
Unter dem Regenbogen, ihrem Zeichen
Sie hat die Kraft des Winters gebrochen
Und ihre Liebe sprengt alle Ketten

(Herbst)
Tief vergräbt sie alle Saat
Webt den Faden der Jahreszeiten
Und liebt jenseits aller Gründe

Die Dunkelheit hütet ihr Geheimnis
Sie wandelt alles, was sie berührt
Alles, was sie berührt, wird gewandelt (psalmodierend wiederholen)
Wandel ist. Berührung ist. Berührung ist. Wandel ist
Wandle uns. Berühre uns. Berühre uns. Wandle uns

Alles Verlorene findet sich wieder
In neuer Gestalt, auf neue Art
Alles Verletzte wird wieder heil
In einem neuen Leben, zu neuer Zeit
(alle Strophen wiederholen)

Anrufung der Göttin als Mutter
von Susan Stern

Mama
Mit meinem Herzen
Mit meinem Blut, Mama
Rufe ich dich . . .

Mein Herz aus deiner Glut
Teil deines nördlichen Windes
Wasser von deinem Wasser
Schoß deiner Erde
Glied deines Frühlings
Augen aus deinen Sternen
  Mama
Augen aus deiner Sonne
  Mama
Deiner Sonne, Mama, Sol
Meine Seele aus deiner Sonne
  Mama
Komm Mama
Komm in unseren Kreis
Unseren Schoß

Sei mit uns, Mama
Seit mit uns – jetzt

Mondin Mutter
von Laurel

Mondin Mutter
Ich bin dein Kind der Unschuld
Dein natürlich geborenes
Kein Gesetz kann mich zähmen denn das deine
Keine Liebe denn die deine

Ewig beständige
Ewig wandelbare
Tausendfältige
Deine Augen sind Enten im Fluge
Deine Füße tanzender Schaum
Ich bin deine Tänzerin
Du bist Tanz
Lied ohne Grenzen
Rhythmus und Melodie
Ein ganzes Orchester deiner Liebe
Ich möchte deinen goldenen Pfad
Entlangschreiten
Geradewegs zur Sonne
Tanzen zu deinem Herzen

O schick mich hinweg
Ich will mich schwingen zu deinem Stern
Unbeständige Welle
Strom See Teich
Ozean
Wasserstrudel
Stürmische Riesin
Schößling der Erde
Die eine und einzige wahre Liebe

Schätze hinterläßt du überall
Seeigel
Kieselsteine
Dein grünes Haar uns zur Nahrung

Dies ist unser Leben, Mama
Deines und meines
All die aufflackernden Kräfte
All die schimmernden Lichter
Und wechselnden Ströme
Die ich halten möchte
Aber du bist der Strom
Der Kreislauf
Die Sturzwelle
Das Trockenelement
Wahnsinn bei Mitternacht
Gebete zur Dämmerung
Ekstase in der Hitze des Mittags
Fata Morgana, die zeigt
Die wirkliche Pracht
Gold und Safran
Rubin und Rot
Sonnenaufgang
Monduntergang
Der einsame Gesang von allem
Was ist
Und war
Und sein wird

Sei gesegnet

Anrufung der Königin des Sommers

Königin des Sommers
Bienenkönigin
Süß duftende
Blühende
Honigseim
Überschäumender Brunnen
Üppig blühende Rose
Berauschende Tänzerin
Flüsternder Wind
Sängerin
Zauber bindende
Blüte und Dorn
Rhiannon
Arianrhod
Aphrodite
Ishtar
Cybele
Erfülle uns
Trage uns hinweg!

6. Der Gott

Zwischen den Welten

Der Hohepriester tritt in die Mitte des magischen Kreises und packt die Trommel. Er schlägt einen kräftigen, hämmernden Rhythmus und intoniert:

Sämann im Felde, wiedergeborenes Korn
Gehörnter, komm!

Die anderen Stimmen fallen ein. Hände klatschen den Rhythmus auf nackte Schenkel; Füße stampfen auf den Boden. Ein einziger Schrei bricht aus den Kehlen hervor:

Io! Evohe!

Stille. Dann beginnt eine weiche Tenorstimme zu singen:

Strahlende Sonne, finsterer Tod
Herr der Winde, des Tanzes
Sonnenkind, wiedergeborener König
Gehenkter
Ungezähmter! Unbändiger!
Hirsch und Hengst, Geißbock und Stier
Segler auf unendlichem Meere und Hüter des Tores
Herr der beiden Reiche
Ewig Sterbender, ewig Lebender, Strahlender
Dionysos, Osiris, Pan, Dumuzi, Artus
Robin, Janicot, Hou!
Bewege uns, berühre uns, erschüttere uns!
Trage uns hinüber!

Alles ist still. Der Hohepriester legt die Trommel nieder und sagt schlicht: »Er ist hier.« Der Konvent wiederholt: »Er ist hier. Sei gesegnet.«

Ich werde alt. Ich werde alt.
Ich werde meine Hosen hochkrempeln.

Werde ich meine Haare hinten scheiteln?
Wage ich ein Mädchen zu vernaschen?
Ich werde weiße Flanellhosen tragen
und am Strand spazierengehen.
Ich hörte die Meerjungfrauen miteinander singen.
Ich glaube nicht, daß sie einst für mich singen werden.

T. S. Eliot[1]

Heute ist es eine richtige Mode, die Männer zu Gefühlen zu drängen. Doch dieses Drängen wirkt teilweise wie Hohn, so als forderte man einen Krüppel auf zu laufen. Herb Goldberg[2]

Im Hexenglauben ist die Vorstellung vom Gehörnten Gott vollkommen anders als das Bild der Männlichkeit in unserer Kultur. Deshalb ist sie schwer zu begreifen, denn Er paßt in keines der gewohnten Klischees, weder in das des »Macho«-Mannes noch in das umgekehrte Bild derer, die bewußt die Verweiblichung anstreben.[3] Er ist sanft, zärtlich und liebevoll, aber Er ist auch der Jäger. Er ist der Sterbende Gott – aber sein Tod geschieht immer im Dienste der Lebenskraft. Er ist ungebändigte Sexualität – aber Sexualität als eine tiefe, heilige, bindende Kraft. Er ist die Kraft des Gefühls und das Urbild dessen, was Männer sein könnten, wären sie von den Zwängen der patriarchalen Kultur befreit.

Das Bild des Gehörnten Gottes wurde von der mittelalterlichen christlichen Kirche absichtlich in die Gestalt des Teufels pervertiert. Weder glauben Hexen an den Teufel noch beten sie ihn an – für sie ist er eine dem Christentum eigentümliche Vorstellung. Der Gott der Hexen ist sexuell – aber die Sexualität gilt als geheiligt, nicht als etwas Obszönes oder Gotteslästerliches.

Unser Gott trägt Hörner, jedoch sind sie die zu- und abnehmenden Halbmonde der göttlichen Mondin und das Symbol animalischer Vitalität. In manchen Aspekten ist Er schwarz, doch nicht, weil er schrecklich oder furchterregend wäre, sondern weil Dunkelheit und Licht Zeiten der Kraft und Teil von den Zyklen der Zeit sind.[4]

Es hat immer Traditionen des Hexenglaubens gegeben, bei denen der Gott wenig bedeutete.[5] In der Hexenreligion können getrennte Mysterien für Frauen und Männer veranstaltet werden.[6] Doch bei den meisten Traditionen wird der Gott als die andere Hälfte der Göttin angesehen, und viele der Riten und Festtage sind Ihm ebenso wir Ihr geweiht.

Im mittelalterlichen Hexenkult mag der Gott in seinem Stellenwert eine Zeitlang die Göttin überragt haben. In den meisten Hexengeständnissen ist vom »Teufel« die Rede, da die christlichen Priester die Aussage der Hexen über ihren nichtchristlichen Gott so übersetzten. Seltener wird die Göttin erwähnt, die meist »Königin des Elfenlandes« genannt wird. Die Inquisitoren der Hexen suchten jedoch nach Beweisen für die Anbetung des Teufels und nicht für die der Göttin. Sie hielten die Beweise fest, die ihre Anklage wegen Satanismus stützten, und ignorierten oder verdrehten andere Beweise. Nicht selten bekamen Beschuldigte, die nach der Folter am Ende ihrer Kräfte angelangt waren, bereits vorgefertigte Geständnisse zu unterschreiben, die statt der Wahrheit eher aussagten, was die christlichen Priester glauben wollten.

In der mittelalterlichen Hexenreligion herrschte der Brauch, daß der Hohepriester und die Hohepriesterin die Rollen von Gott und Göttern spielten, an deren wirkliche Inkarnation bei den Riten geglaubt wurde. Ein alter Bericht, den Margaret Murray zitiert, spricht von der Bedeutung dieses Brauchs für die ungebildeten Bauern, denen Sehen Glauben bedeutete. Der Hohepriester spottete über jene, »die sich bereit fanden, auf einen Gott zu vertrauen, der sie in dieser Welt elend im Stich ließ; weder er noch sein Sohn Jesus Christus erschienen ihnen jemals, wenn sie ihn riefen, im Gegensatz zu Ihm, der sie nicht betrügen würde.«[7] Für die meisten Hexen war »dieser irdische Sabbat das wahre Paradies, wo es mehr Freude gab, als sie beschreiben konnten, und sie glaubten auch, daß ihre diesseitige Freude nur der Vorgeschmack viel größerer Wonnen war, denn ihr Gott hielt so sehr ihr Herz gefangen, daß kein anderer Wunsch in es eindringen konnte.«[8]

In der Frauenbewegung wurde die dianische, trennende Hexenreligion[9] die Mode, und manche Frauen werden schwerlich begreifen, wieso eine Feministin wie ich sich überhaupt mit dem Gehörnten Gott beschäftigt. Es gibt aber, wenn überhaupt, nur wenige Frauen, deren Leben nicht sexuell, emotional oder wirtschaftlich an das von Männern gebunden ist. Der Gehörnte Gott stellt mächtige positive Eigenschaften dar, die aus tieferen Schichten stammen als die Klischees, die Gewalttätigkeit und emotionale Verkrüppelung der Männer unserer Gesellschaft. Wäre der Mann nach dem Bild des Gehörnten Gottes geschaffen worden, dann könnte er wild sein ohne Grausamkeit, zornig ohne Gewalt, sexuell ohne Nötigung, spirituell ohne Geschlechtslosigkeit, und er wäre zu echter Liebe fähig. Die Meerjungfrauen, welche die Göttin symbolisieren, würden für ihn singen.

Die Göttin ist die Umkreisende, der Seinsgrund; der Gott ist das Hervorgebrachte, ihr Spiegelbild, ihr Gegenpol. Sie ist der allumfassende Himmel, Er ist die Sonne, ihr Feuerball. Sie ist das Rad, Er ist der Reisende. Er ist das Opfer des Lebens an den Tod, damit das Leben weitergehen kann. Sie ist die Mutter und die Zerstörerin. Er ist alles, was geboren und was zerstört wird.

Für Männer ist der Gott das Bild der inneren Kraft und einer nicht nur sexuellen Potenz. Er ist das ungeteilte Selbst, bei dem der Verstand nicht vom Körper und der Geist nicht vom Fleisch gespalten ist. Vereint können beide auf dem Gipfel der schöpferischen und emotionalen Kraft wirken.

In unserer Kultur lernen die Männer, daß Männlichkeit einen Mangel an Gefühl erfordert. Sie werden darauf abgerichtet, auf militärische Art zu funktionieren, ihre Gefühle zu zerstören und ihre Körpersprache zu ignorieren; körperliches Unbehagen, Schmerzen und Furcht zu leugnen, um möglichst erfolgreich zu kämpfen und zu erobern. Dies gilt unabhängig davon, ob das Feld der Eroberung ein Schlachtfeld, das Schlafzimmer oder ein Büro ist.

Es ist schon eine Art Klischee zu sagen, daß Männer dazu erzogen wurden, aggressiv und dominierend zu sein, und daß den Frauen eingetrichtert wurde, passiv und unterwürfig zu sein; daß Männer zornig sein dürfen, Frauen aber nicht. In der patriarchalen Kultur lernen Frauen ebenso wie Männer, innerhalb einer Hierarchie zu funktionieren, in der die Oberen über die Unteren herrschen. Ein Aspekt dieser Dominanz ist das Privileg, seinem Ärger Luft zu machen. Der General scheißt den Feldwebel an; der gewöhnliche Soldat kann das nicht. Der Chef darf seine Leute anschnauzen, nicht aber ihn sein Assistent. Die Frau des Chefs beschimpft ihr Dienstmädchen, nicht umgekehrt. Weil die Frauen vom Geschäftsleben bis zur traditionellen Familie meist am Ende der Hierarchie standen, hatten sie den größten Teil vom Zorn des Mannes auszustehen und waren die erbärmlichsten Opfer männlicher Gewalttätigkeit. Zorn ist als Reaktion auf einen Angriff zu verstehen. Nur wenige Männer haben Positionen, in denen sie es sich leisten können, sich mit ihren Angreifern unmittelbar auseinanderzusetzen.

Dadurch wird der Zorn der Männer verdreht und pervertiert. Es wäre bedrohlich, wenn er sich die eigentliche Ursache seines Zorns eingestände, weil er dann die Hilflosigkeit, die Machtlosigkeit und das Demütigende seiner Situation zugeben müßte. Stattdessen kann er seinen Zorn gegen sicherere Ziele lenken – gegen Frauen, Kinder oder noch ohnmächtigere Männer. Oder sein Zorn kehrt sich ins Selbstzerstörerische: Krankheit, Depression, Alkoholismus oder irgendeines aus der großen Palette der leicht erhältlichen Suchtmittel.

Patriarchat bedeutet wörtlich »Herrschaft der Väter«; aber in einem Patriarchat ist es nur sehr wenigen Männern vergönnt, die »Vaterrolle« außerhalb des engen familiären Rahmens zu spielen. Der Aufbau der hierarchischen Institutionen entspricht einer Pyramide: Ein Mann an der Spitze kontrolliert die vielen darunter. Viele Männer konkurrieren um Geld und um Macht über andere. Die nicht das obere Ende in der Befehlskette erreichen, die meisten also, sind gezwungen, unreif zu bleiben und die Rolle entweder der pflichtbewußten oder der rebellischen Söhne zu spielen. Die guten Söhne trachten ewig danach, dem Vater durch

Gehorsam zu gefallen. Die schlechten Söhne versuchen, ihn zu übertreffen und seinen Platz einzunehmen. Auf beiden Wegen werden ihre eigenen wahren Sehnsüchte und Gefühle in ihnen abgetötet.

Somit spiegeln unsere Religionen einen Kosmos, in dem Gott Vater seine »Kinder« antreibt, den Gesetzen zu gehorchen und zu tun, was ihnen aufgegeben wird, sonst gesellen sie sich zu dem Großen Rebellen. Unsere Psychologie ist eine des Krieges zwischen Söhnen und Vätern. Ewig kämpfen sie um den exklusiven Besitz der Mutter, die wie alle Frauen unter dem Patriarchat der höchste Preis für den Erfolg ist. Fortschrittliche Politiker werden auf Gruppen rebellischer Söhne reduziert, die den Vater nur stürzen, um ihre eigenen Hierarchien durchzusetzen.

Der Gehörnte Gott jedoch wird von einer Jungfrau Mutter geboren. Er ist das Vorbild einer männlichen Kraft, die frei ist von Vater-Sohn-Rivalität oder ödipalen Konflikten. Er hat keinen Vater. Er ist sein eigener Vater. Während er wächst und seine Wandlungen in der Drehung des Rades durchläuft, bleibt er der ursprünglichen nährenden Kraft verbunden. Seine Macht bezieht er unmmittelbar aus der Göttin. Er hat an Ihr teil.

Der Gott verkörpert die Kraft des Gefühls. Seine Tierhörner symbolisieren die Wahrheit der unverstellten Gemütsbewegung, die keinem Herren zu gefallen sucht. Er ist ungezähmt. Doch ungezähmte Gefühle sind etwas ganz anderes als ausagierte Gewalt. Der Gott ist die Lebenskraft, der Lebenszyklus. Er bleibt in der Kreisbahn der Göttin. Seine Kraft ist immer auf den Dienst am Leben gerichtet.

Der Gott der Hexen ist ein Gott der Liebe. Diese Liebe schließt die Sexualität ein, die ebenso wild und ungezähmt ist wie sanft und zärtlich. Seine Sexualität wird umfassend *empfunden* – in einem Zusammenhang, in dem sexuelles Begehren nicht nur heilig ist, weil durch Sexualität das Leben fortgezeugt wird, sondern auch, weil durch sie unser Leben zutiefst und ekstatisch verwirklicht wird. In der Hexenreligion ist die Sexualität ein Sakrament, das äußere Zeichen innerer Gnade. Diese Gnade ist eine tiefe Bindung an einen anderen Menschen und die Erkenntnis seiner Ganzheit. Im wesentlichen beschränkt sich Sexualität nicht auf den körperlichen Akt – sie ist ein Austausch von Energie, von subtiler Nahrung zwischen Menschen. Durch die Bindung an einen anderen verbinden wir uns mit allen.

In der Hexenreligion wird der männliche Körper ebenso wie der weibliche heilig gehalten. Es darf ihm keine Gewalt angetan werden. Es ist eine Vergewaltigung des männlichen Körpers, ihn als Waffe zu benutzen, wie es auch eine Vergewaltigung des weiblichen Körpers ist, ihn als Objekt zu benutzen oder um sich als Mann seine Männlichkeit zu beweisen. Nicht nur durch Vortäuschen fehlenden Begehrens wird die Wahrheit des Körpers verletzt, sondern auch durch Unterdrückung eines starken Begehrens, auch wenn es nicht befriedigt werden kann. Begehren und Sehnsucht zu *fühlen* bedeutet dagegen, ein Bedürfnis einzugestehen, das viele Männer in unserer Kultur bedrohlich finden.

Unter dem Patriarchat werden Männer ermutigt, eine Menge an nährender Fürsorge von den Frauen zu erwarten, aber sie lernen auch, ihr Bedürfnis zu unterdrücken, zu hegen, zeitweise passiv, schwach und anlehnungsbedürftig zu sein. In der Hexenreligion verkörpert der Gott die Sehnsucht und Begierde nach der Vereinigung mit der ursprünglichen nährenden Kraft. Statt unbegrenzte mütterliche Zuwendung von tatsächlichen, lebenden Frauen zu suchen, ermutigt die Hexenreligion die Männer, sich mit dem Gott zu identifizieren und durch Ihn die Vereinigung mit der Göttin zu erreichen, deren Mutter-Liebe grenzenlos ist. Die Göttin ist sowohl äußere als auch innere Kraft. Wenn Herz und Verstand eines Mannes Ihr Bild in sich aufnehmen, wird Sie Teil von ihm. Dann kann er mit seinen eigenen nährenden Eigenschaften, mit der inneren Muse, die eine Quelle unvergänglicher Inspiration ist, in Beziehung treten.

Der Gott ist Eros, aber Er ist auch Logos, die Kraft des Verstandes. Im Hexenglauben besteht kein Widerspruch zwischen beiden. Das körperliche Verlangen nach Vereinigung und der emotionale Wunsch nach Bindung werden in intellektuelle Wißbegier umgewandelt, die eine Form der Vereinigung ist. Das Wissen kann sowohl analytisch als auch verknüpfend sein. Es kann Dinge zerlegen, nach Unterschieden fahnden oder kann aus einzelnen Teilstücken ein Muster zusammenfügen und das Ganze sehen.

Für Frauen, die in unserer Kultur aufwachsen, beginnt der Gott als Symbol all jener Eigenschaften, die als männlich gelten und die zu erwerben wir nicht angehalten wurden. Das Symbol des Gottes wie das der Göttin ist sowohl innerlich als auch äußerlich. Eine Frau, die den Gott anruft, erschafft durch Meditation und Ritual sein Bild in sich und verbindet sich mit den Eigenschaften, die ihr fehlen. In dem Maße, wie ihr Verständnis über die kulturell aufgezwungenen Begrenzungen hinausgeht, wandelt und vertieft sich ihr Bild von dem Gott. Er ist die Schöpfung, die nicht eine Kopie unserer selbst ist, sondern etwas von anderem Stellenwert. Wahre Schöpfung impliziert Trennung, so wie der eigentliche Geburtsakt einen Verzicht, ein Loslassen bedeutet. Durch den Gott erkennt die Frau diese Kraft in sich. Seine Liebe und sein Begehren überspannen den Abgrund der Trennung, wie eine gespannte Harfensaite in einem Ton erklingt und zu einem einzigen Gesang, dem Uni-Versum, dem All wird. Diese Vibration ist Energie, die wahre Quelle der innersten Kraft. Und es schenkt der Gott ebenso wie die Göttin der Frau Kräfte.

Der Gott ist für Frau und Mann auch Sterbender Gott. Als solcher stellt er die Hingabe dar, die das Leben erhält: Tod im Dienste der Lebenskraft. Das Leben ist durch viele Verluste gekennzeichnet, und wenn der Schmerz darüber nicht voll empfunden und ausgelebt wird, bleibt er in der Seele vergraben, wo er wie eine nie ausheilende eiternde Wunde Gift ausscheidet.[10] Der Sterbende Gott verkörpert die Idee des Verlustes. Wenn wir seinen Tod immer wieder in den Ritualen nachspielen, setzen wir die Gefühle über unsere eigenen Verluste frei, reißen die Wunden auf und erlangen dadurch die Heilung, die durch seine Wiedergeburt versprochen wurde. Diese seelische Katharsis war der eigentliche Sinn der dramatischen Tragödie, die in Griechenland aus den Riten des sterbenden Gottes Dionysos entstand.

Im Hexenglauben folgt auf den Tod immer die Wiedergeburt, auf den Verlust die Wiederherstellung. Nach der Mondfinsternis erscheint der Neumond. Der Frühling folgt auf den Winter, der Tag auf die Nacht. Nicht alle Hexen glauben an eine buchstäbliche Wiedergeburt. Viele sehen sie wie Robin Morgan als »eine Metapher für jenes mystische Ereignis der Zellübertragung, bei der die Tänzer DNS und RNS (= Desoxyribonukleinsäure und Ribonukleinsäure; Formen des genetischen Materials) sich unsterblich ineinander verwinden.«[11] Doch bei einer Weltanschauung, die alles als Kreislauf betrachtet, kann der Tod an sich kein endgültiges Ende, sondern muß vielmehr eine unerkannte Verwandlung in eine neue Seinsform sein. Indem wir den Tod des Gottes immer wieder nachspielen, bereiten wir uns darauf vor, uns mit dieser Verwandlung auseinanderzusetzen und die letzte Phase des Lebens auszuleben. Der Gott wird zum Besänftiger und Tröster der Herzen, der uns lehrt, den Tod in seinem Vorbild zu begreifen. Er verkörpert die Wärme, die Zärtlichkeit und Hingabe, welche die wahre Ergänzung der männlichen Aggressivität darstellen.

Der Sterbende Gott bekommt Hörner und wird zum Jäger, der den Tod genauso austeilt, wie er ihn erleidet. Nur wenige Menschen nehmen heute unmittelbar an den Lebensprozessen teil. Das Fleisch, das wir benötigen, züchten oder erjagen wir nicht mehr selbst, sondern kaufen es in Folie verpackt im Supermarkt. Es fällt uns schwer, die Idee vom göttlichen Jäger zu begreifen. In einer Kultur von Jägern hingegen bedeutete die Jagd das Leben, und für den Stamm war der Jäger Lebensspender. Der Stamm identifizierte sich mit den Tieren, die ihm zur Nahrung dienten. Zum Jagen gehörten außergewöhnliche Geschicklichkeit und die Kenntnis der Verhaltensweisen und der Psychologie der Beute. Tiere wurden niemals unnötig getötet, und von der Beute wurde nichts weggeworfen. Das Leben wurde nie genommen, ohne dem Geist der Beute Achtung und Ehrfurcht zu erweisen.

Das einzige, wonach wir heute regelmäßig jagen müssen, sind Parkplätze. Der Jäger hat freilich noch einen weiteren Aspekt: den des Auskundschaftens, des Suchens. Er verkörpert jede Suche, sei sie körperlich, spirituell, künstlerisch, wissenschaftlich oder gesellschaftlich. Sein Bild ist poemagogisch. Es symbolisiert und entzündet den schöpferischen Prozeß, der selbst eine Suche ist. Der Gott sucht die Göttin, wie König Artus den Gral sucht; wie wir alle suchen, was wir verloren haben, und alles, was noch nie gefunden ward.

Wie die Göttin vereint auch der Gott alle Gegensätze. Wie in der Anrufung am Anfang dieses Kapitels ist Er sowohl Strahlender Sonnen-Gott, die lichtspendende energiesteigernde Kraft, als auch die Dunkelheit der Nacht und der Tod. Ich sagte bereits, daß die beiden Aspekte einander ergänzen und nicht gegensätzlich sind. Sie können nicht als »das Gute« und »das Böse« definiert werden: Beide sind Teil des Kreislaufs, das notwendige Gleichgewicht im Leben.

Als Herr der Winde wird der Gott mit den Elementen und der natürlichen Welt identifiziert. Als Herr des Tanzes symbolisiert er den Spiraltanz des Lebens, die wirbelnden Energien, die das Dasein in ewige Bewegung einbinden. Er verkörpert Bewegung und Wandel.

Das Sonnenkind wird zur Wintersonnwende geboren, wenn nach dem Triumph der Dunkelheit während der längsten Nacht des Jahres die Sonne wieder aufgeht. In der Hexenreligion sind die Feste der Göttin mondbezogen; die des Gottes folgen dem mythologischen Lauf des Jahresrades.

Zur Wintersonnwende (Jule) wird Er geboren als Verkörperung der Unschuld und Freude, des kindlichen Entzückens an allen Dingen. Er ist der Triumph des wiederkehrenden Lichts. Sein Wachstum wird am Tag der Brigid oder Lichtmeß (2. Februar)[12] gefeiert, wenn die Tage sichtbar länger werden. Zur Frühlingstagundnachtgleiche (Ostara) ist Er die grüne blühende Jugend und tanzt mit der Göttin in ihrem Jungfrau-Aspekt. An Beltane oder Walpurgis (1. Mai) wird ihre Vermählung mit Maibaum und Freudenfeuern gefeiert und bei der Sommersonnwende (Litha) in einer so vollständigen Vereinigung vollendet, daß sie Tod bedeutet. Statt Wintergeborener heißt er dann Sommergekrönter König, und seine Krone ist aus Rosen gewunden: die höchste Blüte gepaart mit dem verletzenden Dorn. Betrauert wird Er an Lugnasad (Schnitterfest, 1. August), und zur Herbsttagundnachtgleiche (Mabon) schläft Er im Schoß der Göttin, segelt über das sonnenlose Meer, das ihr Schoß ist. Zu Samhain (Halloween, »Frau Holle«, 31. Oktober) kommt Er im Land der Jugend an, dem Schimmernden Land, in dem die Seelen der Verstorbenen wieder jung werden, während sie auf ihre Wiedergeburt warten. Er öffnet die Tore, auf daß sie zu ihren Geliebten zurückkehren und sie besuchen mögen, und herrscht über die Traumwelt, während auch Er sich verjüngt.[13]

Dies ist der Mythos: Die poetische Erklärung eines Prozesses, der jahreszeiten- und planetengebunden und psychologisch ist. Indem wir beim Ritual den Mythos nachvollziehen, spielen wir unsere eigenen Verwandlungen nach, die Beständigkeit von Geburt, Wachstum und Reife, und geben unsere Ideen, Pläne, Arbeiten, Beziehungen weiter. Jeder Verlust, jede Veränderung – auch eine günstige – verwandelt das Leben von Grund auf. Jede von uns wird Gehenkte: die zum Trocknen aufgehängten Kräuter, die zum Heilen aufgehängten Tierkadaver, die Gestalt des Tarot. Sie bedeutet das Opfer, das uns ermöglicht, uns auf eine neue Seinsebene zu begeben.

Die Verbindung von Liebe und Tod ist in der Mythologie vieler Kulturen sehr ausgeprägt. Bei der Hexenreligion wird die Liebe niemals mit realer körperlicher Gewalt in Verbindung gebracht, und nichts könnte dem Geist des Glaubens mehr zuwiderlaufen als die moderne Pest gewalttätiger Pornographie. Der Gott begeht keine sadomasochistischen Handlungen an der Göttin, noch predigt Er Ihr »die Kraft der sexuellen Unterwerfung«. Er selbst ergibt sich der Kraft seines Empfindens. Nur in der Liebe leben wir so vollkommen in der allesverzehrenden Gegenwart. Zu keiner Zeit, außer wenn wir lieben, sind wir uns so klar der eigenen Sterblichkeit bewußt, denn sogar wenn die Liebe erhalten bleibt – Volkslieder und persönliche Erfahrung sagen uns freilich das Gegenteil – oder sich zu einer innigeren und tieferen, wenn auch weniger glühenden Beziehung wandelt, wird doch früher oder später einer der beiden Liebenden sterben und den anderen allein zurücklassen. Der Glaube versucht nicht, diesen Konflikt zu lösen, sondern verschärft ihn, denn nur durch die bittersüße Verwirklichung, durch die Umarmung Pans – dessen haarige Schenkel uns wund scheuern, während sie uns zur Ekstase treiben – können wir lernen, wirklich lebendig zu sein.

Und so ist der Gott der stolze Hirsch, der das Innerste des tiefsten Waldes aufsucht, das Selbst. Er ist der Hengst, flüchtig wie ein Gedanke, und seine halbmondförmigen Hufe hinterlassen Mondfährten, selbst wenn sie Funken aus Sonnenfeuer schlagen. Er ist der Ziegenbock-Pan, Lust und Furcht, animalische Regungen, die auch Antriebskräfte des menschlichen Lebens sind, und er ist der Mond-Stier mit seinen halbmondförmigen Hörnern, seiner Stärke und seinen Hufen, die über die Erde donnern. Dies sind nur ein paar seiner Tier-Aspekte.

Doch Er ist ungezähmt. Er ist all das in uns, das nie gebändigt werden wird; das sich weigert, bloßgestellt, aufgelöst, gesichert, geformt oder verfälscht zu werden. Er ist frei.

Als Gott des abnehmenden Jahres segelt Er über das unendliche Meer ins Traumland, in die jenseitige Welt, den inneren Raum, in dem Kreativität erzeugt wird. Die mythische Schimmernde Insel ist unsere innere Quelle der Inspiration. Er ist das Selbst, das durch die dunklen Wasser des Unbewußten reist. Die Tore, die Er hütet, bilden die Schwelle, die das Unbewußte vom Bewußtsein trennt; die Tore der Nacht und des Tages, durch die wir schreiten, um hinter die Illusion der Dualität zu gelangen; die Tore der Gestalt, durch die wir ins Leben hineintreten und es verlassen.

Während Er ewig stirbt, wird Er auch ewig wiedergeboren und ist ewig lebendig. Im Augenblick seiner Verwandlung wird Er unsterblich, denn die Liebe ist unsterblich, wenn auch ihre Objekte verblassen mögen. Er glüht in dem strahlenden Glanz, der das Leben zündet.

Wie die Göttin hat auch der Gott viele Namen. Mit Ihr verbunden erscheint Er durch alle Zeiten von den Höhlen des Paläolithikums über die Stiere des alten Kreta bis zu den mittelalterlichen Geschichten über Robin Hood und seine Gehilfen.[14] Jeder seiner Namen oder Aspekte kann im Brennpunkt einer Meditation stehen.

Obwohl die moderne Hexenreligion viele männliche Anhänger hat, zieht der Glaube sie doch weniger unmittelbar an als Frauen. Ungeachtet, wie vereinfachend oder abergläubisch der Hexenglaube gedeutet wird, bietet er den Frauen ein Vorbild weiblicher Stärke und schöpferischer Kraft. Insofern hat er wenig Konkurrenz von anderen Religionen. Allerdings verlangt er vom Mann die Aufgabe traditioneller Machtformen und Religionsvorstellungen. Was er einem Mann bietet, ist subtiler und nicht immer leicht zu verstehen.

Männer werden in der Hexenreligion nicht unterdrückt oder als Anhängerschaft zweiter Klasse zurückgedrängt.[15] Doch sie gelangen auch nicht automatisch in eine höhere Position als Frauen, wie es für andere Religionen gilt. Im Hexenglauben müssen Männer mit starken, von Kraft durchdrungenen Frauen umgehen, die nicht vorgeben, geringer zu sein, als sie sind. Viele Männer finden diese Aussicht bestürzend.

Die Hexenreligion verlangt auch ein neues Verhältnis zum weiblichen Körper, der nicht länger als Objekt betrachtet oder zu etwas Schmutzigem herabgewürdigt werden darf. Der weibliche Körper, seine Gerüche, seine Ausscheidungen und das Menstruationsblut sind heilig, sind der Ehrfurcht und der Verehrung würdig. Der Körper einer Frau gehört ihr allein. Keine geistige Autorität wird die Bestrebungen eines Mannes unterstützen, eine Frau zu besitzen oder zu beherrschen.

Der Körper darf nicht isoliert gepriesen werden. In der Hexenreligion müssen Männer lernen, die Kraft der Frau zu bejahen: Die Kraft einer heilen, ganzen Frau, deren Verstand, Seele und Gefühl zur Vollkommenheit entwickelt sind. Ein Mann muß auch die Kraft seines inneren weiblichen Selbst erkennen und bejahen; eine innere Quelle der Nahrung und Inspiration zu erzeugen, statt diese ausschließlich von außen zu verlangen.

Hexenreligion bedeutet auch, das geistige Modell vom »Großen Vater« aufzugeben. Jesus, Buddha, Krishna, Moses und das ganze Heer von Predigern, Propheten, Gurus und Sektenführern, die in deren Namen oder dem ihrer weltlichen Nachkommen zu lehren beanspruchen, verlieren ihren Nimbus. In der Hexenreligion gibt es keine tröstenden, allwissenden Vaterfiguren, die um den Preis der persönlichen Autonomie Antworten auf alles versprechen. Der Hexenglaube fordert uns alle auf, unsere eigenen Maßstäbe zu setzen, und das kann höchst unbequem sein.

Tatsächlich gibt es den Gott Vater nicht mehr. Im Hexenglauben wird der Kosmos nicht länger unter äußerer männlicher Kontrolle gebildet. Die Hierarchie ist aufgelöst, die himmlische Befehlskette gesprengt. Die ehemals göttlichen Texte werden als

Dichtung und nicht mehr als Wahrheit angesehen. Statt dessen muß der Mann sich mit der Göttin verbinden, die der ganzen Welt innewohnt, der Natur, der Frau, seinen eigenen Gefühlen – allem, was die Religionen der Kindheit ihn lehrten zu überwinden, zu überwältigen und zu besiegen, damit Gott ihn lieben möge.

Doch gerade die bedrohlich erscheinenden Aspekte der Hexenreligion eröffnen den Männern eine neue und erregende spirituelle Möglichkeit: die der Ganzheit, Gemeinschaft und Freiheit. Mutige Männer finden Beziehungen zu starken mächtigen Frauen sehr anregend. Sie begrüßen die Chance, das Weibliche in sich zu erkennen, über ihre kulturell erzwungenen Begrenzungen hinauszuwachsen und heil zu werden.

Der Versuch, das Gott-Vater-Modell auszuleben, isoliert die Männer in emotional erstarrte Lebenssituationen. Viele Männer begrüßen die Befreiung von dem ewigen Sohn-Vater-Konflikt des Patriarchats. Sie erfreuen sich an einem Vorbild männlicher Kraft, das nicht hierarchisch ist und weder Sklaven noch Herren kennt. Wenn auch der einzelne der Autorität von außen in seinem Leben heute nicht entkommt, sieht er sie doch für das an, was sie ist: eine willkürliche Sammlung von Regeln für ein kompliziertes Spiel. Sie mögen mitspielen oder sich zurückhalten, aber ihre Identität und ihre Selbstachtung hängen nicht länger von ihrer Stellung innerhalb der Pyramide der Macht ab.

Im Hexenglauben ist die Spaltung zwischen Körper und Geist, Leib und Seele aufgehoben. Männer können spirituell leben, ohne geschlechtslos zu sein, weil Gott und Göttin die tief bewegende Kraft leidenschaftlich empfundener Sexualität verkörpern. Sie können sich mit ihren wahren Gefühlen, ihren Bedürfnissen und Schwächen ebenso wie ihren Stärken miteinander verbinden. Die Rituale sind lebendig, körperhaft, energetisch und kathartisch. Ekstase und wilde, ungezähmte Energie gewinnen spirituellen Wert, statt auf den Fußballplatz oder die Kneipe an der Ecke verwiesen zu sein.

Sich selbst Autorität zu sein, ist unbequem, aber es ist die einzige Voraussetzung, unter der sich wahre Kraft der Persönlichkeit entwickeln kann. Männer und Frauen begnügen sich nicht länger damit, Prügelknaben oder Schoßhündchen zu sein und Entscheidungen über Leben und Tod in die Hände eines »furchtlosen Führers« zu legen, sei er der Papst oder Jim Jones. Persönliche Autorität verlangt Integrität und Verantwortungsgefühl, ohne die wir nicht frei sein können. In den Konventen können Männer den Rückhalt einer Gruppe und die Zuneigung von anderen Männern und von Frauen erfahren. Sie können in Situationen miteinander umgehen, die nicht konkurrierend und nicht feindlich sind. Männer in Konventen dürfen sich mit anderen Männern anfreunden.

Schließlich bedeutet Hexenreligion auch Freude. Sie bietet den Männern eine Chance zu spielen, albern zu sein, das Kind aus sich herauszulassen. Es müssen keine Fronten verteidigt werden, keine männliche Würde muß ungebrochen gewahrt bleiben. Aus närrischem Spielen und Tun entsteht Kreativität.

Der Gott ist innerhalb und außerhalb von uns. Wie die Göttin wird er in mannigfacher Weise angerufen: mit Singen und mit Sprechgesang, mit Trommeln und Tanzen, einem geflüsterten Gedicht, einem wilden Schrei. Wie wir ihn auch rufen, erwacht er in uns:

Wiederholte Grundmotive (an den Gott)
Gesäte SAAT, wiedergeborenes KORN, GEHÖRNTER KOMM!
STRAHLENDE Sonne, FINSTERER Tod, Herr der Winde KOMM!

HAR HAR HOU HOU
DANCE ici JOUE là
JOUE ici JOUE là
HAR HAR HOU HOU
TANZE hier TANZE dort
SPIELE hier SPIELE dort![18]

SONNEN Kind, Wintergeborener KÖNIG
(oder)
SONNEN Kind, KÖNIG im Sommer gekrönt

Io! Evohe! Io! Evohe!
(Aussprache: Ihoo / Ewohee)

Evohe ist einer der Namen des Gottes, der sich von dem alten Namen Dionysos' ableitet. Er wird als Aufschrei einer Hexe zitiert, nach einem Bericht aus der Zeit der Hexenverbrennungen.[17]

Wiederholte Wortfolgen:
Sonne Schein Tag – Schein Tag ewig – Tag ewig Nacht – ewig Nacht Himmel – Nacht Himmel Stern – Himmel Stern Licht – Stern Licht Sonne – Licht Sonne Schein – usw.

Anrufung des männlichen Aspektes zur Tagundnachtgleiche
von Alan Acacia

Gehörnter Gott, von Liebe gebändigt, von Leidenschaft wild
Geselle dich zu uns

Sanfter, Teilender, Besitzloser
Sei bei uns

Der du Männer liebst und Frauen, kleines Kind und Greis
Geselle dich zu uns

Stark im Kampf, stolz auf die Erde, aus der du
Hervorgekommen, und in die du zurückkehrst
Sei bei uns

Treuer Sohn, sorgender Vater, liebender Bruder
Widersacher der Gewalt
Geselle dich zu uns

Rebell und Sämann, liebender Sanfter, der uns hilft
Wir brauchen deine Kraft. Wir bitten dich zu kommen.
Sei hier – jetzt!

Anrufung des Sommergottes

Herr der Farben des Tages
Wilder Erwecker der Herzen
Tröster der Betrübten
Namengebender
Blankäugiger Tänzer
Sohn des Morgens
Zum Wein gereifte Saat
Juwelenbekränzter Jäger
Wildes Tier
Lenker
Komm zu uns
Dich dürstet. Trinke von uns
Wir sind taubenetzte Blüten
Öffnen uns deinem goldenen Speer

Anrufung der Göttin und des Gottes
von Valerie

Kouros Sämann. Kore Schoß
Beim Drehen des Rades gedenken wir eurer
Liebeslicht Samenglanz Blüte und Stachel

Wir spinnen das Netz und rufen euch
Drehend das Rad und alterslos liebend

Erde ihr Leib, Luft ihr Odem
Feuer ihr Geist, Wasser ihr Strom
Verwandelt in den Hallen des Todes
Leben für Leben ein Kommen und Gehen

Wir spinnen das Netz und rufen euch
Drehend das Rad und alterslos liebend

Kouros Gehörnter, Kore dort oben

Sternenlicht Herzensfreude urewige Wonne
Wir spinnen das Netz und rufen euch
Drehend das Rad und alterslos liebend

Anrufung an den Grund des Seins

Namenlose	der vielen Namen
Ewige	ewig sich wandelnde
Die wir nirgends finden	die doch überall erscheint
Zeitloser	Kreis der Jahreszeiten
Unkennbares Wunder	das alle kennen
Herr des Tanzes	Mutter des Lebens
Strahlt in uns	überwältigt uns mit eurer Liebe

Seht mit unseren Augen. Hört mit unseren Ohren. Atmet mit unseren Nüstern. Tastet mit unseren Händen. Küßt mit unseren Lippen
Öffnet unsere Herzen
Auf daß wir endlich frei leben
Froh im einzigen Lied
Von allem was ist und war und was sein wird.

Gesang zu Pan
von Mark Simos

Sollte der Rabe dein Haar zerwühlen
Und ein Scharlachkönig sich niedersetzen
Auf des Herzens steiler Klippe
Dann wirst du sehend, wirst sehen
Die Brechung im Kristall
Unter dunklem grünem Glanze

Dunkelgrüner Glanz aus Feueraugen
Tiefe bernsteingelbe Seen
Laß Dornensträucher dein Schloß umwuchern
Pan wird dennoch deine Kammer finden

Füll den Becher bis zum Rande, sag nicht wann
Trinke aus und trinke wieder
Lausche dem Tosen des Meeres
Füll den Becher bis zum Rande, sag nicht wann
Pan er füllt ihn immer wieder

Walnußhände, Bärenaugen
Er der seinen Kummer sucht
Findet wohl des Löwen Teil
Im gleichen Atem verführt er und warnt
Das Feuer das den Schauer aufhält
Ist die Flamme die wirklich verbrennt

Flamme verbrennt Lied tötet
Wenn du hörst was es singt
Laß Panik uns durchs Labyrinth jagen
Pan aber spielt nur

Füll den Becher bis zum Rande, sag nicht wann
Trinke aus und trinke wieder
Lausche dem Tosen des Meeres
Füll den Becher bis zum Rande, sag nicht wann
Pan er füllt ihn immer wieder

Dunkler Wächter mit wirren Brauen
Legt die Finger auf die Lippen
Laß uns keine Schwüre hören
Die wir niemals halten werden
Auch nicht den heimlichen Traum
Der entgleitet wenn Schlaf uns entläßt

Wenn wir vom Schlaf uns erheben
Trunken die Augen uns reiben
Und salzige Tränen ihnen entströmen
Dann magst du die Ohren verschließen
um seine Schreie zu dämpfen
doch Pan ruft einfach weiter

7. Magische Symbole

Zwischen den Welten

Wortassoziationen

Imago – die bildliche Vorstellung im Unbewußten ist das Herz der Magie – Magie durch Imagination – was wir mit unserem geistigen Auge sehen, wirkt Magie – macht uns magisch – zur Magierin – die das Netz wirft – magisches Netz – Magnet – magischer Magnet – Netz subtiler Kraft, taucht in den Strom des Lebens – glüht im Dunkel – ein Netzgewebe um die Erde, Ihren Leib – Magnetfeld – *magnetisch* – zieht Magie uns an – zieht uns hinein – fängt uns wie Fische im magnetischen Netz – *imagenetisch* – denn unsere Gene, unsere Zellen erinnern sich an ihre Herkunft, an den Ursprung, den Beginn – *Imagenesis* – die Erschaffung aus einem Bilde – die Erschaffung des Bildes – aus dem Bilde wird alles geboren – alles ist magisch – *Imagnosis* – das, wodurch wir die bildliche Vorstellung gewinnen, wodurch wir wissen.

Glatter Lochstein / blaue, grüne, goldene Kerzen / Moschus / Silber / runder Spiegel / Myrrhe / siebenzackiger Stern / seidene Schnur / achtspeichiges Rad / zunehmende Zahl / rote Schnur / Gold / Blei / Planetensymbole / Trommeln / Buchstabenformen / Zeichen des Auges / Form eines Herzens / Gestalt eines Tons / Gestalt der Magie

Kennst du die alte Sprache?
Die alte Sprache ist mir fremd.
Kennst du die Sprache des alten Glaubens? Robert Duncan[1]

Glaubst du an eine unsichtbare Wirklichkeit hinter den Erscheinungen?
Dion Fortune[2]

Geistige Bilder gibt es nicht, es sei denn in den Dingen.
William Carlos Williams

Weiße Magie ist Poesie. Schwarze Magie ist das, was tatsächlich wirkt.
Victor Anderson (Hohepriester)

Schwarz ist schön.
Motto der Black Power Bewegung

Unsere Beschränkungen erhalten uns geistig gesund.
Dr. Bertha Simos (Starhawks Mutter)

Magie ist die Kunst der Hexen, und nur wenige Dinge sind so faszinierend und erschreckend und werden gleichzeitig so mißverstanden. Magie treiben bedeutet, die unsichtbaren Kräfte in Form zu verweben, hinter das Sichtbare zu schweben, die unerschlossene Traumwelt der verborgenen Wirklichkeit zu erforschen; das Leben mit Farbe, Bewegung und fremden berauschenden Düften zu erfüllen; sich jenseits der Imagination in den Raum zwischen den Welten zu begeben, wo die Fantasie wirklich wird; gleichzeitig animalisch und göttlich zu sein. Magie ist die Kunst der Gestaltung – weise, erregend, gefährlich, das spannendste Abenteuer.

Die Macht der Magie darf nicht unterschätzt werden. Sie wirkt oft auf unerwartete und schwer kontrollierbare Weise. Allerdings sollte die Kraft der Magie auch keineswegs überschätzt werden. Sie wirkt nicht ohne weiteres und mühelos, sie verleiht auch keine Allmacht. »Die Kunst, nach Belieben das Bewußtsein zu ändern«, ist durchaus anspruchsvoll und erfordert eine langwierige und disziplinierte Lehrzeit. Bloß einen Zauberstab zu schwingen, eine Kerze anzuzünden oder eine gereimte Beschwörung zu intonieren, bewirkt an und für sich gar nichts. Wenn aber die Kraft einer geschulten Wahrnehmung dahinter steht, ist sie weitaus mehr als leere Gesten.

Die Anwendung der Magie zu erlernen ist ein Prozeß der neurologischen Umprägung, eine Veränderung der Art und Weise, in der wir unser Gehirn benutzen. Das gleiche geschieht, wenn man Klavierspielen lernt – bei beiden Prozessen findet eine Bahnung neuer Nervenleitwege statt, beide erfordern Übung und Beharrlichkeit, und beide können, wenn man sie beherrscht, emotionale und spirituelle Wege zu großer Schönheit eröffnen. Magie erfordert zunächst die Entwicklung und dann die Integration der räumlichen, intuitiven, ganzheitlichen, gestaltenden Wahrnehmungsweise der rechten Gehirnhälfte. Sie öffnet die Tore zwischen dem Unbewußten und dem Bewußten, zwischen der Sehweise der Sterne und der des Blitzlichtes. Dadurch beeinflußt sie zutiefst die Entwicklung, die Kreativität und die Persönlichkeit eines Menschen.

Die Sprache der alten Religion, die Sprache der Magie äußert sich in Symbolen und in Bildern. Bilder überbrücken die Kluft zwischen der verbalen und der nonverbalen Wahrnehmungsweise. Sie ermöglichen die Kommunikation zwischen den beiden Hirnhälften und regen sowohl die Gefühle als auch den Intellekt an. Auch Poesie ist eine Form der Magie, ist bildhaftmagische Sprache. Die von den Hexen gewirkten Zauber und Zaubersprüche sind in Wahrheit konkrete Poesie.

Ein Zauber ist eine symbolische Handlung, die in verändertem Bewußtseinszustand vorgenommen wird, um eine gewünschte Veränderung zu bewirken. Einen Zauber zu wirken bedeutet, Energie durch ein Symbol zu projizieren. Doch die Symbole werden nur zu oft mit dem eigentlichen Zauber verwechselt. »Laß eine grüne Kerze brennen, um Geld anzulocken«, heißt es. Die Kerze selbst aber bewirkt gar nichts – sie ist nur eine Linse, ein Brennpunkt, eine Gedächtnishilfe oder das »Ding«, das unsere Idee verkörpert. Hilfsmittel können nützlich sein, aber erst der Geist wirkt die Magie.

Manche Gegenstände, Formen, Farben, Gerüche oder Bilder eignen sich besser als andere, um bestimmte Ideen zu verkörpern. Korrespondenzen zwischen Farben, Planeten, Metallen, Zahlen, Pflanzen und Steinen bilden zusammen ein großes Arsenal an magischem Wissen. Im Anhang habe ich einige Korrespondenzen zusammengestellt. Die wirksamsten Zauber sind jedoch häufig aus Dingen improvisiert, die man als richtig empfindet oder die man zufällig zur Hand hat.

Zauber sind ein wichtiger Aspekt der magischen Schulung. Sie erfordern die vereinten Fähigkeiten der Entspannung, Visualisation, Konzentration und Projektion (vgl. die Übungen im 3. Kapitel). Zauber vermitteln Übung in der Koordination und Entwicklung dieser Fertigkeiten.

Die Ausübung des Be-Zauberns oder Behexens zwingt auch dazu, die materielle Welt zu bejahen. Viele Menschen, die der sprirituelle Weg der Hexenreligion anzieht, fühlen sich unbehaglich bei dem Gedanken, Magie für praktische Zwecke und im Hinblick auf materielle Ziele anzuwenden. Irgendwie finden sie es falsch, für sich zu wirken, Dinge zu wünschen und zu bekommen. Doch diese Einstellung ist ein Überbleibsel der jüdisch-christlichen Weltanschauung, die Geist und Materie getrennt betrachtet und das Materielle dem Bösen und der Verderbtheit gleichsetzt. Im Hexenglauben ist das Fleisch, ist die materielle Welt nicht von der Göttin abgetrennt, sondern Ausdruck des Göttlichen. Die Vereinigung mit der Göttin ergibt sich aus der Bejahung der materiellen Welt. Wir kämpfen in der Hexenreligion nicht gegen das eigene Interesse. Wir treten vielmehr für dieses Interesse ein, jedoch mit einer Wahrnehmung, die es in etwas Heiliges überführt.

»Wirke für dein Selbst, und du wirst sehen, das Selbst ist überall«, heißt es in der Feentradition. Das Paradoxe ist, daß wir bei magischen Handlungen wohl mit dem eigenen Selbst beginnen mögen, aber damit der Zauber wirkt, müssen wir das Selbst, das in allen Wesen waltet, weiten und bejahen. Magie beinhaltet die bewußte Identifikation mit anderen Dingen und Menschen. Um einen heilenden Zauber zu wirken, müssen wir Heilende *werden,* aber auch Geheilte und heilende Energie. Um Liebe anzulocken, müssen wir Liebe werden.

Zauber zu wirken gehört zur niederen Magie, aber die höhere Magie baut auf der geringeren auf. Zauber sind überaus spitzfindige psychologische Werkzeuge, die subtilen, aber wesentlichen Einfluß auf die innere Entwicklung eines Menschen haben.

Auf der anderen Seite kann ein Zauber verborgene Komplexe verstärken. Ein nicht sehr erfolgreicher Mensch wird es zum Beispiel schwierig finden, sich auf einen Geldzauber zu konzentrieren. In der Praxis können daher die Folgen des Zaubers weitaus unbedeutender sein als die psychologischen Einsichten, die er während des magischen Wirkens gewinnt. Unsere innersten Hemmungen und Ängste zu entdecken ist der erste Schritt, um sie zu überwinden.

Zauber gehen übrigens einen Schritt weiter als die meisten Formen der Psychotherapie. Sie ermöglichen uns nicht nur, dem Unbewußten zu lauschen und es zu deuten, sondern auch, mit ihm in der Sprache zu sprechen, die es versteht. Symbole, Bilder und Gegenstände, die bei Bezauberungen benutzt werden, stehen in unmittelbarer Beziehung zum Kindlichen Selbst, das der Sitz unserer Gefühle ist und kaum vom Intellekt berührt wird. Oft verstehen wir unsere Gefühle und unser Verhalten, sehen uns aber außerstande, sie zu ändern. Durch magische Rituale können wir die wichtigste Kraft erlangen – die Kraft, uns zu wandeln.

Die Praxis der Magie erfordert auch die Entwicklung des sogenannten magischen Willens. Dieser entspricht weitgehend dem, was die viktorianischen Schulmeister unter Charakter verstanden: Ehrenhaftigkeit, Selbstdisziplin, Pflichtbewußtsein und Überzeugung.

Wer Magie ausüben möchte, muß in seinem persönlichen Leben absolut aufrichtig sein. In gewissem Sinn beruht Magie auf dem Grundsatz: »Es ist so, weil ich sage, daß es so ist.« Ein Säckchen mit Kräutern erhält seine Heilkraft, weil ich dies sage. Damit mein Wort eine derartige Kraft erhält, muß ich zutiefst und vollkommen überzeugt sein, daß es der Wahrheit entspricht, wie ich sie sehe. Wenn ich meine Nächsten gewohnheitsmäßig belüge, meinen Chef bestehle, im Supermarkt klaue oder einfach meine Versprechen nicht halte, fehlt mir diese Überzeugung.

Wenn ich nicht genügend Charakterstärke besitze, meinen Verpflichtungen im Alltag nachzukommen, werde ich unfähig sein, magische Kraft zu bewegen. Um Magie zu praktizieren, brauche ich einen unerschütterlichen Glauben in meine Fähigkeit, Dinge zu tun und zu bewirken, daß Dinge geschehen. Dieser Glaube wird durch meine täglichen Handlungen erzeugt und genährt. Wenn ich sage, daß ich einen Bericht bis Mittwoch fertig haben werde, und das schaffe, dann habe ich mein Bewußtsein gestärkt, daß ich ein Mensch bin, dem gelingt, was er sich vornimmt. Wenn ich den Bericht aber bis Montag in einer Woche vor mir her schiebe, dann habe ich diesen Glauben untergraben. Natürlich ist das Leben voller Fehler und Fehleinschätzungen, aber ein aufrichtiger Mensch, der seine Pflichten erfüllt, hält den Satz »Weil ich es will, sei es so« nicht für eine hübsche Floskel, sondern für die Feststellung einer Tatsache.

Zauber wirken auf zwei grundlegende Arten. Die erste, die auch der überzeugteste Skeptiker unschwer akzeptieren wird, ist die Suggestion. Symbole und Bilder geben dem Kindlichen Selbst, dem Unbewußten, bestimmte Vorstellungen ein. Dann werden wir beeinflußt, diese Vorstellungen zu verwirklichen. Offensichtlich wirken psychologische Zauber und viele heilende Zauber nach diesem Prinzip. Es funktioniert auch bei anderen Zaubern. Eine Frau wendet zum Beispiel einen Zauber an, um eine Stelle zu bekommen. Anschließend ist sie von frischem Selbstvertrauen erfüllt und hinterläßt einen so guten Eindruck, daß sie angestellt wird.

Zauber können aber auch die äußere Welt beeinflussen. Vielleicht geht die Stellenbewerberin gerade »zufällig« zum richtigen Zeitpunkt zur richtigen Firma. Oder ein Krebskranker erfährt eine Spontanheilung, ohne zu wissen, daß ein heilender Zauber angewandt wurde. Diesen Aspekt der Magie zu akzeptieren ist schwieriger. Das theoretische Modell, mit dem Hexen die Wirkungsweisen der Magie erklären, ist einleuchtend und deckt sich in hohem Maße mit dem der modernen Physik. Ich führe das aber nicht als »Beweis« dafür an, daß Magie wirksam ist – ebenso will ich auch niemand drängen, seine Zweifel fallenzulassen. (Skeptiker sind die besseren Magier.) Es ist nur eine komplizierte, aber äußerst zweckmäßige Metapher.

Diese Metapher beruht auf einer Weltsicht, die Dinge nicht als definierte Objekte, sondern als Wirbel von Energie betrachtet. Die physische Welt wird durch diese Energie gebildet wie Stalaktiten durch herabtropfendes Wasser. Wenn wir eine Veränderung in den Energiemustern bewirken, werden diese wiederum eine Veränderung der physischen Welt herbeiführen – so wie in neuen Gesteinsadern neue Stalaktiten entstehen, wenn wir den Lauf eines unterirdischen Flusses ändern.

Wenn wir unsere eigene Energie konzentrieren und kanalisieren, kann sie breitere Energieströme bewegen. Die Bilder und Objekte, die für Zauber benutzt werden, sind die Kanäle oder Gefäße, durch die unsere Kraft strömt und gestaltet wird. Wenn die Energie in die Bilder gelenkt wird, die wir visualisieren, offenbart sie allmählich physische Gestalt und nimmt Gestalt an in der materiellen Welt.

Energie zu lenken ist keine Sache der schlichten Gefühlsäußerung. In manchen okkulten Zirkeln wurde es Mode zu verkünden, daß »Gedanken Dinge (sind), daß wir deshalb nur positiv denken sollen, weil auch unsere negativen Gedanken Wirklichkeit werden«. Es ist schwer, sich eine Philosophie vorzustellen, die schneller zum äußersten Wahnsinn führen könnte. Träfe sie zu, würde die Sterblichkeitsziffer rasant in die Höhe schnellen. Die Überbevölkerung wäre unsere geringste Sorge; kein Politiker würde seine Wahl lange genug überleben, um sein Amt anzutreten. Wenn Gedanken und Gefühle bewirken könnten, daß Dinge geschehen, hätten Tausende meiner Altersgenossinnen 1964 die Beatles geheiratet. Und ich säße nicht hier an meinem Schreibtisch, sondern würde mich am Strand von Tahiti sonnen, der aber dann sicherlich von Menschenmassen überlaufen wäre.

Gefühl ist wie ein diffuses Licht. Gelenkte Energie ist wie ein Laserstrahl. Wieviel Haß, Neid und Wut wir aber auf Arbeitgeber, Konkurrenten im Beruf, Ex-Geliebte oder nahe Verwandte lenken, wir werden weder ihre physische noch ihre geistige Gesundheit heimlich beeinträchtigen können – allerdings könnten wir uns selbst damit schaden.

Verglichen mit den Wogen der Energie, die uns umgeben, ist sogar konzentrierte Kraft nur ein Rinnsal. Die meisten Hexenmeisterinnen können nicht mit jedem Zauber erfolgreich sein; die entgegengesetzten Strömungen sind oft zu stark. Wie John C. Lilly sagt: »Es ist nur zu leicht zu predigen, daß man mit der Strömung gehen soll. Das Hauptproblem ist ja herauszufinden, wohin jetzt und hier die Strömung geht.«[3] Der Hexenglaube lehrt uns, zuerst die Strömung zu identifizieren und dann zu bestimmen, ob sie die von uns erwartete Richtung nimmt. Wenn nicht, können wir versuchen, sie umzuleiten, oder wir müssen vielleicht unsere Richtung ändern.

Um ein etwas anderes Bild zu gebrauchen: Einen Zauber zu wirken ist wie mit einem Boot zu segeln. Wir müssen die Strömungen berücksichtigen – das sind unsere unbewußten Motivationen, unsere Wünsche und Gefühle, unsere Handlungsmuster und insgesamt die Ergebnisse all unserer früheren Handlungen. Strömungen sind auch die stärkeren gesellschaftlichen, wirtschaftlichen und politischen Kräfte, die um uns wirken. Die Winde, die unsere Segel blähen, sind die Kräfte von Zeit, Klima und Saison; die Gezeiten der Planeten, des Mondes und der Sonne. Manchmal sind alle Kräfte mit uns. Wir setzen nur die Segel und segeln vor dem Wind. Zu anderen Zeiten steht der Wind vielleicht gegen die Strömung, oder beide sind unserer Richtung entgegengesetzt und zwingen uns, hin und her zu kreuzen oder die Segel zu reffen und zu warten.

Das Energieklima zu spüren ist eine Sache der Intuition und der Erfahrung. Manche Hexen analysieren genau den Stand der Gestirne, um sich magischen Praktiken zum optimalen Zeitpunkt zu widmen. Ich persönlich übe Magie nur aus, wenn ich fühle, daß der richtige Zeitpunkt da ist. Unter allen Planeten hat der Mond den stärksten Einfluß auf subtile Energien. Die subtile Kraft steigert sich mit dem zunehmenden Mond. Somit eignet sich die Zeit des zunehmenden Mondes am besten für Zauber um Wachstum und Vermehrung, zum Beispiel Geldzauber. Bei Vollmond erreicht die Kraft ihren Gipfel. Deshalb ist das die günstigste Zeit für Kulminations- und Liebeszauber. Während der Mond abnimmt, läßt die Kraft nach und kehrt sich nach innen: Die Phase des abnehmenden Mondes wird daher benutzt um zu bannen, zu binden und um verborgene Geheimnisse zu entdecken.

Zauber können abgewandelt und einer bestimmten Zeit angepaßt werden. Wenn du beispielsweise das dringende Bedürfnis hast, bei abnehmendem Mond einen Geldzauber zu wirken, dann konzentriere dich darauf, die Armut zu bannen. Einer meiner Freunde, dessen Geschäft sich seit zwei Jahren dahinschleppte, tat genau dies und erkannte bald darauf, daß seine meisten Probleme von den Fehlkalkulationen und dem schlechten Management seines Partners herrührten. Zur gleichen Zeit beschloß sein Partner auszusteigen. Der abnehmende Mond hatte sein Werk vollbracht. Schon vom nächsten Vollmond an begann das Geschäft sich zu erholen.

Energie folgt dem Weg des geringsten Widerstandes. Materielle Ergebnisse werden leichter durch konkrete Handlungen erzielt als durch magische Praktiken. Es ist einfacher, die Tür abzusperren, als die Wohnung mit psychischen Siegeln zu schützen. Ein magischer Zauber wird nie erfolgreich sein, wenn nicht die Wege zur materiellen Welt offen sind. Ein Zauber gegen Arbeitslosigkeit ist nutzlos, wenn man nicht auch hinausgeht und einen Job sucht. Ein Heilzauber ist kein Ersatz für eine ärztliche Behandlung.

Die Visualisierung, die wir bei einem Zauber erschaffen, soll den gewünschten Ausgang zeigen – nicht unbedingt die Mittel, durch die man dahin gelangt. Wir malen uns das Opfer eines Unfalls, wie es am Strand herumtobt, aber nicht die zusammenheilenden Knochen. Wir konzentrieren uns auf unser Ziel, ohne zu versuchen, jede Bewegung zu zeichnen, die wir auf dem Weg dahin machen werden. Zauber wirken meist auf unerwartete Weise. Um sicher zu gehen, daß die Kraft nicht ungewollt Schaden anrichtet, binden wir den Zauber. Wir »festigen« die Form, die wir geschaffen haben, so daß die Energie nach dem von uns gewünschten Muster fixiert wird.

43. Übung: Einen Zauber binden

Nachdem du einen Zauber gewirkt hast, visualisiere dich, wie du einen Knoten in eine Schnur knüpfst, die du um das Symbol oder Bild gewunden hast, auf das du dich konzentrierst. Sage dir, daß du die Form des Zaubers festigst, wie man ein Tongefäß durch Brennen härtet. Sprich:

Durch alle Kraft
Aus dreimal drei
Soll dieser Zauber
Umwunden und gebunden sein!
Soll keinem schaden
Nicht zu mir sich wenden
Da ich es will
So sei es!

Zauber, die einen anderen Menschen beeinflussen, bedürfen eines psychischen Bindegliedes. Die Kraft ergießt sich durch dich in einen anderen – aber damit diese Verbindung hergestellt werde, mußt du dich zumindest teilweise mit diesem anderen Menschen identifizieren. Du wirst der andere, genauso, wie du die Energie wirst, die du aussendest. Darum heißt es: »Was du gibst, erhältst du dreifach wieder.« Die Energie, die du auf einen anderen projizierst, beeinflußt *dich* sogar stärker als den anderen Menschen – weil du sie erzeugt hast, weil du sie geworden bist und weil du ihr Objekt geworden bist. Wenn du heilende Energie aussendest, wirst du wiederum geheilt. Wenn du behexest oder verwünschst, wirst du selbst verwünscht.

Deshalb sind Hexen sehr zurückhaltend, jemanden zu behexen.[4] Manche Traditionen verbieten sogar ausdrücklich, zu behexen, zu verwünschen oder auch jemanden ohne sein Wissen zu heilen. Andere Hexen sind überzeugt, daß »eine Hexe, die nicht behexen kann, auch nicht heilen« kann. Damit meinen sie, daß die Anwendung der Magie zur Destruktion nicht gleichbedeutend mit der Anwendung zum Bösen ist. Krebs zum Beispiel muß zerstört werden, damit Heilung eintreten kann. Ein Mensch, der die Sicherheit anderer bedroht, muß aufgehalten werden. Dies muß sicherheitshalber mit einem bindenden Zauber geschehen, der sich auf das Bild konzentriert, ihn oder sie zu hindern, Schaden anzurichten. Die zurückkehrende Energie wird dann grundsätzlich eine schützende sein. Wenn du einen Sittlichkeitsverbrecher bannst, wirst du feststellen, daß auch du gegen sittliche Anfechtung gefeit bist, aber wenn das deinem Verhalten im Alltag widerspricht, brauchst du die Hexenreligion erst gar nicht zu praktizieren. Der Zauber kann sich auf viele verschiedene Arten auswirken: Der Sittlichkeitsverbrecher wird gefaßt und überführt, oder er wird impotent oder wird vielleicht sogar bekehrt. *Wie* das funktioniert, soll nicht deine Sorge sein, solange du dein Ziel erreichst.

Auch ein solcher Abwehrzauber darf nie leichtsinnig vorgenommen werden. Am besten wird erst ausgiebig darüber im Konvent diskutiert und der Zauber nur dann gewirkt, wenn alle sich dafür aussprechen. Behexe niemals jemanden, weil du dich über ihn ärgerst, du ihn verabscheust, er dir Unannehmlichkeiten bereitet, oder um auf seine Kosten zu profitieren. Solcher Mißbrauch der Magie ist erniedrigend, gefährlich und selbstzerstörerisch. Er wird dir weitaus mehr schaden als irgendeinem anderen Menschen.

Magie darf nie angewandt werden, um Macht über andere zu gewinnen – sie soll mit dazu beitragen, »Kraft aus dem Inneren« zu entwickeln. Unterlasse Zauber, die einen anderen Menschen zu beherrschen versuchen. Dies gilt vor allem für Liebeszauber, die sich auf einen bestimmten Menschen konzentrieren. Mehr als andere Formen des Zaubers wirken diese viel stärker auf den Menschen, der sie praktiziert, als auf die beabsichtigte Person. Sie feuern unvermeidlich zurück und komplizieren das eigene Leben unglaublich. Natürlich sollst du solchen Zauber wagen, wenn du spürst, daß du emotional zu gleichgültig geworden bist und gründlich aufgerüttelt werden mußt. Betrachte das dann als »Lernerfahrung«.

Allgemeine Zauber, um Liebe anzulocken, schaffen weniger Probleme. Sie scheinen indes eher Sex als Liebe anzuziehen. Zur Liebe selbst gehört die innere Bereitschaft. Wenn du selbst dich nicht für die Liebe öffnest, wird auch kein Zauber sie in dein Leben bringen, allerdings kannst du viel Spaß davon haben.

Viele Menschen ängstigen sich, daß sie durch Magie angegriffen werden könnten. Tatsächlich kommen psychische Angriffe äußerst selten vor, und noch seltener sind sie erfolgreich. Die Gefahr des Wahnsinns droht viel eher als die eines seelischen Kriegszustandes. Freilich können Menschen auf viele subtile Weisen angegriffen werden. Neid und Feindseligkeit bedürfen keines Zaubers, um ein unerfreuliches emotionales Klima zu schaffen. In vielen weltlichen Situationen helfen schützende Meditationen oder Abwehrzauber (vgl. 4. Kapitel). Die folgende Meditation ist immer dann wirksam, wenn negative Energie auf dich gelenkt wird.

44. Übung: Der schützende Filter

Erde und zentriere dich. Visualisiere dich selbst inmitten eines Netzes von leuchtendem weißem Licht. Betrachte es als einseitig durchlässiges Energiefeld. Jede Kraft, die auf diese Grenze trifft, wird in reine schöpferische Energie umgewandelt. Aller Zorn und Haß, die dich treffen sollen, vermehren nur deine eigene Kraft. Nimm diese Kraft auf, absorbiere sie, brenne mit ihr. Erhalte den schützenden Filter um dich während des ganzen Tages aufrecht.

In den folgenden Zaubern beschwörst du die Kraft wie bei den zuvor beschriebenen Übungen durch Atmen oder durch Anrufungen. Du kannst den magischen Kreis formal bilden oder ihn einfach visualisieren. Vergiß nicht, zum Schluß die Kraft zu erden und den Kreis wieder zu öffnen. Die verwendeten Materialien sind der Zweckmäßigkeit halber in Großbuchstaben gedruckt.

Das Wirken eines Zaubers ist die geringere Magie, aber auch in der gehobenen Magie der Rituale werden bildliche Darstellungen und Symbole benutzt und wirken hier als Schlüssel zur Selbstverwandlung und als Glieder, die uns mit dem Göttlichen innerhalb und außerhalb verbinden.

Zauber gegen Ärger

Visualisiere um dich einen magischen Kreis aus Licht.

Halte einen SCHWARZEN STEIN in deinen gewölbten Händen und hebe ihn an deine Stirn.

Konzentriere dich, und projiziere deinen ganzen Ärger in den Stein. Schleudere ihn mit aller Kraft aus dem Kreis in einen See, einen Strom oder Fluß oder ins offene Meer.

Sprich:

Mit diesem Stein
Fliegt der Ärger fort
Wasser bindet ihn
Niemand findet ihn

Erde die Kraft.
Hebe den magischen Kreis auf.
(Dieser Zauber soll an einem fließenden Gewässer gewirkt werden.)

Trinkzauber

(Für die Selbstbejahung, wenn du einen Fehler gemacht hast oder Schuldgefühle und Reue dich plagen.)

Bilde einen magischen Kreis.

Setze dich mit dem Gesicht gegen Norden und zünde eine SCHWARZE oder WEISSE KERZE an.

Halte mit beiden Händen deinen mit REINEM WASSER gefüllten BECHER. Vor dir sollst du ein BILD DER GÖTTIN haben und eine GRÜNPFLANZE in Erde.

Visualisiere alle negativen Dinge, die du über dich empfindest; die Irrtümer, die du begangen hast; die Dinge, die du falsch gemacht hast. Sprich mit dir, und gestehe dir ein, daß du dich elend fühlst. Erzähle dir laut und ausführlich, was du falsch gemacht hast und warum. Laß dein Gefühl Energie aufbauen und projiziere alles in den Becher. Hauche auf das Wasser.

Beschwöre die Kraft herauf.

Visualisiere die Göttin als verzeihende Mutter. Stelle dir bildlich vor, wie ihre Hände die deinen umfassen. Höre, wie sie spricht:

Ich bin die Mutter aller Dinge
Meine Liebe ergießt sich über die Erde
Ich trinke dich in mich in vollkommener Liebe
Sei rein. Sei heil. Sei gewandelt.

Gieße das Wasser auf die Pflanze und spüre, wie dein Selbsthaß herausgezogen wird. (Es kann passieren, daß dieses Ritual die Pflanze umbringt.)

Fülle den BECHER mit ROTWEIN oder MILCH.

Beschwöre noch mehr Kraft herauf und visualisiere dich, wie du sein möchtest, frei von Schuld und Kummer, so gewandelt, daß du dieselben Fehler nicht wiederholen wirst. Lade den Becher mit Stärke und der Kraft, damit du der Mensch bist, der du sein möchtest.

Visualisiere erneut die Göttin. Ihre Hände umschließen die deinen, und sie spricht:

Mein ist der Becher, mein der Wein des Lebens
Trinke ihn

Trinke den Wein oder die Milch. Fühle dich von Stärke erfüllt. Du weißt, daß du dich gewandelt hast, daß du von jetzt an ein neuer Mensch bist und nicht an die Verhaltensweisen und Fehler der Vergangenheit gebunden.

Binde den Zauber.

Erde die Kraft.

Öffne den magischen Kreis.

Zauber gegen Einsamkeit

Bilde einen magischen Kreis.

Beschwöre die Kraft.

Setze dich mit dem Gesicht gegen Norden und zünde eine GRAUE KERZE an. Zerreibe in einem MÖRSER mit dem STÖSSEL einen HAIFISCHZAHN (oder andere Knochen vom Haifisch) zu Pulver.

Sprich:

Du
Hast keine Knochen
Niemals schläfst du
Du
Schwimmst immer
In mir

Laß dich ganz von der Einsamkeit erfüllen und projiziere sie in das Pulver.

Singe:

Feuer soll dich packen
Feuer soll dich verzehren
Feuer soll dich befrei'n

Schreie: »Fort mit dir!« und übertrage das Gefühl in das Pulver.

Spucke dreimal in das Pulver und verbrenne es mit ALOE, NESSELN und DORNEN in einer MESSINGSCHALE.

Lösche das Feuer mit SALZWASSER.

Erde die Kraft.

Binde den Zauber.

Hebe den magischen Kreis auf.

Du wirst fühlen, daß dein Herz leicht ist und von der Einsamkeit befreit.

Zauber gegen unschöpferische Phasen

Beginne am ersten Tag des Neumondes, ein paar Körner Weizen, Gerste, Roggen oder Alfalfa keimen zu lassen.

Halte sie drei Tage im Dunkeln, dann drei Tage am Licht.

Stehe am Morgen des siebten Tages in der Dämmerung auf und bade in Wasser, das Kleeblätter, Basilikum oder Rosenblätter enthält.

Kleide dich in Weiß oder geh nackt.

Bilde einen magischen Kreis.

Beschwöre die Kraft.

Setze dich mit dem Gesicht gegen Osten, und zünde eine Weisse Kerze an.

Sprich:

Wie das Korn wächst
Wie die Sonne steigt
Wie der Mond zunimmt

Singe:

Wachse ich
Reife ich
Empfange ich

Visualisiere jedes Stadium, indem du das Bild in die Keime konzentrierst und projizierst.

Iß die Keime.

Sprich:

Keimt in mir
Blüht in mir
Reift in mir

Visualisiere und konzentriere dieses Bild, während du jede Zeile dreimal sprichst.

Hebe Sieben Keime auf und wickle sie in Schwarze Seide ein.

Binde den Zauber.

Erde die Kraft.

Hebe den magischen Kreis auf.

Vergrabe in dieser Nacht die Keime mit einer SILBERNEN MÜNZE (ein Zehncentstück tut's auch).

Schützender Zauber
(Dieser Zauber kann an einem Sonntag, Montag oder Freitag gewirkt werden.)

Bilde einen magischen Kreis.

Beschwöre die Kraft.

Setze dich mit dem Gesicht gegen Süden, und zünde eine GRÜNE, BLAUE oder GELBE KERZE an.

Halte mit beiden Händen einen BECHER MILCH, der du ZUCKER und SAFRAN beigemischt hast.

Visualisiere nacheinander alle Menschen und Orte, die dir das Gefühl geben, geschützt und geborgen zu sein. Konzentriere und projiziere das Gefühl auf die Milch.

Hebe den Becher an deine Lippen und hauche ihm das Gefühl der Sicherheit ein.

Blicke auf die Kerzenflamme und visualisiere drei Frauen. Eine ist schwarz, eine weiß und eine rot gekleidet. Sie kommen auf dich zu und verschmelzen zu einer Gestalt. Stelle dir vor, wie sie deine Hände umfaßt und den Becher an deine Lippen führt.

Sprich: »Ich bin bei dir gewesen von Anbeginn.«

Trinke die Milch.

Erde die Kraft, und fühle den schützenden Raum in dir.

Binde den Zauber.

Hebe den magischen Kreis auf.

Kindheitszauber

Bilde einen magischen Kreis.

Setze dich mit dem Gesicht gegen Süden, und zünde eine GRÜNE oder BLAUE KERZE an.

Du brauchst eine SPIELPUPPE (oder ein STOFFTIER). Nimm sie in die Hände, und sprenge SALZWASSER darüber.

Sprich: »Ich nenne dich ...« (Benutze deinen Kinder- oder Kosenamen.)

Halte die Puppe in den Armen, sing leise, wiege sie und sprich mit ihr. Erzähle ihr alles, was du als Kind gern gehört hättest. Laß sie zu dir sprechen und dir sagen, wie sie sich fühlt und was sie sich wünscht. Sprich in zwei Stimmlagen. Spiele.

Beschwöre die Kraft und visualisiere, daß du sie in die Puppe hineingießest, die dein Kindliches Selbst ist. Schaffe dir ein Bild von deinem Kindlichen Selbst, wie du gern gewesen wärst, und projiziere es in deine Puppe. Tue das solange, bis die Puppe in weißem Licht und in Liebe glüht.

Küß die Puppe. Wickle sie in WEISSES TUCH, und lege sie zum Schlafen auf deinen Altar.

Binde den Zauber.

Erde die Kraft und öffne den magischen Kreis. (Wiederhole diesen Zauber, so oft du das Bedürfnis oder den Wunsch verspürst.)

Weiblichkeitszauber
(Auszuführen am ersten Abend der Menstruation. Hilft vor allem Frauen, die während der Periode an Krämpfen leiden oder unregelmäßige oder sehr starke Menses haben.)

Bilde einen magischen Kreis.

Zünde eine ROTE KERZE an. Blicke gegen Süden.

Reibe mit dem Mittelfinger der linken Hand ein paar Tropfen Menstruationsblut auf die Kerze.

Beschwöre die Kraft. Fühle, wie das Wesen des Blutes in die Flamme hineingezogen wird. Laß dich von dem Licht erwärmen und erfüllen.

Fühle dein Blut als Wesen der Lebenskraft.

Ziehe das Licht von der Kerze in deinen Schoß hinein. Laß dich davon erfüllen, und laß es sich langsam aus der Mitte deines Schoßes in deinem ganzen Körper ausbreiten, so daß du mit Energie und Wärme aufgeladen wirst.

Binde den Zauber.

Erde die Kraft.

Öffne den magischen Kreis.

Kräuterzauber

Die Kräuterzauber, die ich herstelle, sind kleine, mit Kräutern und anderen symbolischen Dingen gefüllte Säckchen. Sie bestehen aus einfachen Stoffquadraten oder -kreisen in geeigneter Farbe, werden mit Schnur in der passenden Farbe zugebunden und dann mit Energie aufgeladen. Sie können von der Person, für die sie gemacht sind, am Körper getragen oder in der Wohnung aufbewahrt werden, um das anzulocken, was du wünschst. Wenn du möchtest, kannst du sie auch aus Seide oder Samt anfertigen und kunstvoll mit Symbolen besticken. Sie können aber auch aus einfacher Baumwolle sein und mit Schnur zugebunden werden. Du kannst besondere Kräuterzauber für deine persönlichen Bedürfnisse herstellen. Hier sind einige Vorschläge für Kombinationen:

Um Geld anzulocken

Nimm ein Quadrat aus grünem Stoff, gib darauf Borretsch, Lavendel, Johanniskrautwurzel und Safran (oder vier Kräuter deiner Wahl), ein paar Kristalle Steinsalz und drei Silbermünzen (Zehncentstücke sind nicht mehr aus echtem Silber gemacht, scheinen aber gut zu wirken). Binde alles mit einem goldenen und einem silbernen Faden zusammen, und knüpfe acht Knoten darauf.

Um Liebe anzuziehen

Nimm ein kreisrundes Stück rosafarbenen oder roten Stoff (rot für stärker sexuell betonte Liebe). Lege darauf Akazienblüten, Myrte, Rosenblätter oder -knospen, Jasminblüten und Lavendel. Füge ein rot ausgemaltes Herz dazu und eine Münze oder einen Ring aus Kupfer. Verschnüre alles mit einem blauen Faden oder Band. Mach sieben Knoten darauf.

Um ein gebrochenes Herz zu heilen

Nimm ein kreisrundes Stück blaues Tuch. Fülle es mit Baldrian, Mekkabalsam, Mutterkraut, Myrte und (weißen) Rosenblättern. Schneide ein weißes Herz entzwei und nähe es mit blauem Faden zusammen, während du den Zauber darüber sprichst, um neue Liebe anzulocken. Verschnüre alles mit weißem Faden.

Schützender Kräuterzauber

Nimm ein kreisrundes Stück blauen Stoff und gib darauf neun schützende Kräuter. Füge eine Silbermünze oder besser einen silbernen Halbmond (vielleicht einen Ohrring) hinzu. Verschnüre alles mit einem weißen oder silbernen Faden.

Um Arbeit zu finden

Nimm ein quadratisches grünes Stoffstück. Fülle es mit Lorbeer, Lavendel und Johanniskrautwurzel. Gib vier andere Kräuter hinzu, die von folgenden Planeten beherrscht werden:

Merkur	für einen Job im Kommunikationsbereich;
Mond	für einen Job, in dem du mit Heilwesen, Frauenarbeit, -gesundheit oder mit Psychologie zu tun hast;

Jupiter	für eine leitende, verantwortungsvolle Stelle oder für einen Job im Rechtswesen;
Mars	für einen Job, der aggressives, selbstbewußtes Handeln erfordert;
Sonne	für einen Job im Außendienst, in der Landwirtschaft oder Natur oder für eine leichte Tätigkeit, die Spaß macht;
Saturn	für Architektur, Geschichte oder eine Beschäftigung, bei der du Handlungen oder Freiheit anderer beschränkst (z.B. Polizeiarbeit).

Füge eine Silbermünze hinzu, für den Wohlstand, und Bilder aller wichtigen Werkzeuge, die du bei der gewünschten Tätigkeit brauchst. Verschnüre alles mit einem purpurroten Faden.

Für innere Kraft

Nimm ein quadratisches Stück königspurpurnen Stoff und gib darauf Lorbeer, Johanniskraut, Holunderblüten, Johanniskrautwurzel, Rosmarin, Eisenkraut, Eichenlaub, Stechpalmenblätter oder -beeren und Mistel. Verschnüre alles mit blauem Faden. Sticke oder male dein persönliches Symbol darauf.

Für Beredsamkeit

Nimm ein kreisrundes Stück gelben oder glänzenden Stoff. Gib darauf Fenchel, Haselnuß, Alraune und Baldrian. Füge eine Silbermünze hinzu und binde alles mit orangefarbenem und violettem Faden zusammen.

Um vor Gericht zu gewinnen

Nimm ein qudratisches blaues Stoffstück, gib darauf Lorbeer, Johanniskrautwurzel, Johanniskraut und Eisenkraut. Wenn du von einem Feind verfolgt wirst, füge einen Pinienkern oder ein Stück von einem Kieferzapfen, etwas Tabak und Senfsaat hinzu. Lege ein kleines Bild von einem offenen Auge darauf, damit Justitia wohlwollend auf dich blicke. Verschnüre alles mit purpurrotem Faden.

Wie man den Kräuterzauber mit Kraft auflädt

Lege alles Benötigte auf deinem Altar bereit.

Bilde einen magischen Kreis.

Zünde eine KERZE in der richtigen Farbe an. Wenn du möchtest, verbrenne RÄUCHERWERK.

Beschwöre die Kraft.

Zerreibe mit dem STÖSSEL in einem MÖRSER alle Kräuter, die in deinen Zauber gehören. Visualisiere das Bild oder Gefühl, das du dir wünschst, und projiziere es in die Kräuter, während du sie zerreibst. Zeichne oder schaffe die anderen Symbole, die du brauchst.

Gib die Kräuter und die anderen Dinge zusammen auf das Stoffstück, drehe die Ränder zusammen und umwickle alles einmal mit einem Faden..

Hauche auf den Zauber und lade ihn mit Energie auf.

Ziehe ihn durch die Kerzenflamme und lade ihn mit Feuer.

Besprenge ihn mit ein paar Tropfen WASSER und lade ihn mit Wasser.

Tauche ihn in SALZ, oder berühre ihn mit deinem PENTAGRAMM, und lade ihn mit Erde.

Nimm den Zauber in deine Hände, hauche ihn an und lade ihn auf mit aller Kraft, die du heraufbeschwören kannst. Konzentriere dich auf deine Visualisierung.

Laß dich zu Boden sinken, entspanne dich und erde Kraft.

Binde den Zauber und verschnüre ihn dabei.

Öffne den magischen Kreis.

Fertige von dem Menschen, dem du helfen willst, eine Puppe (aus Wachs oder Stoff) an, die ihn bereits vollständig geheilt und gesund darstellt. Bilde nicht sein Problem nach. Erschaffe vielmehr das Bild der Problemlösung. Konzentriere dich, während du die Puppe herstellst.

Bilde einen magischen Kreis.

Zünde eine Blaue Kerze an.

Besprenge die Puppe mit Salzwasser. Sprich dabei: »Sei gesegnet, künstlich gebildetes Geschöpf. Künstlich bist du geformt, künstlich wirst du gewandelt. Nicht Wachs (Stoff, Holz etc.) bist du, sondern Fleisch und Blut. Ich nenne dich ... (Name des Menschen, den du heilen willst). Du bist sie (er), zwischen den Welten, in allen Welten. Sei gesegnet.«

Halte die Puppe in deinen Händen. Hauche sie an, und lade sie mit Kraft. Visualisiere den betreffenden Menschen vollkommen geheilt und gesund. Lade bestimmte Teile der Puppe, die den verletzten oder erkrankten Körperteilen der Person entsprechen, besonders stark mit der Kraft.

Visualisiere den Menschen, wie er vollständig von weißem Licht umhüllt, gesund, glücklich und mit Energie angefüllt ist.

Binde den Zauber.

Erde die Kraft.

Öffne den magischen Kreis.

Laß die Puppe auf deinem Altar liegen, bis der Kranke geheilt ist. Dann bilde einen neuen magischen Kreis, nimm die Puppe, besprenge sie mit Wasser und sprich: »Sei gesegnet, Kind des Lichtes. Künstlich gewandelt, künstlich vernichtet. Ich nehme deinen Namen ... (Name des Genesenen) von dir und nenne dich Puppe, Gebilde aus Wachs (oder Stoff oder sonst was). Zwischen den Welten, in allen Welten, so sei es. Die Verbindung ist durchtrennt. Sei gesegnet.«

Öffne den Kreis. Wenn die Puppe organische Bindeglieder enthält, verbrenne sie im offenen Feuer. Andernfalls kannst du mit ihr machen, was du willst, zum Beispiel sie dem Geheilten als Andenken schenken.

Einen Feind bannen

Bilde einen magischen Kreis.

Zünde eine SCHWARZE KERZE an. Verbrenne RÄUCHERWERK, das von Saturn beherrscht ist.

Besprenge die Puppe des Feindes mit SALZWASSER. Sprich: »Sei gesegnet, du künstlich gebildetes Geschöpf. Künstlich gebildet, künstlich verwandelt. Du bist nicht Wachs (Stoff etc.), sondern Fleisch und Blut. Ich nenne dich ... (Name der Person, die du bannst). Du bist sie (er), zwischen den Welten, in allen Welten. So sei es.«

Halte die Puppe in den Händen. Visualisiere ein silbernes Netz, das über die dargestellte Person fällt und sie bannt.

Nimm ROTES BAND und wickle es um die Puppe, verschnüre sie fest und binde alle Teile des Körpers, die vermutlich anderen schaden könnten. Lade die verschnürte Gestalt mit Kraft auf.

Sprich:

Durch Luft und Erde
Durch Wasser und Feuer
Seist du gebannt
Da ich es will
Durch drei und neun
Banne ich deine Kraft
Durch Sonne und Mond
Geschieht mein Wille
Himmel und Meer
Halten Schaden fern von mir
Schnur umwinde
Kräfte binde
Licht gespiegelt
Sei versiegelt

Erde die Kraft.

Öffne den magischen Kreis.

Vergrabe die Puppe bei abnehmendem Mond weit weg von deiner Behausung unter einem schweren Stein.

8. Energie: Der Kraftkegel

Zwischen den Welten

Der Gesang beginnt als leises Summen, als kaum hörbare, tiefe Schwingung. Nach und nach fallen die Stimmen ein:

»Aaaaaaaaaah . . .«

»Oooooooooh . . .«

»Eeeeeeeeeh . . .«

Vielstimmig steigt der Gesang empor. Die Luft scheint sich zu verdichten, von elektrischen Funken erfüllt, die in der Mitte des magischen Kreises zu fliegen, zu rotieren, zu trudeln und irre zu schwanken beginnen.

»Eeeeeeeoooooooh . . .«

Die Luft schimmert, eine leuchtende Wolke, die vibriert und sich dunkel glühend verzehrt. Der kehlige Gesang steigert sich wie das Anklingen einer Saite . . .

Das Licht beginnt zu trudeln, ein schimmerndes, atmendes Rad, das sich immer weiter dreht. Höher klingen die Stimmen. Spiralig kreisend und sich verengend steigt das Licht immer schneller empor. Der Klang ist unbeschreiblich; die Stimmen gleichen jaulendem Wind, heulenden Wölfen, schrillen Schreien tropischer Vögel, schwärmendem Bienenvolk, dem Seufzen zurückweichender Brandung. Unendlich hoch erwächst aus dem Kegel eine pulsierende Spirale, das magische und wundersame Horn eines Einhorns, dessen Spitze sich im Unendlichen verliert. Der Kegel ist von rotem, blauem, grünem Licht übergossen, von strahlender Sonne und schimmerndem Mond. Er wächst empor . . .

»Jetzt!« ruft eine Stimme. Ein letzter Aufschrei. Der Kegel fliegt davon, zischt pfeilschnell durch die Luft, sie rein zu fegen. Der

Zirkel bricht zusammen, zu Boden geworfene, schlaffe Puppen. Sie lächeln in köstlicher Entspannung.

Sie haben den Kraftkegel emporgesandt.

»Vier Gesetze der Ökologie: 1. Jedes ist mit jedem verbunden; 2. alles und jedes hat ein Ziel; 3. die Natur tut das Richtige; 4. für alles zahlst du einen Preis.« Barry Commoner[1]

Das erste Prinzip der Magie lautet Verbundenheit. Das Universum ist ein fließendes, in stetem Wandel begriffenes Energiemuster und keine Anhäufung feststehender, einzelner Dinge. Der Einfluß auf ein Ding erfaßt irgendwie auch alle anderen Dinge: Alles ist verwoben in das ununterbrochene Gefüge des Seins. In ihm sind Kette und Schuß aus Energie gebildet, und das ist das Wesen der Magie.

Energie ist Ekstase. Wenn wir die Schranken einreißen und die Kraft einströmen lassen, durchflutet sie den Körper, pulsiert durch jeden Nerv, belebt jedes Blutgefäß wie ein reinigender Strom. Aus dem Auge des Sturms werden wir mitgerissen von den Winden, die durch Leib und Seele tosen; wir spüren unser pochendes Herz, und unsere Stimme ist wie Honig, schimmernd in Wellen goldenen Lichtes, die vorbeiströmend Frieden hinterlassen. Kein Rauschgift vermag uns in solche Höhen emporzuheben, keine Erregung uns so tief zu durchdringen, denn wir haben das Wesen allen Entzückens, die äußerste Freude, die Erfüllung der Sehnsucht erfahren. Energie ist Liebe, und Liebe ist Magie.

Die Kunst, Energie zu bewegen, ist unter allen Teilbereichen der Magie die einfachste und natürlichste. Sie ist so leicht zu beherrschen wie das Atmen oder das Hervorbringen von Tönen. Stelle dir die Kraft in Bewegung vor, und sie bewegt sich. Fühle sie als Strom, und sie wird strömen. Fühle, wie sie vorbeiströmend reinigt, heilt, erneuert und neue Lebenskraft spendet.

Hexen vertreten die Auffassung, daß die subtilen Energien für ein geschultes Wahrnehmungsvermögen greifbar, sichtbar und verformbar sind. Sie sind, wie Dion Fortune es ausdrückt, »greifbarer als Gefühle – weniger greifbar als Protoplasma«. Wir können lernen, sie zu empfinden und in Form zu gießen.

Die Gesetze der Ökologie sind auch die Gesetze der Energie. Alles und jedes ist untereinander verbunden. Jede Handlung, jede Bewegung von Kräften verändert das Universum. »Du darfst nicht den geringsten Wandel bewirken, keinen Kieselstein, kein Sandkorn bewegen, bevor du nicht weißt, was diese Handlung an Gutem und Bösem zur Folge haben wird. Die Welt ist ausgewogen. Sie befindet sich im Gleichgewicht. Die Macht eines Hexenmeisters zu wandeln und zu wirken kann das Gleichgewicht der Welt erschüttern. Gefährlich ist diese Macht und überaus verderblich. Sie muß der Erkenntnis folgen und einem wirklichen Bedürfnis dienen. Wenn du ein Licht entzündest, wirfst du gleichzeitig einen Schatten.«[2]

Das Gleichgewicht des Universums ist jedoch nicht statisch, sondern dynamisch. Die Energie ist ständig im Fluß. Sie kann nicht angehalten werden. Bleiben wir beim Wasser als bildlichem Ausdruck: Wenn wir die Strömung blockieren, bleibt es stehen und fault; wenn es sich frei ergießt, reinigt und läutert es. In der Hexenkunst konzentrieren sich Rituale, Zauber und Meditationen darauf, das Strömen der Energie zu fördern.

Die Energie strömt spiralförmig. Immer bewegt sie sich kreisend, zyklisch, wellengestaltig. Die Spiralbewegung enthüllt sich uns in der Gestalt von Milchstraßen, Muscheln, Strudeln und DNA. Schall, Licht und Strahlung pflanzen sich in Wellen fort, die bei flächenhafter Darstellung Spiralen bilden.[3] Der Mond nimmt zu und ab – ebenso verhält es sich mit den Gezeiten, der Wirtschaft und unserer Vitalität.

Der tiefere Sinn der Spirale ist vielfältig. Sie bedeutet im wesentlichen, daß keine Form der Energie unbegrenzt in nur eine Richtung wirken kann. Immer wird sie einen Gipfel, einen Höhepunkt erreichen und sich dann umkehren. Mit anderen Worten: Aktivität wird durch Passivität ausgeglichen. Auf Anstrengung muß Ruhe, auf Kreativität Stille folgen. Kein Mann kann ausschließlich auf aktive, keine Frau nur auf passive Weise leben – wie es die patriarchale Kultur erwartet – und dabei heil sein. Kein Mensch kann ständig kreativ, ständig sexuell aktiv, ständig zornig oder ständig sonst etwas sein, das Energie erfordert. Wenn wir dieses dauernde Auf und Ab anerkennen, können wir leichter ein gesundes, dynamisches Gleichgewicht aufrechterhalten.

Gesellschaftlich und politisch folgt auf einen Aufbruch zu größerer Freiheit meist eine Bewegung zu größerer Sicherheit. Nach der Ausdehnung kommt die Zusammenziehung. Der Weise kann diesen Wechsel zu seinem Vorteil nutzen lernen, statt ihm ausgeliefert zu sein und während jeder Reaktionsphase benachteiligt zu sein. Freiheit und Sicherheit sind keine Ziele, die sich gegenseitig ausschließen.

Politische Handlungen könnten wirkungsvoller sein, wenn sie bewußt als Wirken von Energie begriffen würden. Wie durch ein Individuum kann Kraft auch durch eine Gruppe strömen und die Gruppenenergie erneuern und neu beleben. Ein wichtiger Aspekt dieser Bewegung besteht darin, die Energie zu erden, nachdem sie heraufbeschworen wurde, sowohl ihren Gipfel als auch ihren Tiefpunkt bewußt zu vergegenwärtigen und sie wieder zur Erde, ihrem Ursprung, zurückzulenken. Wenn die Energie nicht geerdet wird, bleibt die Gruppe »aufgeladen« – wie ein Raum, der vor statischer Elektrizität knistert, was bald als Angst und Spannung empfunden wird. Statt daß ein nützlicher Strom erzeugt wird, kommt es in solchen Gruppen zu einem Kurzschluß, und die Mitglieder fühlen sich »ausgebrannt«.

Bei Tagungen, Treffen, Konferenzen und Demonstrationen wird Kraft heraufbeschworen, aber die Veranstalter denken nur selten daran, sie am Ende zu erden. Das Erden muß nicht umständlich vor sich gehen – man muß sich nur daran erinnern, daß die formelle Beendigung jeder Arbeitssitzung ausreicht, um die Kraft zu erden. Die Mitglieder der Gruppe brauchen sich einfach nur im Kreis an den Händen zu fassen und einen Augenblick still zu verharren. Neuerdings ist in der feministischen Bewegung die Tendenz zu beobachten, Rituale in Konferenzen und Demonstrationen ausdrücklich zu dem Zweck aufzunehmen, die heraufbeschworene Kraft zu erden und zu lenken. Im Folgenden ist der Bericht über ein Ritual wiedergegeben, das mehrere Frauen[4] und ich im November 1978 als Teil einer Konferenz über Gewalt und Pornografie unter dem Motto »Die Nacht zurückerobern!« veranstalteten. Am Höhepunkt des Wochenendes zogen wir durch das North Beach-Viertel von San Francisco, wo sich Amüsierbetriebe, Bordelle und Massagesalons konzentrieren. Das Ritual fand am Ende des Demonstrationszuges im Washington Square Park statt.

Die Frauen strömen von der Straße herein. Es dauert viel länger, als wir erwartet hatten. Ich hatte keine Vorstellung, was eine Masse von 3000 Frauen bedeutet ...

Am Anfang des Zuges besprengen Hexen die Umgebung mit Salzwasser. Sie singen Laurels Couplet:

Fegt aus den alten Raum,
Träumt einen neuen Traum!

Am Broadway/Ecke Columbus Street inszenieren die Künstlerinnen um ihren Festwagen ein kleines Ritual. Von vorne sieht man eine riesige, von Kerzen umstrahlte Madonna; die Rückseite besteht aus Plakaten mit totem Fleisch und Pornoheften. Ein starkes Symbol für Vorstellungen, die uns Frauen in ein enges, verletzendes Rollenschema pressen. Singend präsentieren sie den Wagen und zerreißen die Pornografie in kleine Fetzen. Holly Near singt.

Wir warten im Park, sind zu nervös, um wegzugehen und zu riskieren, nicht rechtzeitig zurück zu sein. Die Hexen gelangen an den Eingang zum Park, bilden eine doppelte Reihe – einen Geburtskanal. Sie halten angezündete Kerzen und brennendes Räucherwerk und besprengen die hereinkommenden Frauen mit Salzwasser:

Eine Frau hat dich in diese Welt geboren,
Durch Frauen wirst du in diesen Kreis geboren.

Wir stehen erhöht auf der Ladefläche von Annes großem Wagen. Unseren Hintergrund bildet die erleuchtete Fassade der Kirche: eine Ironie! Lennie Schwendinger vom Konvent der Lichtfrauen hat eine herrliche Beleuchtung für uns inszeniert; zum ersten Mal habe ich ein Ritual dermaßen theatralisch ausgeführt.

Die strahlenden Lichter trennen uns von der Menge, die zum »Publikum« wird. Nichts scheint mehr außerhalb unseres lichtüberfluteten Zentrums zu existieren, und mir ist ein wenig unbehaglich zumute. Hinter uns in den Bäumen vollführen die Fledermäuse, eine Akrobatinnengruppe, einen langsamen luftigen Tanz.

Nina hat die Aufgabe der Vorsängerin übernommen:

Die Nacht erobern wir zurück,
Die Nacht ist unser!

Anders als wir gehofft hatten, scheuen sich die Frauen zu tanzen. Der Eindruck Publikum/Darsteller ist zu stark – sie beobachten uns. Ich fühle mich unbeholfen, unsicher, wie ich mich verhalten soll. Der Gesang verstummt, noch immer strömen Massen in den Park ...

Toni Marcus beginnt ihre Geige zu spielen. Elektrisierend und magisch wird der Klang über den Park hinweggetragen ...

Wir können nicht länger warten. Ich greife nach dem Mikrophon und sage, daß wir uns umsehen und einander betrachten sollen, um zu erkennen, wie schön wir sind, wie wirklich wir sind ...

Ich sage: »Wir Frauen wurden gelehrt, daß unser Körper unrein ist, daß unsere Sexualität uns entwürdigt, daß wir entweder Jungfrauen oder Huren sein müssen. Doch wir sind mit keinem dieser Bilder einverstanden! Statt dessen erheben wir das Banner der nackten Göttin, deren Körper die Wahrheit ist, die in uns, im menschlichen Geist lebt.«

»Wir sagen, daß unser Körper geheiligt ist, weil er das Leben hervorbringt, weil er Leben ist, weil er *uns* Lust bereitet, weil wir mit ihm wirken, bilden, denken, lachen, gestalten und tun ...«

Lee und ich führen den Wechselgesang an:

Heilig ist unser Körper,
Heilig sind unsere Brüste,
Heilig ist unser Schoß,
Heilig sind unsere Hände ...

Immer stärker werden die Schwingungen.

Heilig sind unsere Stimmen,
Die Trägerinnen unserer Kraft,
Der Kraft zum Schöpferischen!
Der Kraft, die Welt zu verändern!
Laßt die Kräfte Klänge werden –
Singt ohne Worte – macht sie hörbar!

Die Stimmen dröhnen in die Nacht. Es entsteht kein Kegel, dafür ist dies zu stark und zu gestaltlos, sondern eine Flutwelle ergießt sich über die Grenzen des Parks hinaus.

Es verklingt. Ruhig leite ich zu einem sanften, leisen Gesang über. Ein Brummen, das Summen von zweitausend Bienen, ein tiefes Beben ...

Danach leitet Hallie die Meditation:

»Jetzt spürt ihr sacht, ganz sacht die Energie der Erde unter euren Füßen, während Sie mit uns tanzt ...

Schließt eure Augen ... fühlt, wie eure Stärke durch euch selbst und die anderen Frauen dringt. Dies ist die Kraft, die durch unseren Marsch, unseren Gesang, durch die Zerstörung der Gewaltsymbole erzeugt wurde ... Erkennt, daß jede von uns, daß wir alle die Kraft haben, die Welt zu verändern. Fühle, wie die Wirkungen deines Handelns wellengleich in die Welt hineingetragen werden ... Denkt darüber nach, wie euer Leben sich wandeln wird ...

Öffnet die Augen und schaut euch um ... seht eure Stärke im Antlitz gegenüber ... Erkennt, daß wir stark sind. Erkennt, was die Frauen in alten Zeiten wußten ... daß die Nacht uns gehören muß. Erkennt, daß wir Frauen sind, die sich die Nacht zurückerobern. Wisset, daß uns die Nacht gehört!«

Beifall, Gelächter, Geschrei, Küsse. Einige von uns berühren die Erde. Die Frauen tun es uns nach. Das Ritual ist vollzogen.

Die Natur tut das Richtige. Magie ist ein Teil der Natur. Sie widerspricht keinem Naturgesetz. Durch Studieren und Beobachten der Natur, der sichtbaren, stofflichen Wirklichkeit können wir lernen, das Walten der hintergründigen Wirklichkeit zu begreifen.

Die Magie lehrt uns, unbegrenzte, unendliche Quellen der Energie anzuzapfen. Allerdings gibt es nichts umsonst. Um Energie heraufzubeschwören, müssen wir erst Energie aufwenden. Ohne zu geben, können wir nichts bekommen. Wenn wir Magie treiben, verausgaben wir unsere physische und emotionale Energie und müssen dafür sorgen, sie wieder zu erneuern. Magie ist eine Kunst und ein Lehrfach, und zu ihrer Beherrschung ist zunächst Arbeit, Übung und Mühe erforderlich. Jeder Wandel hat erwartete und unerwartete Folgen.

Bei Ritualen im Konvent wird die beschworene Energie meist in die Form eines Kegels, des Kraftkegels, gegossen. Der magische Kreis bildet die Basis des Kegels. Seine Spitze kann auf einen Menschen, einen Gegenstand oder auf ein gemeinsam visualisiertes Bild gerichtet werden. Man kann gelegentlich auch zulassen, daß der Kraftkegel an- und abschwillt, wie bei dem Gesang der Kraft (6. Übung) im dritten Kapitel. Der Kegel kann auch in einer Explosion der Kraft von einer einzelnen Person gelenkt werden, die entweder den magischen Kreis mit bildet oder in seinem Zentrum steht. Wenn eine Gruppe mit den im dritten Kapitel beschriebenen Übungen vertraut ist, kann die folgende Übung die Teilnehmer auf eine höhere Stufe der Energie-Arbeit vorbereiten:

45. Übung: Der Kraftkegel

Alle erden und zentrieren sich. Stellt oder setzt euch in einem Kreis, und faßt euch bei den Händen. Beginnt mit dem Atmen als Gruppe, und laßt allmählich ein wortloses Lied der Kraft emporsteigen.

Visualisiert die Energie, während sie sich aufbaut, als Kraft, die im Uhrzeigersinn um den magischen Kreis wirbelt. Seht sie als blauweißes Licht. Es windet sich spiralig zu einer Kegelform, zu einer aufrecht stehenden Muschel, einem Füllhorn. Haltet dieses geistige Bild fest, bis es glüht.

Die Hohepriesterin (oder wer immer den Kegel lenkt) spürt die Bewegung der Energie. Sie hat das visualisierte Bild, das Ziel der magischen Arbeit, ganz klar vor ihrem geistigen Auge. Wenn die Kraft ihren Höhepunkt erreicht, ruft sie aus: »Jetzt!«

(Dies erfordert ein hohes Maß an Sensibilität und Übung. Man kann es nur durch Erfahrung lernen, und bis dahin macht man zwangsläufig viele Fehler. Wenn die Hohepriesterin sich vor der Kraft fürchtet, wird sie den Kegel zu schnell erden. Wenn sie unentschlossen ist, wird sie zu lange warten, so daß seine gesamte Kraft zerstreut wird. Am besten geht man so vor, sich in die Kraft hinein fallenzulassen und nicht darüber nachzudenken, wann man sie erden muß. Sobald der richtige Zeitpunkt da ist, wird eine empfindsame Hohepriesterin spontan und intuitiv, ohne bewußten Entschluß, dies herbeiführen.) Die Konventmitglieder lassen die Energie los, sinken zu Boden und entspannen sich vollkommen, während sie den Kegel zu seinem Ziel davonfliegen sehen. Sie atmen tief und lassen den Rest der Kraft in die Erde ziehen. Im allgemeinen folgt darauf ein Zustand der Trance.

Um den Kegel zu errichten, kann man auch mit Rhythmus, Trommeln, Händeklatschen und Tanzbewegungen arbeiten. Die Konvente sollten experimentieren und von sich aus viele Methoden ausprobieren. Um die Kraft heraufzubeschwören, können auch andere Wörter und Namen, neue Namen für die Göttin oder den Gott oder einfache Beschwörungen benutzt werden. Die Energie kann außerdem in andere Gestalt gegossen werden: zum Beispiel eine Quelle, die aus den Konventmitgliedern emporsteigt und in sie zurückfließt, eine Wellenform oder eine leuchtende Kugel. Die Möglichkeiten sind unbegrenzt.

46. Übung: Leibmeditation

(Auf dem Rücken liegend bilden die Konventmitglieder ein Rad; die Köpfe befinden sich in der Mitte des magischen Kreises.)

Breite deine Arme aus, so daß du den Schoß der Person neben

dir berührst. Wenn es ein Mann ist, lege deine Hand auf die Stelle, wo sein Schoß wäre, denn das ist der Mittelpunkt seines Energiekörpers. Legt euch gegenseitig die Hände auf den Bauch.

Erde und zentriere dich. Beginne mit dem Atmen als Gruppe und dem Gesang der Kraft. Beim Atmen stellst du dir vor, daß du über deinen Schoß atmest. Du siehst ihn wie den silbernen Mond aufleuchten, während du die Kraft einatmest. Nun glüht er blutig rot in schöpferischem Feuer. Spüre die schöpferische Kraft des Schoßes, nicht nur des physischen, sondern des geistig-seelischen Schoßes, der Ideen und Visionen gebiert. Laß deinen Atem zu einem Klang werden, der im Schoß widerhallt.

Spüre die Kraft eines jeden Atemzugs – fühle die Frau oder den Mann neben dir – fühle ihre oder seine Kraft – fühle, wie wir miteinander verbunden sind, wie stark wir in unserer Verbundenheit sind – atme die Kraft der Vision – atme die schöpferische Kraft des Schoßes – und laß deine Stimme diese Kraft tragen ...

Der Gesang wird emporsteigen und ganz von selbst verstummen. Erde die Kraft, und beende die Meditation.

47. Übung: Formales Erden

(Diese Übung sollte bei Ritualen und bei der Gruppenarbeit angewandt werden.)

Faßt euch bei den Händen. Wenn ihr wollt, könnt ihr auch alle den Zauberstab halten. Hebt ihn hoch und visualisiert die Kraft, die durch eure Hände nach unten fließt. Erdet und zentriert euch. Die Leiterin spricht vor, und die anderen Konventmitglieder wiederholen ihre Worte:

Quelle zu Quelle
Durchströme mich
Über und über
Fühlbar
Durch und durch
Vergehe, um neu
Zu werden

So soll es sein
Da ich es will
Zauber soll es wirken!

Laßt beim Rezitieren die Hände sinken, bis die Stäbe die Erde berühren. Atmet aus und fühlt, wie die Kraft nach unten strömt.

Hexen haben die Vorstellung, daß es drei Grundformen subtiler Energie gibt. Auch dies ist wiederum als Denkmodell und nicht als Doktrin zu verstehen. Jeder Mensch wird außerdem als Energiefeld mit subtilen Körpern betrachtet, die den physischen Körper umgeben und durchdringen.

Die erste Form der Energie ist *elementar.* Manche Okkultisten bezeichnen sie auch als *Ektoplasma* oder als *ätherische Substanz.* Sie ist die subtile Kraft der Elemente – von Erde, Luft, Wasser und Feuer, von Pflanzen und Tieren. Die elementare Lebenskraft erhält den physischen Körper. Wir nähren uns aus ihr, und ihr Fluten durch unseren Körper treibt sozusagen den Motor an und bringt die höheren Arten der Kraft hervor.

Der *elementare Energiekörper* wird auch Ätherleib oder Vitalkörper genannt, weil wir durch ihn unsere Lebenskraft, unsere physische und emotionale Energie erhalten. Er ist der Körper des Kindlichen Selbst, und er betrachtet alles mit der Wahrnehmungsweise des Sternenlichts, über die rechte Hirnhälfte. Seine Wahrnehmungen sind oft genauer als unsere bewußten Beobachtungen, aber seine Fähigkeit, sie in Worte zu kleiden, ist begrenzt. Die elementare Energie umgibt den physischen Körper mit einer höchstens etwa zentimeterdicken Schicht. Die meisten Medien nehmen sie als blaugrauen Schimmer wahr.

Tiere und Pflanzen, saubere Luft und Wasser, körperliche und sexuelle Aktivität mehren die vitale Energie. Wenn die *elementare Energie* gering ist, werden die Menschen krank, müde und deprimiert. Die Magie verbraucht sehr viel Lebenskraft, und jeder Mensch, der Magie treibt, muß stets darauf bedacht sein, daß er sich nicht vollständig verausgabt. Eine der besten Methoden, die Lebenskraft zu steigern, ist regelmäßiges körperliches Training.

Die Vitalität wird auch dadurch wiederhergestellt, daß man sich viel im Freien aufhält und bewußt die Verbindung mit der Natur und mit den Elementen sucht. Es ist auch üblich, daß Hexen besondere Haustiere halten. Diese »Schutzgeister«[5] sind ihnen zum Teil eine Quelle der elementaren Energie.

Das Erden vor dem magischen Wirken und vor psychischen Übungen verhindert, daß wir uns vollständig verausgaben. Statt unsere eigene Vitalität zu erschöpfen, gewinnen wir die elementare Kraft aus den unversiegbaren Quellen der Erde. Die Kraft strömt durch uns, nicht aus uns.

Die zweite Form der Energie können wir uns als Energie des Bewußtseins, der Gedanken, Träume, Fantasien und des Geistes vorstellen – die Aura oder astrale Energie. Den Astralleib, wie ihn die Okkultisten nennen, können wir uns als Körper des Sprechenden Selbst denken. Diese Kraft bildet die »Astralebene«, die verborgene Wirklichkeit hinter den sichtbaren Dingen, das Reich der Träume, die überirdische oder jenseitige Welt. Ätherleib und Astralleib bilden die Aura[6] oder das Energiefeld eines Menschen. Der *Astralleib* ist weniger dicht als der *Ätherleib* und umgibt den physischen Körper in einer etwa dreiundzwanzig Zentimeter dikken Schicht. Ich glaube, wenn man die Wahrheit wüßte, würde jedes Medium sie etwas anders sehen. Mir erscheint sie wie eine leuchtende Nebelwolke, die manchmal die Züge eines Menschen überschattet. Innerhalb der Aura erscheint ein Spiel mit wechselnden Farben, wie sie nie ein physisches Auge gesehen. Um den Kopf ist die Aura am stärksten. Am leichtesten nimmt man sie bei dämmrigem Licht vor einem einfarbigen Hintergrund wahr, vor allem wenn man sich selbst oder wenn sich die andere Person in leichter Trance befindet.

Der Astralleib kann aus dem physischen Körper wegprojiziert werden. Das Bewußtsein ist nicht durch die Begrenztheiten der körperlichen Sinne gefesselt. Außerleibliche Erfahrungen können stark sinnenhaft oder Wahrnehmungen ohne optische oder akustische Komponente sein. Das Reiseland kann astral oder stofflich sein; es kann rein subjektiv, rein objektiv oder eine Mischung aus beiden sein.

Die dritte Form der Energie ist die des Göttlichen Selbst. Sie ist die zarteste der Schwingungen, aber auch die kräftigste. Wenn wir in den Ritualen die Göttin oder den Gott anrufen, verbinden wir uns mit dieser Energie. Diese Verbundenheit ist das Herz der höheren Magie, der mystischen Ekstase.

Im allgemeinen ist sich das Kindliche Selbst der subtilen Energie weitaus stärker bewußt als das Sprechende Selbst. Ohne es zu merken, sind wir alle Medien. Die Schwierigkeit besteht darin, Wege zu finden, diese Wahrnehmung in Begriffe zu übersetzen, die das Bewußtsein verstehen kann. Yogis und fernöstliche Okkultisten sprechen vom Öffnen des »dritten Auges«, des in der Zirbeldrüse mitten hinter der Stirn gelegenen Zentrums der Seele. Für mich kommt dies erst nach der Eröffnung der Energiezentren im Schoß und im Sonnengeflecht, die ja unmittelbar mit dem Kindlichen Selbst verbunden sind. Um es weniger esoterisch zu formulieren: Wenn der bewußte und der unterbewußte Geist in einem gesunden, überaus vitalen physischen Körper ungehindert kommunizieren können, wird das höhere Bewußtsein ganz natürlich zur rechten Zeit erwachen. Das Pendel ist ein nützliches Werkzeug, um diese Kommunikation herzustellen.

48. Übung: Das Pendeln

(Als Pendel kann ein Anhänger, ein Ring, ein Schlüssel, eine Uhr oder ein Kristall an einer Schnur oder einer Kette dienen – alles, was frei schwingt und gefühlsmäßig gefällt, ist geeignet.)

Erde und zentriere dich und atme tief aus Bauch und Zwerchfell. Halte das Pendel locker am Ende der Kette hoch, so daß es ungefähr fünf Zentimeter über der geöffneten Fläche deiner anderen Hand hängt.

Entspanne dich und sage dir, daß das Pendel sich gleich im Uhrzeigersinn drehen und die Energie deiner Hand spiegeln wird. Warte ruhig. Bei den meisten Menschen beginnt das Pendel bald zu kreisen. (Während es sich aus eigenem Antrieb zu bewegen scheint, wird dieses Kreisen in Wirklichkeit durch unwillkürliche Bewegungen deiner Hand bewirkt. Versuche nicht, sie bewußt zu steuern – der Sinn ist ja, dein Unbewußtes durch deine eigenen, im Pendel sichtbar werdenden Muskelbewegungen zu dir sprechen zu lassen.

Wenn das Pendel sich nicht bewegt, laß es absichtlich ein paar Mal kreisen, um dem Kindlichen Selbst klar zu machen, was du willst. Warte. Bei manchen Menschen dauert es mehrere Sitzungen, bis das Pendel funktioniert.)

49. Übung: Wahrnehmung der Aura durch Pendeln

(Für diese Übung sind zwei Personen, ein Sender und ein Empfänger, nötig. Beide sollten die 48. Übung beherrschen.)

Der Sender sitzt in entspannter Haltung und atmet tief aus dem Bauch. Der Empfänger hält das Pendel so, daß es zirka sechzig Zentimeter über dem Kopf des Senders schwingt. Beide erden und zentrieren sich.

Der Empfänger läßt das Pendel langsam sinken und sagt sich, daß es zu kreisen beginnen wird, sobald es in die Aura des Senders gelangt. Übe, bis du den Rand oder die Korona der Aura spüren kannst. Wenn das Pendel gleichmäßig reagiert, erforschst du die Umrisse des Astralleibs. Finde die Spannungsherde heraus, und achte auf Energiewirbel.

Wiederholt die Übung mit vertauschten Rollen.

50. Übung: Direkte Wahrnehmung der Aura

Wieder sitzt der Sender tief atmend in entspannter Haltung. Beide erden und zentrieren sich. Der Empfänger senkt die Hand mit der Handfläche nach unten in den Bereich der Aura des Senders. Halte ein, sobald du den äußeren, strahlenden Rand des Astralleibs fühlen kannst. Zunächst wird dies ein extrem feines »Fühlen« sein – ein leichtes Kribbeln, Wärme, ein fast unmerklicher Unterschied, vielleicht auch nur ein plötzlicher Drang innezuhalten. Taste den Astralleib mit deinen Händen ab – erfühle wieder Spannungsherde, die dir als Kälte, als Fehlen von Energie oder einfach als Unbehagen auffallen können. Spüre auch die Kraftzentren des Körpers. Teile dem Sender deine Eindrücke mit, und vergleiche die Ergebnisse mit denen der Pendelmethode.

Wiederholt die Übung mit vertauschten Rollen.

51. Übung: Energie dämpfen und projizieren

(Der Sender sitzt in entspannter Haltung. Um die Aura wahrzunehmen, kann der Empfänger sich entweder des Pendels oder der direkten Methode bedienen.)

Erdet und zentriert euch. Der Empfänger sucht die Aura über dem Scheitel des Senders auf. Bitte den Sender, über den Baum des Lebens zu meditieren und die aufsteigende Energie als starken Strom fließenden Wassers zu visualisieren und zu spüren, der wie eine Quelle aus seinem Kopf hervorbricht. Während die Energie zunimmt, beobachtet der Empfänger, wie das Pendel immer stärker und schneller ausschwingt, oder er spürt den Unterschied in der Hand.

Bitte den Sender, die Energie zu dämpfen – visualisiere du ihn ganz in Baumwolle eingehüllt oder von Kartoffelbrei bedeckt. Fühle die Veränderung; sieh, wie die Pendelbewegung abnimmt.

Übt, bis der Sender einige Geschicklichkeit erworben hat, die Energie zu projizieren und zu dämpfen, und bis der Empfänger die Veränderung zu spüren vermag. Prüft euch, indem der Sender die Kraft dämpft oder projiziert, ohne dies jeweils dem Empfänger vorher zu sagen, der spüren muß, was gerade geschieht. Tauscht die Rollen, und übt das Projizieren und Dämpfen der Energie auch über die anderen Zentren der Kraft, die ihr entdeckt.

52. Übung: Sichtbarmachen der Aura

(Diese Übung wird am besten in der Gruppe gemacht. Alle Teilnehmerinnen können reihum die Versuchsperson spielen. Alle sollen schon die Kunst beherrschen, die Aura wahrzunehmen.)

Bereitet einen einfarbigen Hintergrund vor – mit einem schwarzen Tuch oder einem weißen Laken. Die Versuchsperson soll davor stehen oder darauf liegen und nach Möglichkeit nackt sein. Nun sollen sich alle erden und zentrieren und mit einer der Übungen aus dem dritten Kapitel entspannen, was einen leichten Zustand der Trance hervorruft. Es sollte dämmrige Beleuchtung herrschen.

Atme tief über das Zwerchfell und entspanne deine Augen. Betrachte die Umrisse der Versuchsperson, ohne dich dabei anzustrengen. Vielleicht kannst du eine dünne, leuchtende Linie, den *Ätherleib,* um ihren Körper erkennen. Suche um ihn herum den wolkenähnlichen Astralleib, der leuchtend oder als sonderbar hellerer Schatten vor dem Hintergrund in Erscheinung treten kann. Manchen wird der Astralleib nur als feiner Unterschied zwischen Vorder- und Hintergrund erkennbar – ein Flackern wie Hitzewellen über einem Heizkörper. Die Erscheinung kann deutlicher werden und wieder erlöschen, sich verschieben und verändern, aber je mehr du dich an die Astralvision gewöhnst, desto beständiger wird sie mit der Zeit.

Für die Farben der Aura gibt es viele Deutungen. Lerne lieber selbst, sie fühlend zu erkennen, statt dich an starre Regeln zu halten. Am aussagestärksten ist die Qualität der Farbe – ist sie klar und leuchtend oder stumpf und trübe? Welche Gedanken, welche Gefühle löst sie in dir aus? Zieht sie dich an oder stößt sie dich ab? Welche Assoziationen weckt sie in dir? Tauscht eure Wahrnehmungen aus, vertieft sie, und mit der Zeit und mit zunehmender Erfahrung wirst du deuten können, was du siehst.

Indem die Versuchsperson Energie projiziert und dämpft, können die anderen sehen lernen, wie sich die Energie bewegt. In späteren Sitzungen kann die Versuchsperson auch Farben und Energieformen projizieren. Je mehr die Mitglieder der Gruppe üben, desto schärfer werden ihre Wahrnehmungen.

Wenn du gelernt hast, die Energie an einzelnen Menschen zu spüren oder zu sehen, bist du auch sensibler gegenüber den Formen und Ebenen der Kraft in den Ritualen. Die unbelebten Dinge können ebenfalls subtile Kraft speichern (vgl. viertes Kapitel). Prüfe dein magisches Gerät und spüre die Aura der Kraft.

Die Wahrnehmung der Energie bedeutet, den großartigen Tanz des Universums zu erkennen. Dem Schein nach unberührbar liegt er allem, was wir berühren können, zugrunde. Er ist das einzig Beständige, obwohl er in beständigem Wandel, in ewigem Flusse ist. Unsere eigene Energie wahrzunehmen heißt erkennen, daß Fleisch und Geist eins sind, daß Du die Göttin bist – ewig gebunden, eingebunden in eins mit dem bewegenden Geist des Alls.

9. Trance

Zwischen den Welten

Ich sage: »Entspanne dich, atme tief, und blicke in die Quelle – die Quelle jenseits vom Ende der Welt ... Beschwöre den Schatten herauf, den du im Traum gesehen hast.« Valerie sinkt tiefer in die Trance. Ihre Aura leuchtet – das Gesicht verschwindet dahinter. Sie seufzt; ein Schatten umwölkt die Aura.

»Sie ist da ... jetzt sehe ich's – der gleiche Schatten, den ich vor Monaten gesehen habe – es ist die Frau, die mir letzte Nacht im Traum erschien und mir meine Arbeit stahl.«

»Wie sieht sie aus?«

»Groß, eiskalt – ihr Gesicht besteht aus klirrenden, kreisenden Messern.«

»Wie fühlst du dich?«

»Ich fürchte mich.«

»Was mußt du tun?«

»Gegen sie kämpfen – sie besiegen.«

»Frag sie nach ihrem Namen.«

Wir warten. Die Schatten werden finsterer.

»Sie will es mir nicht sagen.«

»Fordere es.«

»Ich kann nicht – ich schaff' es nicht.«

»Was brauchst du, um es zu können?«

»Kraft.«

»Wo ist Kraft?«

»In – meinem Stab.«

Ich gehe ruhig durch den Raum, nehme ihren Zauberstab vom Altar und lege ihn in ihre schlaffe Hand. Ihre Finger umfassen ihn. Von einem inneren Kampf stieben Funken um ihren Kopf.

»Ihr Name lautet Zorn«, sagt Valerie sanft.
»Wer ist es?«
»Ich.«
»Was mußt du tun?«
»Sie werden, sie in mich aufnehmen.«
»Wie fühlst du dich?«
»Voll Furcht. Die Messer werden mich schneiden.«
»Ja.«
»Ich werde nicht stark genug sein.«
»Doch, du bist es.«
»Wie kann ich das wissen?«
»Weil es dir gelang, ihren Namen zu erfahren.«

Sie holt tief Luft. Ihre Aura explodiert in einem Feuerwerk aus Rot und Violett. Ihr Körper zittert. Sie schluchzt, schreit und keucht.

»Sie erwürgt mich.«

»Atme weiter – tief – entspann' dich.«

Sie hechelt. Ihr Gesicht ist schweißüberströmt. Ich wische es sanft ab. Ein greller Blitz zuckt über ihrem Kopf – sie seufzt, entspannt sich. Ihr Gesichtsausdruck wird wieder klar.

»Ich hab's geschafft. Ich hab sie in mich hereingenommen. Sie ist in mir.«

»Wie fühlst du dich?«

»Stark. Friedlich.«

»Die Menschen, die einen neuen Geisteszustand anstreben – die sich Macht über den Geist aneignen, die Encounter-Gruppen angehören oder Drogen nehmen, die Medien und die Meditierenden – sie alle befinden sich auf einer Reise in das innerste Universum, bei der sie die Grenzen des sozial bedingten Geisteszustandes zu sprengen versuchen. Ob willkommen oder nicht, moralisch oder nicht, weise oder verrückt, der Geist des Menschen bewegt sich auf eine neue Evolution zu.« Dr. Barbara Brown[1]

Das Universum ist ein Tanz der Energie, ein einziges Lied in ewig wechselnden Rhythmen und Harmonien. Ein buntes Wechselspiel aus Kontrapunkt und Diskant unterhält die Melodie der stofflichen Welt. Wir sehen nur einen Ausschnitt aus der Strahlenvielfalt des Spektrums; wir hören nur einen kleinen Bereich möglicher Schallfrequenzen. Normalerweise sind wir uns nur einer einzigen einstimmigen Melodie bewußt; aus einem unendlich vielstimmigen Orchester hören wir nur die Pikkoloflöte heraus. Wenn wir uns in Trance versetzen, verschieben und erweitern wir unser Bewußtsein: Wir erkennen das Hämmern der Trommeln, das Schluchzen der Geigen, das Wimmern der Saxophone, die in neuen Tonarten gespielten, miteinander verwobenen Harmonien, und wir begeistern uns für die gesamte aufklingende Symphonie.

Trancezustände, Zustände paranormalen Bewußtseins, werden mit vielen Namen belegt: erweitertes Bewußtsein, Meditation, Hypnose, »high« werden. In jeder Kultur und Religion gibt es Trance-Techniken – vom rhythmischen Gesang eines sibirischen Schamanen bis zur freien Assoziation auf der Couch eines Freudschen Analytikers. Der Drang, hinter die Grenzen des sozial eingeengten Geistes vorzustoßen, scheint ein tiefsitzendes menschliches Bedürfnis zu sein. Es gibt eine unendliche Vielfalt möglicher Trancezustände. Wir alle befinden uns in leichter Trance, sobald wir beispielsweise Tagträume haben; wenn wir uns stark konzentrieren; wenn wir ein Theaterstück, einen Film, eine Fernseh-Show sehen; wenn wir nach innen horchen und wenn wir die sinnliche Welt vergessen. In tiefen Trancezuständen können wir Erlebnisse haben, wie sie John C. Lilly beschreibt:

»Ich gelangte in eine Gegend mit fremdartigen Lebensformen, die weder oberhalb noch unterhalb der menschlichen Ebene sind. Es waren merkwürdige Wesen von sonderbarer Gestalt, andersartig in ihrem Stoffwechsel, ihrer Denkweise und so weiter. Diese Wesen erinnerten mich an Zeichnungen tibetanischer Götter und Göttinnen, die ich einmal gesehen hatte, an alte Darstellungen griechischer Götter und manche glotzäugigen Ungeheuer aus Science-Fiction-Romanen.«[2]

Tiefere Trance-Ebenen können die paranormalen Sinne, das

seelische Bewußtsein und das Vorauswissen erschließen. Wir können uns in andere Wesen und Lebensformen einfühlen und uns mit ihnen verbinden. Das balinesische Wort für Trance bedeutet »werden«.

Begeistert versuchen Okkultisten und Metaphysiker, die verschiedenen Bewußtseinszustände zu ordnen, zu definieren und zu untergliedern, ein Vorgehen, als wollte man eine Wolke mit einem Lineal vermessen. Ich will hier nicht ausführlich darauf eingehen, denn meines Erachtens erzeugt das den falschen Eindruck, wir wüßten mehr über diese Zustände, als tatsächlich der Fall ist. Wenn wir ein rechtszerebrales, kompliziertes Muster durch ein linkszerebrales System überlagern, glauben wir meist, wir hätten die Kontrolle über das Phänomen gewonnen – tatsächlich haben wir aber nur mit dem Strahl unserer Blitzlichtsehweise ein paar Sterne ausgeleuchtet. Das Klassifizieren der Bewußtseinszustände fördert auch »Überlegenheitsspielchen« des Konkurrenzdenkens. Die Menschen vergeuden ihre Energie, wenn sie definieren, in welchem Stadium sie sich befinden, als wäre das Bewußtsein eine kosmische Förderschule, in der die Kinder der dritten Klasse auf die Kleinen im Kindergarten herabsehen dürfen. Es geht nicht darum, auf welcher Ebene wir sind, sondern um das, das wir lernen.

Wir können jedoch wertvolle Einsichten gewinnen, wenn wir Trance-Erfahrungen miteinander teilen und vergleichen und wenn wir Beschreibungen veränderter Wahrnehmungszustände lesen. Zu den wichtigsten Erkenntnissen gehört, daß Trancezustände sowohl subjektiv als auch objektiv sind. Es besteht ein Kontinuum der Erfahrung, von dem sich ein Teil nur auf die innere Welt des einzelnen bezieht, während ein weiterer Teil von anderen geteilt und bestätigt werden kann. Was in der Vorstellung beginnt, wird wirklich – auch wenn diese Wirklichkeit von anderer Art ist als die Wirklichkeit der körperlichen Sinne. Die Wirklichkeit der zugrundeliegenden Energieströme formt das Universum.

Die normale Wahrnehmung ist eine Funktion der körperlichen Sinne. Was wir sehen, hören, fühlen, riechen oder schmecken ist außerdem von der Sprache abhängig, von der Ausstattung mit

Kultursymbolen, die uns ermöglichen, das Wahrgenommene zu benennen. Die Benennung gestaltet einen amorphen Sinnesreiz zu etwas Erkennbarem und Vertrautem und leitet unsere Reaktion. Im Zustand der Trance ist die Wahrnehmung aber nicht an die körperlichen Sinne gebunden. »Astralfarben« werden nicht mit dem physischen Auge gesehen, und Klänge werden nur im Geist »gehört«. Die Ströme der subtilen Energie passen zu keiner Art von Sinnesorgan. Unsere Sprache kann sie nicht benennen oder hat keine Worte, die sie treffend beschreiben.

Die Wahrnehmung in Trance muß in uns vertraute Formen übersetzt werden. Im wesentlichen erbauen wir uns eine vollständige metaphorische Welt, um die Wirklichkeit des sogenannten *Astralen* darzustellen. Bei ausreichender Erfahrung schaffen wir uns metaphorische Sinne, die »sehen«, »hören«, »fühlen«, »riechen« und »schmecken«. Diese pseudosinnlichen Erfahrungen werden dann in einem symbolischen System, das unseren Erwartungen entspricht, weiter interpretiert. Lilly beschreibt zum Beispiel, daß er zwei hilfreiche »Begleiter« traf, die »vielleicht zwei Aspekte meines Verhaltens auf der Ebene des Göttlichen Selbst (sind). Sie können Wesen in anderen Räumen, anderen Universen als unserer anerkannten Realität sein. Sie können auch Hilfskonstruktionen, Hilfsbegriffe sein, die ich für meine künftige Weiterentwicklung benutze. Sie können Vertreter einer esoterischen Geheimschule sein. Sie können Vorstellungen sein, die in meinem Biocomputer auf der übermenschlichen Ebene entstehen. Sie können auch Angehörige einer Zivilisation sein, die uns tausend Jahre oder noch weiter voraus ist.«[3] Ein frommer Christ hingegen wird die gleichen Wesen »Engel« oder vielleicht »Heilige« nennen und sie mit Flügeln, Harfen, Heiligenschein und anderem passenden Zubehör »sehen«. Eine Hexe bezeichnet sie möglicherweise als die beiden miteinander verbundenen Teile des Bewußtseins im Göttlichen Selbst und »sieht« sie in blau leuchtenden weiblichen und männlichen Menschengestalten.

In der astralen Vision mischen sich immer Subjektives und Objektives. Sinnliche Gestalten und symbolische Deutungen sind subjektiv und überlagern objektive Energien und Wesen. Ob diese Wesen innere Kräfte oder äußere Geschöpfe sind, hängt davon ab, wie man das Selbst definiert. Es ist romantischer und aufregender (und wahrscheinlich wahrer), sie als zumindest teilweise äußere Wesen zu sehen. Psychologisch gesünder und wahrscheinlich klüger ist es, sie als innere Kräfte zu betrachten. Es gibt Dinge, die innerlich und trotzdem objektiv, trotzdem wirklich sein können. Eine Neurose oder ein Konflikt zum Beispiel kann von anderen sogar als wirklich erkannt werden, bevor das Selbst dies wahrnimmt. Und nichts Äußeres kann in die Seele eingelassen werden, wenn eine entsprechende innere Kraft es nicht zuläßt. Kein »Wesen« kann von einer Seele, die sich dagegen sträubt, Besitz ergreifen.

Astrale Energien können in Formen gegossen werden, die beständig sind und von mehr als einer Person wahrgenommen werden. Auch kollektiver Glaube und kollektive Bilder formen astrale Energien und schaffen »Plätze« und Wesen. Himmel, Hölle und das Land der Jugend existieren sämtlich im astralen Bereich. Die Energieformen, die wir kollektiv schaffen, formen wiederum uns und die Welt, in der wir leben.

Astrale Formen können in physischen Gestalten »verankert« sein. Wenn die Menschen in alten Zeiten glaubten, daß ihre Götzenbilder Götter waren, dann meinten sie, daß die astrale Gestalt des Gottes in der Statue verborgen war. In *Moon Magic* beschreibt Dion Fortune die Verankerung einer Energieform an einem Ort magischen Wirkens, »über dem der astrale Tempel errichtet werden muß, und dies ist der wirklich wichtige Teil. Wir tun es ganz einfach, indem wir uns hinsetzen und es uns in der Fantasie vorstellen – aber es ist die Fantasie eines geschulten Geistes!«

»Meine Freundin und ich setzten uns also hin ... und wir malten uns den Tempel der Isis im Tal der Könige aus, wie er in den Hoch-Zeiten des Kultes ausgesehen hatte. Erst zeichneten wir ihn in großen Umrissen, dann gingen wir zu den Details über und beschrieben uns gegenseitig, was wir sahen, bis das Bild immer deutlicher wurde. Wir näherten uns im Geiste der Allee mit den widderköpfigen Sphinxen; dem großartigen Pylon im Heiligen Bezirk; dem Hof mit seinem Lotosbecken; schattenspendenden Kolonnaden und der großen Halle mit ihren Säulen ... Und während wir das abwechselnd beobachteten und beschrieben, nahmen die fantasierten Szenen allmählich die Gestalt der objektiven Wirklichkeit an, und wir fanden uns darin wieder. Wir betrachteten sie nicht mehr mit unserem geistigen Auge, sondern wandelten darin umher. Danach brauchten wir uns nicht mehr um Konzentration zu bemühen, denn das Astralsehen war in den Vordergrund getreten.«[4]

Das Bewußtsein kann auf viele verschiedene Arten im Astralen reisen. Die von vielen Okkultisten beschriebene »astrale Projektion« beinhaltet die Trennung des Astralleibs von seiner stofflichen Behausung, wobei nur ein Band ätherischer Energie als Bindeglied bewahrt wird. Mit anderen Worten: es handelt sich um die Schaffung eines vollständigen, lebhaften, sinnlichen metaphorischen Zustandes, durch den alle Wahrnehmungen begriffen werden können. Der Astralleib kann sich, wenn auch mit Schwierigkeiten, im stofflichen Universum bewegen. Meist bleibt er aber im Reich astraler Energie- und Gedankenformen.

Das Bewußtsein kann auch allein, ohne Konstruktion eines »Körpers«, projiziert werden. Die körperliche »Empfindungsfähigkeit« wird vermindert, und es kann ein großes Maß an Übung nötig sein, um Klarheit zu gewinnen und Wahrnehmungen deuten zu lernen, aber diese Methode verschleißt weniger Lebenskraft und ist weniger gefährlich.

Wenn der Astralleib projiziert wird, nährt er sich von der *ätherischen Substanz*. Eine zu häufige Anwendung dieser Fähigkeiten zehrt an den Lebenskräften. Normalerweise friert man bei der Rückkehr in die stoffliche Realität extrem heftig und ist furchtbar hungrig. Wenn man lernt, sich in Trance zu versetzen, ist es wichtig, die Gesundheit des physischen Körpers zu schützen, indem man gesund ißt, ausreichend schläft und regelmäßig Sport treibt.

Jede Art von Trance-Arbeit sollte unbedingt an einem abgeschirmten, ruhigen Ort stattfinden, wo du nicht gestört werden kannst. Da die Trance zeitweilig deine Wahrnehmungsfähigkeit für die äußere Welt und ihre Gefahren einschränkt, sind Stadtparks, öffentliche Strände, Straßen und Busse, wo du überfallen, ausgeraubt oder belästigt werden kannst, keine geeigneten Orte.

Bilde entweder mit einem komplizierten Ritual oder mit einer einfachen Visualisierung einen schützenden magischen Kreis um deinen Körper, bevor du ihn verläßt. Dadurch wird eine Energieschranke geschaffen, die wie im körperlichen, so auch Sicherheit im astralen Bereich gewährt.

Neben der astralen Projektion bieten Trancezustände viele weitere Möglichkeiten. Die Trance erschließt dir das ungeheure Potential, das deinem ungenutzten Bewußtsein innewohnt. Wir können unsere Sensibilität, unsere Weiterentwicklung und Kreativität mehren.

Im Zustand der Trance sind wir beeinflußbarer, eine Tatsache, die den meisten Anwendungen der Hypnose zugrundeliegt. Beeinflußbarkeit kann erschreckend sein, wenn sie dazu mißbraucht wird, Menschen zu beherrschen und auszubeuten. Tatsächlich zeigt sich das Selbst allen Einflüsterungen gegenüber unzugänglich, die tief verwurzelten moralischen oder ethischen Prinzipien oder persönlichen Wünschen zuwiderlaufen. Durch Suggestion allein wird kein anständiger Mensch zum Dieb, und kein Mensch, der das Leben achtet, zum Mörder. Der Hexenglaube lehrt die Anwendung der Suggestion, damit wir unseren Geist bewußt zu lenken vermögen, nicht aber den Geist anderer Menschen. Während wir unser Bewußtsein vom Wirken der Suggestion steigern und sie willkürlich bei uns selbst anwenden lernen, scheint unsere Beeinflußbarkeit durch andere geringer zu werden. Das Unbewußte ist nicht länger abgespalten, sondern befindet sich im ständigen Austausch mit dem bewußten Geist und kann nicht mehr ohne unsere bewußte Zustimmung einfach programmiert werden.

Wir können die eigene Beeinflußbarkeit sowohl für die körperliche als auch für die seelische Heilung einsetzen. Leib und Seele sind miteinander verbunden, und unsere seelische Verfassung trägt zur Krankheit bei, sei sie rein körperlich oder psychosomatisch. Die Suggestion kann Lernprozesse unterstützen, die Konzentration vertiefen und die Kreativität fördern. Sie kann auch neue Formen des Bewußtseins erschließen und die psychischen Sinne erwecken.

Die Trance stimuliert Vision und Vorstellungskraft und bringt neue Quellen der Kreativität zum Sprudeln. Wenn die Schranken zwischen dem Unbewußten und dem Bewußten überwunden sind, können sich Ideen, Bilder, Pläne und Problemlösungen frei entwickeln. Da die ganzheitliche Sehweise der rechten Gehirnhälfte zum Tragen kommt, gewinnen wir neue Erkenntnisse und unerwartete Zugänge zu verschiedenen Situationen.

Auch die medialen Fähigkeiten werden in Trance verbessert. Wir alle sind Medien, ohne uns dessen bewußt zu sein. Das Kindliche Selbst weiß um die Energieströme; es teilt sich ohne Worte mit; es fühlt die Ströme der Zukunft und versteht es, die Kraft zu kanalisieren. In der Trance können wir dieses Bewußtseins gewahr werden und die Ströme, die unser Leben lenken, wahrnehmen und selbst gestalten.

Schließlich finden wir in der Trance auch die Offenbarung. Wir beschwören und werden Göttin und Gott und sind mit allem Seienden verbunden. Wir erleben Vereinigung, Ekstase und Offenheit. Die Grenzen unserer Wahrnehmung, die Fixierung auf eine einzige Note des Liedes, all dies wird aufgelöst: Wir hören nicht nur die Musik, sondern wir tanzen den wirbelnden, heiteren Spiraltanz des Daseins.

Trance kann sehr hilfreich sein, doch aus dem gleichen Grund kann sie auch gefährlich sein – weil sie nämlich die Tore zum Unbewußten öffnet. Um die Tore zu durchschreiten, müssen wir uns mit etwas auseinandersetzen, was die Okkultisten als den Wächter oder den Schatten auf der Schwelle bezeichnen: die Verkörperung aller Antriebe und Eigenschaften, die wir ins Unbewußte verdrängt haben, weil das Bewußtsein sie unannehmbar findet. Alles, was wir sind und nicht sein zu dürfen glauben – sexuell, zornig, feindselig, verletzlich, masochistisch, von Selbsthaß oder Schuldgefühlen erfüllt oder vielleicht sogar mächtig oder kreativ –, kauert auf der Schwelle zwischen Kindlichem Selbst und Sprechendem Selbst und versperrt uns den Weg, bis wir ihm ins Gesicht gesehen und unser eigenes unverkennbares Menschsein bejaht haben. Am meisten fürchten wir uns vor unserem eigenen Schatten, und nichts ist zerstörerischer als die Abwehrmechanismen, die wir uns aneignen, um der Auseinandersetzung auszuweichen.

Die wirklichen Gefahren der Magie gehen weder vom Wächter oder Schatten noch von äußeren Wesen oder Kräften aus. Sie stammen vielmehr von unseren Abwehrmechanismen, die durch Trance und Magie ebenso verstärkt und verfestigt werden können wie durch Drogen oder Fanatismus. Magie kann uns aber auch helfen, diese Mechanismen abzubauen, uns dem Wächter zu stellen – ein Vorgang, der in Wirklichkeit nie so erschreckend ist wie die gedankliche Vorwegnahme – und Klarheit zu gewinnen. Wenn die Menschen jedoch nicht bereit sind, der Furcht ins Auge zu blicken und sich mit ihren negativen Eigenschaften auseinanderzusetzen, dann werden sie, wie der Yaqui-Zauberer Don Juan es ausdrückt, besiegt »vom stärksten ihrer natürlichen Feinde: der Furcht! Ein entsetzlicher Feind – heimtückisch und schwer zu überwältigen. An jeder Wegbiegung schleicht er versteckt umher und lauert.[5]

Es gibt viele Möglichkeiten, vor dem Schatten zu fliehen. Manche Menschen leugnen ihn einfach und lassen sich niemals auf eine Auseinandersetzung ein. Andere versuchen, den Schatten zu zerstören, indem sie sich selbst mit Drogen oder Alkohol zugrunderichten.

Viele religiöse Menschen bevorzugen als Abwehrmechanismus eine komplizierte Form der Verleugnung, nämlich die Behauptung, daß der einzelne Schatteneigenschaften wie Sexualität, Zorn, Leidenschaft, Begierde und Selbstliebe überwunden habe. Viele Religionen berufen sich ausschließlich auf diese Strategie. Priester, Geistliche, Gurus und »Erleuchtete«, die sich eine Haltung transzendentaler Erhabenheit zulegen, üben auf Menschen mit ähnlichen Abwehrsystemen, die der Auseinandersetzung mit sich ausweichen, indem sie sich als Angehörige einer Elite oder einer »Gruppe von Erleuchteten« gebärden, eine starke Anziehungskraft aus. Auf diese Weise werden Kulte ins Leben gerufen und verewigt.

Diese Vermeidungsstrategie ist jedoch von enormen Ängsten begleitet. Wie sehr wir auch auf unserer Unvergleichlichkeit und Überlegenheit beharren, der Schatten bleibt. Wir mögen danach streben, übermenschlich zu sein, und sogar große, an Wunder grenzende Erfolge erzielen, aber wir bleiben fehlbar und verletzlich. Diese Verletzlichkeit wird erschreckend und faszinierend. Sie kann uns zu unechten Akten der Selbstopferung und des Masochismus oder zu selbstgewähltem Märtyrertum führen, was dem verzweifelten Versuch gleichkommt, die Furcht vor dem Schatten zu meistern. Als klassisches Beispiel wäre hier die Geschichte von Jim Jones und dem Tempel des Volkes zu nennen.

Victor Anderson, ein Priester der Feentradition, berichtet, daß er als junger Mann – er hatte gerade begonnen, den Hexenglauben zu studieren – zwei herrlichen, leuchtenden Gestalten begegnete, die ihn zum astralen Bereich geleiteten und ihm erklärten, daß er sich entscheiden müsse. Wenn er große magische Kraft besitzen wolle, müsse er die Hoffnung auf eine dauerhafte Liebesbeziehung in seinem Leben aufgeben. Darauf antwortete er: »Mächte des Bösen, fahrt dahin! Flieht in die äußerste Finsternis! Ich will sowohl Macht als auch Liebe.«

»Woher wußtest du, daß es böse Kräfte waren?« fragte ich ihn.

»Kein wahrhaft hilfreiches Wesen wird von dir verlangen, etwas aufzugeben, was natürlich und wunderbar ist«, erklärte er.

»Böse Geister« sind nicht unbedingt Wesen von außen. Sie können auch Bestandteile des Unbewußten sein. Gruppen, die Überlegenheitsgefühle, die Abtrennung vom Hauptstrom des menschlichen Lebens und die Abkehr von gewöhnlichen moralischen Schwächen und Fehlbarkeiten fördern, verstärken die Abwehrhaltungen und hemmen die Persönlichkeitsentwicklung ihrer Mitglieder.

Die Kehrseite der Überlegenheitsstrategie heißt Krankheit. Anstatt zu leugnen oder vorzugeben, daß sie die Schatteneigenschaften hinter sich gelassen hätten, gestehen diese Persönlichkeitstypen sie ein, deuten sie aber als körperliche Leiden oder als Geisteskrankheit. Das Verführerische an der Krankheit ist, daß sie den einzelnen von der Verantwortung freispricht und zuläßt, daß er (oder sie) in Passivität schwelgt. Zu oft wird die Selbstdefinition von Krankheit durch Therapeuten und »helfende Berufe« genährt, die letzten Endes ein sehr verständliches Interesse haben, andere als krank zu betrachten.

Charakteristisch für Krankheit als Abwehr sind Schuldgefühle. Die betroffenen Menschen fühlen sich oft für Dinge verantwortlich, die sie in Wirklichkeit gar nicht steuern können. Ihr Schatten ist die eigene, gefürchtete Kraft, die sie in aufgeblähten Allmachtsbegriffen wahrnehmen. Diese Abwehr ist häufig verdeckt und kann eine ausgeprägte Kreativität und Intelligenz zugrunderichten. Wenn magische Praktiken mißbraucht werden, um Gefühle der Allmacht zu verstärken, kann das für diese Menschen vernichtend sein.

Eine weitere beliebte Strategie ist die Projektion. Wenn die negativen Eigenschaften des Wächters empfunden werden, ist es leicht, sie nach außen zu lenken und einer anderen Person oder Gruppe zuzuschreiben. Der besondere Reiz dieser Strategie besteht darin, daß sie Konflikte schafft und somit dramatisch, aufregend und ablenkend ist. Im äußersten Fall entartet sie allerdings zum Wahnsinn. Die Betroffenen fühlen sich nie völlig sicher oder angenommen. Sie fühlen sich umgeben von lauter Feindseligkeit, weil sie ihren eigenen Zorn und ihre Feindseligkeit nach außen projizieren.

Natürlich benutzt jeder Mensch viele Strategien, aber die meisten bevorzugen eine ganz bestimmte Form. Niemand kann zur Auseinandersetzung mit dem Schatten gezwungen werden, und der Prozeß läßt sich auch nicht beschleunigen. Er muß jeweils zur rechten Zeit stattfinden. Die Trance-Auseinandersetzung, die beispielsweise dieses Kapitel einleitet, ist der Bericht über eine echte Sitzung, die ich mit einer meiner Konventschwestern abhielt. Sie war jedoch der Höhepunkt nach etlichen Monaten Arbeit und Übung. In vorausgegangenen Sitzungen war es Valerie gelungen, den Schatten zu beschwören, aber seinen Namen konnte sie nicht herausfinden. Sie war noch nicht bereit, ihm gegenüberzutreten und ihn in sich aufzunehmen. Wenn wir versucht hätten, die Auseinandersetzung zu erzwingen, wäre das wohl äußerst destruktiv oder einfach erfolglos gewesen. Als jedoch der richtige Zeitpunkt gekommen war, fühlte sie sich imstande, die Eigenschaften anzunehmen, die ihr vorher so bedrohlich erschienen waren. Der Vorgang war kennzeichnend für eine starke Harmonisierung ihrer Persönlichkeit und für ein Erblühen ihrer persönlichen und kreativen Kräfte in einem Ausmaß, das mich veranlaßte, ihr den Zauberstab unseres Hexenkonvents zu übergeben, so daß sie nun die Hohepriesterin des Compost-Zirkels ist.

Eine der Aufgaben des Konvents besteht darin, einander bei den Auseinandersetzungen mit dem Wächter beizustehen. Nicht immer geschieht das so direkt wie in dem eben genannten Beispiel. Tatsächlich sollten ungeschulte Konventmitglieder nicht auf diese Weise miteinander arbeiten, denn das kann so verhängnisvoll sein wie eine Psychoanalyse durch Laien. Am besten können Konventangehörige einander helfen, indem sie sich nicht von den gegenseitigen Abwehrstrategien verführen lassen. Wer die Schwelle überschritten hat, sollte niemals zum Idol werden oder auf ein Piedestal gestellt werden (selbst wenn es sich zufällig um eine Hohepriesterin handelt). Diese Persönlichkeiten sind vor allem darauf angewiesen, daß man sie wegen ihrer Schwächen, ihrer Fehler, ihres Menschseins ebenso liebt wie wegen ihrer Stärken.

Menschen mit der Gewohnheit des Projizierens müssen oft buchstäblich ihre Konfrontation mit anderen Menschen ausfechten. Wenn dieser Vorgang nicht richtig wahrgenommen wird, kann er den Konvent zerstören. Die anderen Mitglieder der Gruppe sollten vermeiden, Partei zu ergreifen oder sich auf den äußeren Anlaß des Streits zu konzentrieren. Ebenso wichtig ist es, der Versuchung zu widerstehen, einen der Streitenden oder beide aus der Gruppe zu entfernen, es sei denn als letzter Ausweg. Bei einem echten Schattenkampf gehen die Gefühle viel tiefer, als die Ereignisse zu rechtfertigen scheinen. Typisch dafür sind Äußerungen wie »Ich kann nicht ertragen, was für Gefühle sie in mir auslöst« oder »Sie bringt das Schlechteste in mir zum Vorschein«. Die Gruppe darf die Emotionen der zerstrittenen Parteien nicht hinnehmen. Wenn sie der Gruppe anvertraut und ihrer eigenen Entwicklung überlassen werden, ergibt sich vielleicht, daß sie sich mit dem Schatten ihres Zorns auseinandersetzen. Während des ganzen Kampfes brauchen sie viel Liebe.

Es ist eine große Versuchung, Menschen, die sich als krank bezeichnen, zu lieben, zu beschützen und zu verwöhnen. Leicht ist man auch versucht, die Geduld mit ihnen zu verlieren und zu verlangen, daß sie »sich zusammenreißen«, aufhören zu jammern und jeden Tag mit einem Lächeln beginnen. Keine dieser Methoden ist sinnvoll. Für die Betroffenen ist es notwendig, daß ihre Kraft als das erkannt wird, was sie ist, und daß auch deren Grenzen wahrgenommen werden. Man muß ihnen helfen zu kämpfen und aktiv zu sein und sich nicht in Krankheit oder lähmende Schuldgefühle zu flüchten. Sie müssen um ihrer Kraft willen geliebt werden.

Während wir üben, uns in Trance zu versetzen, lernen wir in Wirklichkeit, »willkürlich das Bewußtsein zu verändern«, wozu hohe Disziplin gehört. In der Magie werden *keine* bewußtseinsverändernden Drogen angewandt (zumindest nicht von denen, die klug sind), weil sie diese Disziplin untergraben. Keine Droge kann zur Auseinandersetzung mit dem Wächter zwingen; sie kann bestenfalls eine Sperre aufheben, die vielleicht das einzige ist, was zwischen dem Selbst und dem blanken Entsetzen steht. Häufiger aber verstärkt Drogenwirkung nur bestehende Sperren auf einer tieferen und destruktiveren Ebene. Dann wird Überlegenheit zum Erlöserkomplex; eine Erkrankung kann sich zur Psychose steigern; aus der Projektion kann eine echte Paranoia entstehen. In traditionellen Gesellschaften, die Drogen benutzen, um mystische Visionen und religiöse Ekstase zu erzeugen, ist die Erfahrung kontrolliert und erfolgt innerhalb eines festgefügten mythologischen Rahmens. Schamanen und Priesterinnen verfügen über ein tiefes Wissen von den vielen erreichbaren Geisteszuständen, und sie verstehen sich darauf, die Menschen durch diese Zustände zu geleiten. Doch wir leben nicht in einer traditionellen Gesellschaft. Wir leben in einer Konsumgesellschaft, in der anscheinend sogar die Erleuchtung eingekapselt, gekauft und verkauft werden kann. Was aber gekauft und konsumiert wird, ist weder wahre Erleuchtung noch wahre Magie. Das Erlernen, Ausüben und Beherrschen der Magie kann eine sinnliche Trance ähnlich wie beim Genuß von Marihuana herbeiführen, und Ziel des Rituals sind die ekstatische Vision und das staunende Überwältigtsein wie bei einem optimalen LSD-Trip. Die Magie macht uns aber auch wesentlich subtilere, erhabenere Zustände erfahrbar und lehrt uns nicht nur, wie wir das Tor durchschreiten, sondern auch, wie wir zurückkehren können. Das Bewußtsein ist kein chemisches Phänomen, wie Timothy Leary behauptet. Vielmehr ist die Chemie ein Phänomen des Bewußtseins.

Wenn man lernt, sich in Trance zu versetzen (oder was immer man lernt), ist der Sinn für Humor der beste Schutz. Nichts, worüber du lachen kannst, sei es ein Dämon, ein Geist, ein UFO, ein Engel, ein Führer, Guru oder Lehrer, ein körperloses Wesen oder ein Aspekt deiner selbst, kann von dir Besitz ergreifen. Ein Mensch, der unfähig ist, über sich zu lachen, kann nicht heil sein.

Die Bewußtseinserweiterung beginnt mit Träumen. »Dies nennen wir das Tor ohne Schlüssel oder auch das Tor zu den Träumen. Freud erkannte es und nutzte es psychoanalytisch als Zugang zum Unbewußten im Wachzustand; dagegen benutzen wir Eingeweihte es, um bei Nacht hervorzukommen.«[6] Über das Hervorkommen im Wachzustand sind dicke Wälzer geschrieben worden: Traummaterial wird aus dem Unbewußten in das wache Bewußtsein geholt. Ich werde mich hier darauf beschränken, Deutungsaspekte herauszuarbeiten, die speziell auf die Magie zutreffen.

Träume stellen unsere unmittelbarste Verbindung zu den subjektiven Vorgängen im Kindlichen Selbst dar, aber sie können auch objektive Elemente enthalten. Manche Träume spiegeln in Symbolsprache eine unmittelbare Kenntnis astraler Ströme. Sie können Einsichten in die Beweggründe, Pläne oder Gefühle anderer Menschen vermitteln oder über äußere Ereignisse informieren. Nicht immer sind Traumgestalten ein Aspekt eines Individuums: manchmal sind sie die Person oder das Ding, das sie zu sein scheinen, obwohl im allgemeinen etwas in dem Individuum mit der äußeren Kraft mitschwingt.

Sobald wir beginnen, bewußt mit magischen Symbolen und Mythologie uns zu beschäftigen, spiegeln unsere Träume diese Bilder und sollten in diesem Licht gedeutet werden. Eine Schlange zum Beispiel ist für eine Hexe weit mehr als ein Freudsches Phallussymbol: Sie ist ein Symbol der Göttin, ein Sinnbild der Erneuerung und Neubelebung.

Es gibt viele Möglichkeiten, das Tor ohne Schlüssel zu öffnen, beispielsweise, indem man ein Traumbuch führt, sich an Träume erinnert, im Konvent darüber spricht und in Trance oder im gezielten Wachtraum wieder in sie hineingeht. Wenn wir lernen, unsere Träume aktiv zu beeinflussen, die Gestalten darin zu bestimmen, die Träume während ihres Ablaufs zu verändern, Angreifern gegenüberzutreten und Feinde zu überwältigen, dann sind dies Möglichkeiten, »bei Nacht hervorzukommen.«[7]

Ein Zustand der Trance läßt sich auf viele Arten erreichen, doch scheinen alle mehr oder weniger nach vier verwandten Prinzipien zu funktionieren: Entspannung, sensorische Einengung, Rhythmus, Eintönigkeit. Körperliche Anspannung hemmt den Trancezustand. Das Einleiten der Trance beginnt meistens mit einer bewußten Entspannung wie etwa die 9. Übung. Wenn die Trance nach einer starken Anstrengung herbeigeführt wird, zum Beispiel nach dem Beschwören des Kraftkegels, kann sich die Entspannung von selbst einstellen.

Über wissenschaftliche Untersuchungen zur sensorischen Einengung berichtet Robert Ornstein in *The Psychology of Consciousness* (Die Psychologie des Bewußtseins). Wenn die Versuchspersonen ein unbewegtes Bild konzentriert betrachteten, schien dieses nach einer Weile zu verschwinden. Gleichzeitig traten im Elektroenzephalogramm der Probanden alpha-Wellen auf. Dieser alpha-Rhythmus ist nachweislich für den Zustand der Meditation und der tiefen Entspannung charakteristisch. Ornstein schließt darauf, daß »bei Einengung unserer Wahrnehmung auf nur einen unveränderlichen Reiz offenbar infolge der Bauweise unseres zentralen Nervensystems das Bewußtsein von der äußeren Welt abgeschaltet wird. Alle herkömmlichen Anleitungen für die konzentrative Meditation unterstreichen dies.«[8]

Wir wissen zu wenig über die Neurophysiologie der Wahrnehmung. Zu den alten Techniken der Trance und des Kristallsehens gehört aber immer eine Einengung der sinnlichen Wahrnehmung, häufig auf einen unveränderlichen Reiz: eine Kerzenflamme, eine Kristallkugel, ein schwarzer Spiegel, eine dunkle Schüssel mit Wasser oder ein glänzendes Schwert.

Auch in Bewegung, Gesang, Trommeln, Singsang oder poetisches Versmaß umgesetzte Rhythmen können einen Zustand erhöhter Wahrnehmung einleiten. Die afro-amerikanischen Religionen legen großen Wert auf rhythmisches Trommeln und Tanzen, um einen Trancezustand herbeizuführen, in dem die Gläubigen von den »Loa«, den Göttern, erfüllt oder »besessen« werden. Nach Robert Graves führt das rhythmische Versmaß der Dichtung zu einer Trance mit gesteigerter Sensibilität. Im alten Hexenglauben war man überzeugt, daß bestimmte Rhythmen besondere emotionale Zustände herbeiführen könnten. Ursprünglich begleiteten Trommler die Armeen, weil ihre Rhythmen die Krieger zu rasenden Kämpfern machen konnten. (Soweit ich es beurteilen kann, ist dieses Geheimnis sowohl beim Militär als auch bei den Hexenkonventen verlorengegangen, nur um von den Produzenten von Discomusik wiederentdeckt zu werden.) Bei gesprochenen Einführungen in die Trance handelt es sich immer um einen leisen, rhythmischen Singsang.

Auch Langeweile kann zur Trance führen, wie Generationen tagträumender Schulkinder entdeckt haben. Wenn wir nicht sensorisch, gefühlsmäßig oder geistig stimuliert werden, wendet sich unser Bewußtsein anderem zu. Wichtig für das Herbeiführen der Trance ist die Wiederholung, sie schafft einen Zustand der Sicherheit und Vertrautheit. Der Geist schaltet den wiederholten Reiz aus und stellt sich auf einen anderen Kanal ein.

Am leichtesten lernt man in der Gruppe, mit Hilfe anderer, sich in Trance zu versetzen. Später ist es dann einfach, die gleichen Übungen allein auszuführen. Die folgenden Übungen stelle ich so vor, als würde ein Übungsleiter zu einer Gruppe sprechen. Zuvor sollte ein magischer Kreis gebildet und, nachdem alle entspannt sind, die Abwehr von Unheil wiederholt werden:

53. Übung: Abwehr drohenden Unheils

»Ihr werdet euch jetzt in einen sehr tiefen, angenehmen Geisteszustand versenken, in dem ihr vollkommen sicher und vollkommen geschützt seid.

Ihr werdet jede Gefahr in der äußeren Welt wahrnehmen und dann sofort völlig klar erwachen und fähig sein, richtig zu reagieren und zu handeln.

Ihr werdet die ganze Zeit klar und wahrnehmungsfähig bleiben und euch sehr gut konzentrieren können.

Ihr werdet euch an alles, was ihr erfahrt, erinnern.[9]

Wenn ihr es möchtet oder nötig findet, könnt ihr jederzeit voll und ganz zu euch kommen. Wenn ihr erwacht, fühlt ihr euch erfrischt, erneuert und voller Energie.«

Die Einführungen in die Trance können ganz verschieden sein. Du kannst jede Art bildlicher Vorstellung benutzen, die bei dir funktioniert: in Wasser tauchen, im Aufzug abwärts fahren, in das Kaninchenloch von Alice im Wunderland fallen, eine Wendeltreppe hinuntergehen oder was immer dir einfällt. Die folgende Übung ist meine verbale Lieblingseinführung:

54. Übung: Der Regenbogen – Herbeiführen der Trance

(Beginne mit der 9. Übung, der Entspannung. Alle sollten ganz entspannt bequem auf dem Boden liegen.)

»Atmet tief – ihr schwebt abwärts ... weiter abwärts ... auf einer herrlichen roten Wolke, und euer Körper ist ganz rot – während ihr weiter dahintreibt und schwebt ... sanft schaukelnd ... tiefer ... und tiefer ... nach unten ...

(Wiederhole diese Einführung jeweils mit einer
orangefarbenen,
gelben,
grünen,
blauen
und violetten Wolke.)

Ihr landet ganz sanft ... ganz weich ... mitten in einer runden, weißen Perle. Seht, wie sie warm und sanft schimmert ...

Nun dreht euch um, und blickt nach Osten ...
sodann nach Süden ...
dann nach Westen ...
und jetzt nach Norden.
Öffnet all eure inneren Sinne.«

Die erste Trance-Übung dient dazu, einen inneren Ort der Kraft zu schaffen, einen sicheren Raum, der die Ausgangsbasis für alle Reisen in Trance bildet. Nach der Einführung fährst du fort:

55. Übung: Der Ort der Kraft

»Gleich werdet ihr in einen neuen Raum gelangen, an einen Ort, wo ihr vollkommen sicher und geschützt seid, euch ganz im Griff habt und mit den tiefsten Quellen eurer Kraft in Berührung steht. Dieser Ort kann in euch oder außerhalb zu sein scheinen und angefüllt sein mit allem oder jedem, was ihr liebt. Er gehört gänzlich euch. Wo immer ihr sein mögt, in welchem Bewußtseinszustand ihr euch befinden mögt, ihr könnt an euren Ort der Kraft zurückkehren, indem ihr ihn einfach visualisiert.

Nun wendet euren Blick in die Richtung, die euch am angenehmsten dünkt. Zeichnet ein beschwörendes Pentagramm an die Wand der Perle. Wenn du möchtest, kannst du auch ein persönliches Symbol benutzen, das dein Geheimschlüssel zum Ort der Kraft sein wird. Sieh das Symbol in dunkelblauem Feuer erstrahlen. Nun atmet tief durch - einatmen - ausatmen. Seht, wie sich die Wand öffnet, und schreitet hindurch zu eurem Ort der Kraft. Ihr befindet euch an eurem Ort der Kraft. Wendet euch und blickt nach Osten. Merkt euch, was ihr seht, hört, fühlt und empfindet. (Pause)

Dreht euch und blickt nach Süden. Merkt euch, was ihr seht, hört, fühlt und empfindet. (Pause)

Dreht euch und blickt nach Westen. Merkt euch, was ihr seht, hört, fühlt und empfindet. (Pause)

Dreht euch und blickt nach Norden. Merkt euch, was ihr seht, hört, fühlt und empfindet. (Pause)

Nun erforscht in Muße euren Ort der Kraft. (Räume dafür mindestens fünf Minuten Zeit ein.)

Gleich seid ihr bereit, euren Ort der Kraft zu verlassen. Vollendet, was immer ihr vollenden müßt.

Nun wendet euren Blick nach Osten, und sagt Lebewohl. (Pause)

Wendet euren Blick nach Süden, und sagt Lebewohl. (Pause) Wendet euren Blick nach Westen, und sagt Lebewohl. (Pause) Wendet euren Blick nach Norden, und sagt Lebewohl. (Pause) Jetzt haltet Ausschau nach eurem Symbol. Seht, wie es leuchtet. Seht, wie es sich öffnet. Macht einen tiefen Atemzug – einatmen – ausatmen –, und schreitet hindurch zurück in die Perle.«

Aus der Trance hinauszugelangen ist ebenso wichtig, wie sich hineinzuversetzen. Nimm dir die Zeit, langsam und sacht emporzutauchen, indem du jeden Schritt des Hineingleitens rückgängig machst. Es ist sehr wichtig, die einzelnen Richtungen zu betrachten, weil du dadurch gezwungen bist, dich im inneren Raum zu orientieren – in den Szenen zu *sein* und sie nicht nur wie einen Film vorübergleiten zu sehen. Außerdem verstärkt es den schützenden Kreis, und mit jeder Trance wird der Zustand vertieft.

56. Übung: Der Regenbogen – Rückkehr aus der Trance

»Bereitet euch in der Perle auf das Erwachen vor. Wenn ihr aufwacht, werdet ihr euch erfrischt, munter, erneuert und voll Energie fühlen. Ihr werdet euch an alles erinnern, was ihr erfahren habt. Nun wendet euren Blick nach Osten ... dann nach Süden ... nach Westen ... und nun nach Norden. Atmet tief durch ... einatmen ... ausatmen ...

Ihr schwebt aufwärts ... weiter aufwärts ... auf einer herrlichen violetten Wolke, und euer Körper ist ganz violett, während ihr sanft nach oben schwebt ...

Auf einer herrlichen blauen Wolke ... immer höher ... und euer Körper ist ganz blau, und ihr erwacht ganz allmählich und treibt friedlich nach oben ...

Auf einer herrlichen grünen Wolke ... und euer Körper ist ganz grün ... während ihr immer weiter sanft nach oben treibt ...

Auf einer herrlichen gelben Wolke ... ihr kommt immer mehr zu euch ... und euer Körper ist ganz gelb ... während ihr nach oben treibt ... immer höher ...

Auf einer herrlichen orangefarbenen Wolke ... sie ist erfüllt von Energie und Lebenskraft ... und euer Körper ist ganz mit Orange übergossen ... während ihr sanft emporschwebt ...

Auf einer herrlichen roten Wolke ... ihr seid nun fast ganz wach ... und euer Körper ist rot, während ihr ruhig emporschwebt ... und euch an alles erinnert ...

Und jetzt gleich werdet ihr bis drei zählen und voll und ganz erwacht sein ... ihr fühlt euch erfrischt, erneuert und voll Energie ... atmet tief durch – einatmen – ausatmen ... eins, zwei, drei ...

Öffnet die Augen und wacht auf.«

Es kommt vor, daß sich manche nicht aus der Trance lösen können. Darüber braucht man sich keine Sorgen zu machen – es bedeutet nur, daß sie aus der Trance in den Schlaf hinübergeglitten sind. Diese Personen kannst du wecken, indem du sie vorsichtig berührst oder beim Namen rufst.

Beim Kristallsehen konzentriert man sich auf einen Gegenstand: eine Kristallkugel, eine Schale mit Tinte oder eine mit Wasser gefüllte, dunkle Schüssel oder auch ein Spiegel mit schwarz gestrichener Rückseite. Dies fördert das mediale Sehen.

57. Übung: Der Blick in die Kristallkugel

Bilde einen magischen Kreis. Erde und zentriere dich. Setze dich bequem hin und blicke in deinen Kristall oder eine andere Konzentrationshilfe. Manche Übenden haben es am liebsten, wenn der Raum ganz dunkel ist; andere zünden eine Kerze an. Es soll aber niemals ein helles Licht benutzt werden.

Entspanne dich und warte ruhig. Zwinge nichts herbei. Viele Menschen empfinden dabei Furcht und Unsicherheit – »Bei mir geht es nicht« – »Ich mach' das falsch«. Gestehe dir deine Ängste ein, laß dich in sie hineinsinken und sie sich zerstreuen.

Nach einiger Zeit – es kann dies regelmäßige Übungen während mehrerer Sitzungen erfordern – kann sich die Oberfläche des Kristalls mit ätherischer Energie bewölken. Bei manchen Menschen klären sich die Wolken, und es erscheinen Bilder im Kristall. Andere bemerken, daß sie die Augen schließen und die Bilder mit ihrem inneren Auge wahrnehmen. Beide Methoden sind sinnvoll. Wähle deshalb die, mit der du am ehesten zum Ziel kommst.

Laß zum Abschluß die Wolken wiederkehren und dann verschwinden. Betrachte den Kristall als den festen Gegenstand, der er ist. Verhülle ihn und öffne den magischen Kreis.

58. Übung: Suggestion

Da Suggestion über das Kindliche Selbst zum Tragen kommt, ist sie in der Symbol- und Bildersprache am wirksamsten. Suggestion kann in jede Trance hineingenommen werden. Schaffe anstelle verbaler Äußerungen eine geistige Bühne, auf der die Erfüllung deiner Wünsche dargestellt ist. Wenn du deine Schüchternheit überwinden willst, sieh dich im Geiste sicher und charmant auf einer großen Party auftreten. Wenn du wohlhabender sein möchtest, sieh dich deinen Reichtum genießen. Wenn du gesund werden möchtest, dann sieh dich geheilt und aktiv.

Bilde einen magischen Kreis, versetze dich in Trance und begib dich an deinen Ort der Kraft. Orientiere dich nach den vier Himmelsrichtungen.

Erschaffe deine Suggestion am Ort der Kraft. Gestalte sie so lebhaft, so wirklich und sinnenhaft wie möglich. Nimm dir die nötige Zeit dafür.

Hinterlasse deine Suggestion am Ort der Kraft. Sie wird Wurzeln schlagen, wachsen und für dich wirklich werden.

Verabschiede dich von den vier Richtungen, und kehre aus der Trance zurück.

59. Übung: Gedächtnis

Bilde einen magischen Kreis, versetze dich in Trance, und suche deinen Ort der Kraft auf. Blicke in die Richtung, die dir am angenehmsten ist.

Vor dir liegt ein Weg. Suche diesen Weg und finde ihn. Nun folge ihm, blicke umher; achte darauf, was du siehst, hörst, fühlst und empfindest. Folge dem Pfad immer weiter.

Der Pfad führt über einen Gebirgskamm. Erklimme ihn, und beginne hinabzusteigen ... abwärts ... immer tiefer nach unten ... umrundest du den Berghang.

Auf dem Weg nach unten kommst du an den Eingang zu einer Höhle, die tief, ganz tief in den Berg hineinführt. Suche die Höhle, bis du vor ihrem Eingang stehst.

In der Höhle findest du all deine Erinnerungen aus deinem jetzigen und sämtlichen früheren Leben. Gleich wirst du die Höhle betreten. Du wirst so tief hineingehen können, wie du möchtest, und jede Abzweigung, jede beliebige Höhle dahinter erforschen. Wenn du eine bestimmte Erinnerung erleben willst, halte sie in dir fest, und du wirst an den richtigen Ort geführt werden. Wenn es eine Erinnerung gibt, der du nicht gegenübertreten willst, wird der Weg dahin blockiert sein.

Atme einmal ganz tief ein und aus, und betrete die Höhle deiner Erinnerungen, während du bis drei zählst. Nimm dir zum Ausforschen soviel Zeit wie nötig. (Laß dir wenigstens zehn Minuten Zeit.)

Nun mach dich bereit, aus deinen Erinnerungen zurückzukehren. Nimm dir Zeit für die Rückkehr. Begib dich wieder zum Eingang der Höhle.

Atme tief durch – atme erst ein, zähle beim Ausatmen bis drei, und verlasse die Höhle. Ausatmen – zähle eins, zwei, drei.

Komm aus der Höhle, klettere den Berg hinauf. Kehre über den Gebirgskamm zum Hügel zurück. Folge dabei dem Pfad zu deinem Ort der Kraft.

Sag den vier Himmelsrichtungen Lebewohl und komm aus der Trance zurück.

60. Übung: Traumerleben in Trance

Bilde einen magischen Kreis, versetze dich in Trance, und begib dich zu deinem Ort der Kraft. Blicke in die Richtung, die dir am angenehmsten ist.

Du erblickst einen neuen Weg – einen verschlungenen, geheimen Pfad, der zu einem Fluß hinabführt. Suche und finde den Pfad. Folge ihm. Blicke umher und merke dir, was du auf deinem Weg siehst, hörst, fühlst und empfindest.

Bleib am Flußufer stehen. Jenseits des Flusses ist das Reich der Träume. Wenn du es aufsuchst, kannst du deine Träume nach deinem Willen ausforschen oder verändern. Du kannst dich mit deinen Gegnern auseinandersetzen und sie besiegen, und du kannst von deinen Freunden lernen. Nun male dir den Traum aus, in den du hineingehen willst, und sieh, wie seine Landschaft jenseits des Flusses ersteht.

Mache einen tiefen Atemzug. Atme ein. Steige beim Ausatmen in den Fluß hinab. Spüre das kalte Wasser an deinen Füßen, und merke, wie es strömt und sprüht.

Mache noch einen tiefen Atemzug. Atme ein. Wate beim Ausatmen durch den Fluß. Fühle die Steine des Flußbetts unter deinen Füßen, höre das Rauschen des Flusses.

Atme noch einmal tief durch. Atme ein. Beim Ausatmen betrittst du die ferne Küste und gelangst ins Reich der Träume. Du fühlst wieder festen Boden unter deinen Füßen.

Jetzt bist du im Reich der Träume. Nimm dir genügend Zeit, um deine Träume zu entdecken, zu ergründen und zu verändern.

Nun mache dich bereit, das Reich der Träume zu verlassen. Sag allen Wesen, denen zu begegnet bist, Lebewohl, und vollende deine Nachforschungen. Geh wieder zum Fluß zurück.

Mache nacheinander wieder drei tiefe Atemzüge und drei Schritte, und durchquere den Fluß. Fühle die Steine unter deinen Füßen. Höre und betrachte das Wasser.

Folge dem Pfad an deinen Ort der Kraft zurück. Sag den vier Himmelsrichtungen Lebewohl, und verlasse den Zustand der Trance.

Träume lassen sich auch durch Kristallsehen ergründen. Eine Gruppe kann ein Traumbild in einer Kristallkugel oder einer Schüssel mit Wasser visualisieren und ausforschen. Im folgenden ist zum Beispiel ein Teil einer Gruppentrance in ein Traumbild unserer Konventschwester Holly wiedergegeben. Darin betrachtete eine Gruppe alter Frauen das Bild einer Robbe in einer Zeitung, und eine sagte: »Die Robbe wird ewige Jugend bringen.«

Wir befinden uns an einem Strand – Wellen plätschern – leise Musik weht vom Karussell aus einem Vergnügungspark herüber – Holly ist im Wasser – ihr Vater sagt, daß sie schwimmen kann wie ein Fisch ...

Auf einmal ist da ein Leuchtturm – ein Nebelhorn, Gischt spritzt gegen Felsen – das Geräusch von Robben ...

Holly ist im Wasser, ihre Haare fluten fächerartig hinter ihr wie das Haar einer Meerjungfrau – wir schwimmen alle unter den Felsen herum, das Wasser ist von kristallklarer Bläue – ringsum Felsen aus Kristall ...

Unter den Felsen wird eine Höhle sichtbar – Valerie erkennt sie aus einem Traum wieder, den sie vor langer Zeit hatte – darin wollten Leute in die Höhle tauchen, und sie taten es auch trotz ihrer Warnung. Sie konnten nicht mehr daraus entkommen. Die Höhle ist voller Knochen.

Wir gleiten durch die Höhle und gelangen in eine gläserne Stadt. Vom Meeresboden ragen Türme und Türmchen aus schimmerndem Kristall empor ... bunte Fische schwimmen zwischen durchsichtigen Glaswänden ... wir kommen durch einen langen Korridor, durch gotische Hallen mit hellen Spitzbögen.

Die Stadt dreht sich – wir werden mitgeschleudert, im Kreis gedreht und in die Höhle zurückgewirbelt.

In der Höhle befindet sich eine Robbe. Sie bewacht einen Brunnen. »Die Robbe wird ewige Jugend bringen.« Wir trinken von dem Brunnen.

Wenn du erst mit den Techniken der Trance vertraut bist, kannst du deine eigene Bilderwelt erschaffen und den Zustand der

Trance für viele Arten der Erfahrung benutzen. Du kannst wie Valerie am Anfang dieses Kapitels einen negativen Teil deiner selbst heraufbeschwören, oder du kannst dein Göttliches Selbst an den Ort der Kraft berufen und Belehrung, Rat und Hilfe empfangen. Du kannst Problemlösungen suchen, vom Quell der Inspiration trinken, sterben und wiedergeboren werden.

In Ritualen sind alle Elemente zur Herbeiführung einer Trance gegenwärtig (abgesehen von Langeweile hoffentlich). Die Freisetzung von Energie über den Kraftkegel führt zur Entspannung. Der Raum ist dunkel, und die Aufmerksamkeit kann sich gezielt auf Kerzenlicht oder auf einen zentralen Hexenkessel richten. Gesänge, Anrufungen und Bewegungen werden in rhythmischer Folge wiederholt. Das Herbeiführen von Trancezuständen ist ein natürlicher und schöner Bestandteil des eigentlichen Rituals. Dazu gehört häufig die Vielstimmigkeit, die sich drucktechnisch hier nicht wiedergeben läßt. Im folgenden mußt du dir vorstellen, daß die zusammengefaßten Zeilen, ähnlich wie die Partitur eines Musikstücks, gleichzeitig vorgetragen werden.

61. Übung: Rituelles Herbeiführen der Trance

1. Stimme: Deine Finger lösen sich in Wasser, und deine
2. Stimme: (Pause) Deine Finger lösen sich in
3. Stimme: Schla---fe tie---f, und

1. Stimme: Zehen lösen sich in Wasser, und deine Handgelenke
2. Stimme: Wasser, und deine Zehen lösen sich in Wasser,
3. Stimme: träu---me vom Werden,

1. Stimme: lösen sich in Wasser, und deine Knöchel
2. Stimme: und deine Handgelenke lösen sich in Wasser, und
3. Stimme: träu---me tie---f,

1. Stimme: lösen sich in Wasser, und deine Hände lösen sich
2. Stimme: deine Knöchel lösen sich in Wasser, und deine
3. Stimme: und schla---fe,

1. Stimme: in Wasser, und deine Füße lösen sich in Wasser,
2. Stimme: Hände lösen sich in Wasser, und deine Füße
3. Stimme: schla---fe tief, und

1. Stimme: und deine Unterarme lösen sich in Wasser, und
2. Stimme: lösen sich in Wasser, und deine Unterarme
3. Stimme: träu---me vom Werden,

1. Stimme: deine Unterschenkel lösen sich in Wasser, und deine
2. Stimme: lösen sich in Wasser, und deine Unterschenkel lösen sich
3. Stimme: at---me tie---f,

1. Stimme: Ellbogen lösen sich im Wasser, und deine Knie
2. Stimme: im Wasser, und deine Ellbogen lösen sich
3. Stimme: und schla---fe.

Setze diese Einführung fort, bis der ganze Körper entspannt ist. Eine andere Stimme kann dann übernehmen, weiter in die Trance hineinführen und die Teilnehmer später wieder zurückholen. Wenn die Konventmitglieder gut aufeinander eingestellt sind, können sich mehrere in die Leitung teilen und jeweils einen Teil der bildlichen Vorstellungen erschaffen.

Geheime Rituale wie die des Hexenglaubens verlaufen nach einem Schema der Einweihung und Offenbarung. Die Mysterien sind Lehren, die vom Intellekt allein nicht erfaßt werden können, sondern nur von den tiefen Schichten des Geistes, die in der Trance zugänglich werden. Sie können durch ein Objekt vermittelt werden – etwa eine Weizenähre wie bei den Eleusinischen Mysterien –, durch einen Schlüsselsatz oder ein Symbol. Das eigentliche Geheimnis kann außerhalb seines Zusammenhangs bedeutungslos sein; nur im Rahmen des Rituals gewinnt es seine Leuchtkraft.

Eine weitere Methode, die tiefen Schichten des Geistes zu wekken, besteht im Wahrsagen mit Hilfe von Handlesen, Tarotkarten, Astrologie und dem Deuten von Orakeln. Leider kann ich hier diese vielfältigen Möglichkeiten nicht einmal ansatzweise, geschweige denn gebührend ausführlich erläutern, sondern muß mich auf den Hinweis beschränken, daß alle Wahrsagetechniken im wesentlichen damit arbeiten, das Bewußtsein zu konzentrieren und die in Trance gesteigerte Intuition und Wahrnehmung zu nutzen. Heutzutage werden diese Techniken nicht für »simple Wahrsagerei« angewandt, sondern als Methoden der spirituellen und psychologischen Beratung.

Kuchen und Wein

Die allmähliche Rückkehr aus der Trance in die diesseitige Welt und die Beendigung des Rituals wird durch gemeinsames Verzehren von Kuchen und Wein eingeleitet. Tatsächlich eignet sich zu diesem Zweck alles von Rotwein und Halbmonden aus Gerstenmehl bis zu Milch und Keksen. Manchmal wird auch ein richtiges gemeinsames Essen veranstaltet; mitunter wird ein Konvent lieber biologisch angebautes Obst und Apfelsaft zu sich nehmen oder Champagner mit Kaviar genießen. Persönlicher Geschmack und finanzielle Mittel der Mitglieder sind die einzigen Beschränkungen.

Die Hohepriesterin und der Hohepriester (oder andere Mitglieder) heben eine flache Schale mit Essen und einen Kelch mit Wein empor und sprechen einen einfachen und oft spontan formulierten Segen:

Segnung von Kuchen und Wein

Alles Leben ist dein
Alle Früchte der Erde
Sind Früchte aus deinem Schoß
Aus eurer Vereinigung, aus eurem Tanz
Herrin und Herr
Wir danken euch für Segen und Fülle

Gesellt euch zu uns, feiert und freut euch mit uns!
Seid gesegnet.

Ein kleines Trankopfer kann in die Flammen oder den Hexenkessel geschüttet werden. Der Kelch wird im Kreis herumgereicht, und jedes Mitglied spricht seinen Dank für die guten Dinge, die ihm seit der letzten Zusammenkunft zuteil wurden. Beim Essen entspannen sich die Teilnehmer, lachen, scherzen und pflegen der Geselligkeit oder sprechen über das Ritual und planen künftige Treffen. Die gesellige Seite des Rituals ist ein integrierender Bestandteil der Stärkung und Erhaltung des Zusammenhalts in der Gruppe. Durch das gemeinsame Essen teilt man ein greifbares Symbol der Liebe und Fürsorge miteinander. Es ist wichtig, daß dieser Teil des Rituals fröhlich verläuft – eine Belohnung für das Kindliche Selbst, nachdem es sich der ernsten Beschäftigung mit Ritual und Magie unterworfen hat.

Es ist unerläßlich, die Zusammenkunft formal zu beenden und den magischen Kreis wieder aufzuheben. Da wir uns mit dem Beginn des Rituals zwischen die Welten begaben, müssen wir willentlich und bewußt wieder in das Diesseits von Raum und Zeit zurückkehren. Nur so können wir die Integrität von rituellem Raum und ritueller Zeit bewahren. Den Teilnehmern darf niemals gestattet werden, nach Hause zu gehen, bevor der magische Kreis geöffnet wurde und der Übergang zum normalen Bewußtsein wieder vollständig erfolgt ist.

Verabschiedung von der Göttin und dem Gott

Die Kraft des Rituals muß geerdet werden, sofern dies nicht bereits geschehen ist. Die Hohepriesterin (oder wer immer die Anrufungen gesprochen hat), schreitet zum Altar und steht dann in der Pentagrammhaltung mit dem Gesicht zum Konvent. Sie spricht:

Herrin und Herr
Wir danken euch
Für eure Gegenwart
Für euren magischen Kreis
Für Licht und Liebe
Für Finsternis und Wandel
Wir bitten um euren Segen
Bevor ihr uns verlaßt
Heil euch und Wohlergehen! Seid gesegnet.

Öffnen des magischen Kreises

Die Hohepriesterin schreitet der Reihe nach die vier Himmelsrichtungen ab und zeichnet ein bannendes Pentagramm (vgl. Abb. im dritten Kapitel). Dabei spricht sie:

Wächter des Ostens (Südens, Westens, Nordens),
Mächte der Luft (des Feuers, des Wassers, der Erde),
wir danken euch,
daß ihr in unserem Kreis geweilt habt,
und wir bitten euch, uns zu segnen,
bevor ihr uns verlaßt.
Frieden herrsche zwischen uns
jetzt und immerdar. Seid gesegnet.

Sie erhebt ihren Dolch zum Himmel und stößt ihn in die Erde. Dann breitet sie ihre Arme aus und spricht:

Der Kreis ist nun offen, doch ungebrochen.
Der Frieden der Göttin erfülle eure Herzen.
Ein fröhliches Treffen, ein fröhlicher Abschied
Und ein fröhliches Wiedersehen. Seid gesegnet.

10. Initiation

Zwischen den Welten

Die Göttin im Königreich des Todes

In dieser Welt wird die Göttin in der Mondin erkannt, die schimmernd die Dunkelheit durchdringt, die Regen bringt und die Gezeiten lenkt, die Herrin der Mysterien. Und wie die Mondin zu- und abnimmt und drei Nächte ihres Zyklus in der Finsternis verschwindet, so soll die Göttin einst drei Nächte im Königreich des Todes verbracht haben, denn von Liebe geleitet sucht Sie ewig ihr anderes Selbst. Einst folgte sie Ihm im Winter des Jahres, da er die grüne Erde verlassen hatte, und gelangte schließlich zu den Toren, die von den Lebenden nicht durchschritten werden.

Der Hüter des Tores gebot ihr, und Sie legte ab ihre Gewänder und ihren Schmuck, denn nichts sollte sie in jenes Land begleiten. Aus Liebe ward Sie gebunden, wie es allen Eintretenden geschehen muß, und vor den Tod hingeführt.

Er liebte Sie und kniete zu ihren Füßen nieder, legte ab sein Schwert und seine Krone und gab Ihr den fünffachen Kuß mit den Worten:

»Kehre nicht in die Welt der Lebenden zurück, sondern bleibe bei mir in Ruhe und Frieden und ohne Sorgen.«

Doch sie erwiderte: »Warum läßt du alle Dinge, die ich liebe und an denen ich mich ergötze, sterben und vergehen?«

»Herrin«, sprach Er, »es ist das Schicksal alles Lebendigen, sterben zu müssen. Alles vergeht, alles löst sich auf. Ich bringe Trost und Labsal all jenen, die die Tore durchschreiten, auf daß ihnen neue Jugend geschenkt werde. Du aber bist die Sehnsucht meines Herzens – kehre nicht zurück, sondern bleibe hier bei mir.«

Und Sie blieb bei ihm drei Tage und drei Nächte, und am Ende der dritten Nacht nahm Sie seine Krone. Diese ward zum Reif, den Sie um ihren Hals legte. Dabei sprach sie:

»Dies ist der Kreis der Wiedergeburt. Durch Dich entschwindet alles Leben, aber durch Mich wird alles wiedergeboren. Alles vergeht; alles ist im Wandel begriffen. Nicht einmal der Tod ist ewig. Mein ist das Geheimnis des Schoßes, dieses magischen Gefäßes der Wiedergeburt. Dringe in Mich ein und erkenne Mich, und Du wirst frei sein von aller Furcht. Denn das Leben ist nur eine Reise hin zum Tode, und daher ist der Tod nur ein Durchgang zurück ins Leben, und in Mir dreht sich ewig der Kreis.«

Liebend drang er in Sie ein und wurde also dem Leben wiedergeboren. Und doch nennen wir ihn Herr der Schatten, der uns beruhigt und tröstet, der die Tore öffnet, König im Lande der Jugend, der Frieden bringt und Ruhe spendet. Sie aber ist die gütige Mutter allen Lebens. Aus Ihr gehen alle Dinge hervor, und zu Ihr kehren sie wieder zurück. In Ihr sind die Mysterien von Tod und Leben; in Ihr liegt die Erfüllung allen Liebens.

Aus einem alten Mythos

Die Initiation ist eine symbolische Darstellung von Tod und Wiedergeburt, ein Übergangsritus. Jeder Mensch, der ihn erlebt, wird umgewandelt. Beim Hexenglauben bezeichnet die Initiation die Aufnahme in einen Konvent und eine tiefe persönliche Bindung an die Göttin. Sie ist ein Geschenk von Kraft und Liebe, das die Konventmitglieder einander machen: die Erkenntnis jener innersten Geheimnisse, die nicht in Worte gefaßt werden können, da sie jenseits aller Worte sind. Für den einzelnen bedeutet sie eine Veränderung, die ihm Offenbarung und Erkenntnis bringt und weiterhin Wachstum und Veränderung auslöst.

Es ist wichtig, für eine Initiation den richtigen Zeitpunkt zu wählen. Ursprünglich mußten sich die angehenden Hexen »ein Jahr und einen Tag« vorbereiten, bevor sie initiiert werden konnten. In den modernen Konventen wird diese durchaus vernünftige Regel nicht immer befolgt. Die magische Schulung kann nicht von einem Tag zum anderen erworben werden. Wie schon gesagt, handelt es sich um eine allmähliche neurologische Neubahnung, die ihre Zeit braucht. Das Ritual wird nur dann zur wahren Bereicherung für die Initiierte, wenn sie wenigstens bis zu einem gewissen Grad Kraft zu kanalisieren und sich in einen veränderten Bewußtseinszustand zu versetzen vermag. (Im folgenden spreche ich der Einfachheit halber von »der« Initiierten und beziehe männliche Initiierte ein.)

Es gibt einen weiteren, subtileren Aspekt der Zeitwahl. Initiation heißt auch »Beginn«, und begonnen wird die Auseinandersetzung mit dem Hüter der Schwelle. Eine neu Initiierte muß noch nicht dem Schatten ins Antlitz geblickt haben, aber sie muß verpflichtet werden, dies zu tun. Die Regel des Hüters – »Es ist besser, du wirst von meinem Schwert getroffen und vergehst, als daß du den Versuch mit Furcht in deinem Herzen beginnst« – bedeutet nicht, daß sie furchtlos sein muß, sondern daß sie trotz ihrer Furcht nicht weglaufen, sondern vorangehen will, um ihrer Abwehr ins Gesicht zu sehen, obwohl dieser Vorgang schmerzhaft sein kann. »Bist du bereit, leiden zu lernen?« wird sie gefragt, denn alles Lernen und Wachsen geschieht unter Schmerzen.

Wenn eine Aspirantin fähig ist, sich den anderen Mitgliedern der Gruppe zu stellen, Probleme zu erkennen, die Verantwortung für ihr eigenes Fühlen und Handeln zu übernehmen, und wenn sie sowohl erwartet als auch wünscht, das weitere Ergehen der Gruppe zu beeinflussen, ist sie wahrscheinlich reif für die Initiation. Sie selbst muß um die Initiation bitten, denn sie ist erst dann bereit, wenn sie erkennt, daß sie und niemand sonst ihre Fortschritte im Hexenglauben in der Hand hat. Die Initiation bildet ein starkes emotionales Band und eine tiefe astrale Bindung zwischen den Konventmitgliedern. Daher mußt du sehr gründlich bedenken, wen du initiierst.

Tod und Wiedergeburt sind das Thema der Initiation. Der Tod ist die Wurzel unserer tiefsten Ängste und das wahre Gesicht des Schattens. Er ist das Entsetzen hinter der Verletzlichkeit, das Grauen vor der Vernichtung, die unser Zorn oder unsere Kraft womöglich ins Werk setzen könnte. Wie im Mythos drängen uns Sehnsucht und Verlangen, die Konfrontation mit jenen abgespaltenen Teilen unseres Selbst zu wagen, die jenseits des Abgrunds liegen. Nur so können wir vollkommen werden und uns zur Liebe befreien. Denn wo kein Mut ist, da ist auch keine Liebe: Liebe verlangt Ehrlichkeit, die erschreckend ist, sonst wäre sie Verstellung. Sie fordert Verletzlichkeit, sonst wäre sie hohl. Sie nimmt unsere verborgenste Kraft in Anspruch, sonst fehlte ihr die Stärke. Sie bewirkt, daß wir uns mit Trauer, Verlust und Tod auseinandersetzen.

Und so erfahren wir das Mysterium: Der gefürchtete Schatten, der Hüter der Schwelle, ist niemand anderer als der Gott, den wir Hüter der Tore nennen, in seinem Todesaspekt.

Wir müssen unsere Abwehrmechanismen, unsere Verstellung, unsere Masken und Rollen, unsere »Gewänder und Juwelen« ablegen, alles Angenommene und Aufgesetzte, damit wir diese Schwelle überschreiten und das innere Königreich betreten können. Das Tor öffnet sich nur dem nackten Leib der Wahrheit, der von der Erkenntnis der Sterblichkeit gefesselt ist.

Der Tod ist verführerisch, denn wenn erst die erschreckende Schwelle überschritten ist, gibt es keine Ängste mehr. Furcht und Hoffnung verschwinden; übrig bleiben nur Ruhe und Frieden, Erleichterung, seliges Nichts – die Leere. Doch ebenso, wie die Leere für Physiker der »Urzustand« ist, so wird die Krone des Todes zum Kreis der Wiedergeburt, und die Bindekräfte werden Nabelschnur zum Leben. Der Tod ist dem Leben untergeordnet, und wir erkennen das Große Mysterium nicht als Doktrin, nicht als Philosophie, sondern als Erfahrung. Es gibt keine Zerstörung.

Traditionsgemäß sind Initiationsrituale geheim, und sei es nur, um das Element der Überraschung zu wahren. Ich habe etwas gemischte Gefühle, eines unserer Initiationsrituale zu veröffentlichen. Andererseits finde ich aber, daß dieses Buch ohne ein solches Ritual unvollständig wäre. Geheimwissen des Hexenglaubens habe ich allerdings ausgelassen und mich auf die vielen kreativen Elemente des Rituals konzentriert, das wir normalerweise für jedes neue Mitglied umschreiben. Das nachstehende Beispiel einer Initiation soll nicht als unveränderliche Vorlage gesehen werden, sondern als Anregung für die Schaffung eigener Rituale.

Die Initiation beginnt mit einem Todeszyklus – einer gespielten Auflösung, symbolischen Vernichtung und Reinigung. Mitunter wird die Aspirantin auch irgendwie auf die Probe gestellt. Auf dem Land kann die angehende Initiierte auch zu einem unbekannten Pfad gebracht und angewiesen werden, dort entlang ihren Weg zu finden. Unterwegs enthüllen Führerinnen ihr Geheimnisse oder zeigen ihr die Richtung. Findet die Initiation am Strand statt, dann kann man die Aspirantin auffordern, ihren Weg mit verbundenen Augen nach Gerüchen oder Klängen zu finden, schließlich die Furcht zu verlieren und vertrauensvoll ins Wasser zu gehen, aus dem hilfreiche Hände sie zurückführen werden. In Räumen kann man die Aspirantin auffordern, feierliches Schweigen zu wahren und sich ruhig hinzulegen. Sie erhält eine Gesichtsmaske aus Gips und wird dann allein gelassen, um zu meditieren, während die Maske trocknet. Als Paul initiiert wurde, befahlen wir ihm, die Augen zu schließen, und führten ihn hinaus in den Garten. Hin und wieder durfte er zwischendurch die Augen aufmachen; dann ließen wir ein Licht aufblitzen und gewährten ihm bestimmte Sinneseindrücke; wir zeigten ihm beispielsweise eine Weizenähre und sagten ihm: »Siehe Kore, die Jungfrau.« Wir zeigten ihm eine Rose und sagten: »Fühle die Blüte und den Stachel.« Wir zeigten ihm ein spitzenartig von Insekten durchlöchertes Blatt und sagten: »Siehe, wie das Leben Leben nährt.«

Darauf ließen wir ihn allein über den Himmel meditieren, während wir übrigen wieder ins Haus gingen, den magischen Kreis bildeten und das rituelle Bad vorbereiteten.

Das Meer oder fließende Gewässer sind ideale Gegebenheiten für rituelle Bäder, doch finden die meisten in einer gewöhnlichen Badewanne statt. Die Konventmitglieder führen die rituelle Reinigung mit Salz und Wasser durch. Das Salz wird dem Badewasser beigegeben und mit der Kraft zu reinigen und zu erneuern aufgeladen. Dann werden geeignete Kräuter und Öle zugefügt. Ich verwende Rosenblütenblätter, Lorbeer- und Mistelblätter, Eisenkraut, Gartenraute, einige Tropfen von der Hohepriesterin oder Göttin geweihtes Öl sowie Wasser aus Delphi. Es werden Räucherwerk und Kerzen angezündet. Die Aspirantin wird mit verbundenen Augen in ihr Bad geleitet und von den übrigen Konventmitgliedern gewaschen und besungen. Sie wird aufgefordert zu meditieren, sich zu reinigen, alle Zweifel fallenzulassen und einen neuen Namen für sich zu finden. Dann läßt man sie allein.

Die Konventmitglieder treffen die letzten Vorbereitungen für das Ritual. Dann beschwören sie die Göttin, den Gott und die Mächtigen des Hexenglaubens. Ein Konventmitglied, das als Bürge für die Aspirantin auftritt, kehrt zu derselben zurück, trocknet sie ab und vergewissert sich, ob sie bereit ist, den magischen Kreis zu betreten. Die Konventangehörige schlingt eine dünne Schnur um die Handgelenke der Aspirantin und spricht dabei: »Und sie ward gebunden, wie es allen Lebenden geschehen muß, die das Königreich des Todes betreten wollen.« Sie schlingt die Schnur auch um einen der Knöchel und spricht dabei: »Die Füße weder gebunden noch frei«, um hervorzuheben, daß der Beitritt zum Hexenglauben frei gewählt ist, daß aber, wenn ein Mensch erst einmal den Pfad betreten hat, seine Füße Ströme in Bewegung setzen, die ihn weitertreiben werden. Die Konventangehörige fragt die Aspirantin nach ihrem neuen Namen und führt sie in den magischen Kreis, in dessen Osten ein symbolisches Tor errichtet wurde.

Eine Konventangehörige, die als Herausforderer bestimmt wurde, tritt mit Schwert oder Dolch vor und fragt: »Wer begehrt Einlaß am Tor?«

Die zuvor instruierte Aspirantin antwortet: »Ich bin es . . . (ihr neuer Name), das Kind der Erde und des Sternenhimmels.«

Herausforderer: »Wer spricht für dich?«

Fürsprecherin: »Ich . . ., bürge für sie.« Der Herausforderer weist mit der Spitze der Klinge auf das Herz der Aspirantin und spricht: »Du bist im Begriff, dich in einen Strudel der Kraft zu begeben, an einen Ort jenseits der Vorstellungskraft, wo Geburt und Tod, Licht und Dunkel, Freude und Schmerz einander begegnen und eins werden. Du bist dabei, zwischen die Welten jenseits der Zeit und außerhalb des menschlichen Lebensraums zu treten.

Die du auf der Schwelle zu den erhabenen Mächtigen stehst, hast du den Mut, den Versuch zu wagen? Denn wisse, es ist besser, du wirst von meinem Schwert getroffen und vergehst, als daß du den Versuch mit Furcht in deinem Herzen beginnst!«

Die Aspirantin antwortet: »Ich betrete den Kreis mit vollkommener Liebe und vollkommenem Vertrauen.«

Der Herausforderer stößt die Spitze seines Schwertes in die Erde, küßt die Aspirantin und zieht sie in den magischen Kreis mit den Worten: »So werden alle beim ersten Mal in den Kreis geleitet.«

Die Hohepriesterin und/oder der Hohepriester schreiten jetzt im Uhrzeigersinn mit der Aspirantin die vier Viertel des Kreises ab und sprechen dabei:

»Heil euch, Wächter der Türme im Osten (Süden, Westen, Norden) und alle Mächtigen des Hexenglaubens. Seht hier ... (neuer Name), die nun Priesterin und Hexe wird.«

Die Aspirantin wird zum Altar zurückgeführt. Die Hohepriesterin kniet vor ihr nieder und gibt ihr den fünffachen Kuß, während sie die geküßten Körperteile benennt:

Selig sind deine Füße, die dich hierher trugen.
Selig deine Knie, die vor dem heiligen Altar knien.
Selig ist dein Schoß, ohne den wir nicht sein würden.
Selig sind deine Brüste, anmutig und voller Kraft.
Selig deine Lippen, welche die heiligen Namen
nennen werden.

Die Aspirantin wird nun mit dünner Schnur vom Kopf zu den Füßen gemessen. Die Schnur wird durchtrennt. Sie wird um Kopf und Brust vermessen. Um die Abmessungen zu markieren, werden an den entsprechenden Stellen Knoten gemacht. Die Hohepriesterin rollt die Schnur zusammen und fragt die Aspirantin: »Bist du bereit, den Eid zu schwören?«

Aspirantin: »Ich bin es.«

Hohepriesterin: »Bist du bereit, leiden zu lernen?«

Aspirantin: »Ja.«

Die Hohepriesterin ergreift die Hand der Aspirantin, sticht ihr mit einer durch Feuer und Wasser gereinigten (also sterilisierten) Nadel in die Fingerkuppe und quetscht ein paar Tropfen Blut auf die Meßschnur.

Hohepriesterin: »Sprich mir nach:

›Ich . . ., schwöre feierlich und mit freiem Willen, daß ich meine Schwestern und Brüder in der Kunst beschützen, ihnen helfen und sie verteidigen werde.

Ich werde alles geheimhalten, was nicht preisgegeben werden darf.

Ich schwöre dies beim Schoß meiner Mutter und bei meinen Hoffnungen auf künftige Leben, eingedenk, daß mir das Maß genommen wurde, und in Gegenwart der Mächtigen.‹«

Die Aspirantin wird dann aufgefordert niederzuknien, die eine Hand auf ihren Kopf und die andere unter ihre Ferse zu legen und zu sagen:

»Alles zwischen meinen beiden Händen gehört der Göttin.«

Konvent: »So sei es!«

Die Konventmitglieder packen sie plötzlich, heben sie hoch (falls möglich) und tragen sie lachend und schreiend dreimal im Kreis herum. Sie legen sie mit dem Gesicht nach unten vor den Altar und drücken sie gegen den Boden. Allmählich wird aus dem Drücken ein Streicheln. Sie singen ihren neuen Namen und beschwören einen Kraftkegel über ihr. Sie geben ihr die Kraft, damit sie ihr Bewußtsein öffnen und magisch wirken kann. Das Tuch wird von ihren Augen genommen, und sie erfährt:

»Wisse, daß die Hände, die dich berührten, die Hände der Liebe sind.«

Der Auftrag der Göttin wird formuliert, und weitere Mythen, Mysterien und Geheimnisse werden enthüllt. Im allgemeinen gibt man der neu Initiierten Zeit, um in einen Kristall zu sehen, damit sie ihre persönlichen Quellen der Kraft und der Inspiration erkennt. Sie erfährt auch die Konventnamen anderer Mitglieder, den Geheimnamen und die Symbole des Konvents.

Die Fürsprecherin salbt ihr mit Öl ein Symbol des Konvents auf Brüste und Stirn. Von der Hohepriesterin erhält sie ihr Maß zurück mit den Worten:

»Zur Zeit der Hexenverbrennungen, als jede Konventangehörige das Leben der anderen in ihrer Hand hielt, wäre dies aufgehoben und gegen dich verwendet worden, wenn du andere gefährdet hättest. In unserer glücklicheren Zeit aber überwiegen Liebe und Vertrauen; so nimm dieses Maß, bewahre es, oder verbrenne es, und gehe oder bleibe ungehindert, so wie dein Herz dich leitet.«

Dann erhält die neu Initiierte eine Ausstattung, die von den anderen für sie angefertigt oder gesammelt wurde. Ein Gerät nach dem anderen wird ihr überreicht und seine Verwendung erklärt. Die Geräte werden anschließend geweiht und aufgeladen (vgl. 36. Übung – obwohl der Vorgang innerhalb des Initiationsrituals oft abgekürzt wird).

Speisen und Wein werden in entspannter, geselliger Atmosphäre gemeinsam genossen. Eine Initiation ist ein freudiges Ereignis.

Bevor der magische Kreis geöffnet wird, schreitet man ein letztes Mal mit der neu Initiierten seine vier Viertel ab. Die Hohepriesterin spricht:

»Wächter im Osten (Süden, Westen, Norden) und Mächtige des Hexenglaubens, seht hier . . ., unsere neue Priesterin und Hexe und Angehörige des . . .-Konvents.«

Nachdem der Göttin, dem Gott und den Wächtern gedankt und ihnen Lebewohl gesagt wurde, wird der magische Kreis geöffnet.

11. Mondrituale

Zwischen den Welten

Esbats

Der Konvent trifft bei Neumond, Vollmond oder Mondfinsternis zusammen. Bei den Ritualen handelt es sich um heilende Rituale, magisches Tun, Zeiten des Wachstums, der Inspiration und Einsicht. Sie sind ständig im Wandel, sind niemals statisch. Wir erneuern sie, schreiben sie neu, erschaffen sie wieder, doch immer nach dem gleichen Muster: Schaffung des heiligen Bezirks, Beschwörungen, Verwendung magischer Symbole, Bilden des Kraftkegels, Trance, gemeinsames Essen, Trinken und Lachen und formale Rückkehr in gewöhnlichen Raum und gewöhnliche Zeit. Das Ritual kann formal oder zwanglos sein; vorgeschrieben oder spontan; gegliedert oder ungegliedert – Hauptsache, es ist lebendig. Solange es singt.

»Die erste und wichtigste Wirkung eines lebendigen mythologischen Symbols besteht darin, die Lebenskräfte zu wecken und zu lenken.«
Joseph Campbell[1]

Die in diesem und im folgenden Kapitel beschriebenen Rituale sind Vorlagen, die verändert, überarbeitet, verbessert oder so, wie sie sind, benutzt werden können. Wenn du geschriebene Worte verwendest, sollst du sie lieber aus dem Gedächtnis sprechen als sie laut vorzulesen. Das Sprechen erinnerter Wörter kann bereits zur Trance hinführen. Das Ablesen beansprucht die blitzlichtartige Sehweise der linken Gehirnhälfte. Improvisiere einfach, wenn du ein schlechtes Gedächtnis hast. Bemühe dich nicht, etwas wortwörtlich nachzusprechen, sondern sage einfach, was du empfindest. Noch besser, führe wortlose Rituale durch.

Ritual bei zunehmendem Mond

(Soll durchgeführt werden, sobald das erste Stück Halbmond sichtbar geworden ist.)

Stelle eine Schale mit Getreide auf den Altar. Fülle den zentralen Hexenkessel mit Erde, und setze eine Kerze in die Mitte.

Wenn sich der Konvent versammelt hat, beginnt ihr mit einer Atem-Meditation. Eine Priesterin sagt:

»Dies ist die Zeit des Beginnens, die Saatzeit der Schöpfung, die Zeit des Erwachens nach langem Schlaf. Nun zeigt sich die Mondin, als schmale Sichel tritt sie aus der Finsternis hervor. Die Lebenspendende kehrt aus dem Totenreich zurück. Das Blatt wendet sich; alles wird umgewandelt. Heute Nacht werden wir von der Jungfrau berührt, die sich allen gibt und doch von niemand durchdrungen wird. Sie wandelt alles, was Sie berührt; möge Sie uns für Wandel und Wachstum öffnen. Eine fröhliche Zusammenkunft.«

Vollzieht ein Reinigungsritual, bildet den magischen Kreis, und beschwört die Göttin und den Gott.

Eine Konventangehörige soll die Säende Priesterin verkörpern. Sie nimmt die Schale mit Getreide vom Altar und spricht:

»Sei gesegnet, Geschöpf der Erde, Mondsaat des Wandels, strahlender Beginn eines neuen Zyklus' der Zeit. In dieser Saat sei Kraft zu beginnen, Kraft zu wachsen und Kraft, sich zu erneuern. Sei gesegnet.«

Sie umschreitet den magischen Kreis im Uhrzeigersinn, hält nacheinander allen die Schale hin und fragt: »Was willst du mit dem Mond pflanzen?« Jede Teilnehmerin erklärt, welche Vorhaben sie im kommenden Mondzyklus ausführen will und welche Hoffnungen sich erfüllen sollen. Darauf antwortet die Priesterin: »Der Segen des Neumondes gebe es.«

Jede Teilnehmerin visualisiert ein deutliches Bild dessen, was für sie wachsen soll, und belädt die Saatkörner mit diesem Bild. Nacheinander betten sie die Samenkörner in die Erde des Hexenkessels.

Gemeinsam beschwören sie einen Kraftkegel, um Saat und Erde mit Energie zu laden, und bekräftigen ihre darin verkörperten Pläne. Der Kraftkegel wird im Hexenkessel geerdet.

Durch Trance oder Kristallsehen können die jetzt eingeleiteten Vorhaben als deutliche Vision vergegenwärtigt werden.

Verzehrt gemeinsam Kuchen und Wein und öffnet den Kreis.

Vollmond-Ritual

(Soll am Abend vor Vollmond ausgeführt werden.)

Der Konvent versammelt sich und macht eine Atem-Meditation. Eine Priesterin spricht:

»Dies ist die Zeit der Fülle, die Flut der Kraft, da die Herrin im vollendeten schimmernden Kreis durch den Nachthimmel fährt, nachdem sie sich mit dem Anbruch der Dunkelheit erhoben hat. Dies ist die Zeit der Früchte, der Ernte, des verwirklichten Wandels. Die Große Mutter, die Nährerin der Welt und Mondin verströmt ihre Liebe und ihre Gaben in unendlicher Fülle. Der Jäger nähert sich der Strahlenden Einzigen, Ihr, die mit Sehnsucht im Herzen erwacht und die das Ende der Sehnsucht ist. Wir erblikken ihr schimmerndes Antlitz und sind von Liebe erfüllt. Eine fröhliche Zusammenkunft.«

Vollzieht ein Reinigungsritual, bildet den magischen Kreis, und beschwört die Göttin und den Gott.

Ein Konventmitglied tritt in die Mitte des magischen Kreises und sagt seinen Namen. Die anderen wiederholen ihn singend. Sie beschwören einen Kraftkegel herauf, während sie ihre Konventschwester berühren, erden ihn in ihr und erfüllen sie mit der Kraft und dem Licht der Mondin. Sie kehrt in den Kreis zurück, und eine andere tritt an ihre Stelle, bis jede reihum Brennpunkt der Kraft war. Während des Gesangs kommen die anderen Konventmitglieder zu der Erkenntnis, daß in Wahrheit jeder einzelne Mensch Göttin oder Gott ist.

Für den Konvent als Ganzes kann abschließend ein Kraftkegel beschworen werden. Erdet die Kraft, versetzt euch in Trance oder blickt in die Kristallkugel; dann genießt gemeinsam Kuchen und Wein und öffnet den magischen Kreis.

Ritual bei unsichtbarem Mond

(Soll beim abnehmenden Mond ausgeführt werden. In der Mitte des magischen Kreises soll sich ein Meditationskristall oder eine Kristallkugel befinden.)

Versammelt euch, und meditiert über das Atmen als Gruppe. Eine Priesterin spricht:

»Dies ist das Ende vor dem Anfang, der Tod vor dem neuen Leben. Bei der Ebbe enthüllen nun die zurückweichenden Wellen die Geheimnisse der Küste. Die Mondin ist verborgen, aber die wichtigsten Sterne werden sichtbar. Wer Augen hat zu sehen, kann darin die Zukunft lesen und die Mysterien erkennen. Nackt betritt die Göttin, deren Name unnennbar ist, das Königreich des Todes. In der unermeßlichen Ruhe und Stille ist alles möglich. Wir treffen uns zur Zeit der Greisin, um die tiefen Kräfte der Finsternis zu berühren.«

Vollzieht ein Reinigungsritual und bildet den magischen Kreis, aber zündet nicht die Altarkerze an. Beschwört die Göttin und den Gott.

Die Vorsängerin stimmt einen Wechselgesang an: eine mit tiefer Stimme vorgetragene und wiederholte Verszeile, zwischen die spontane Zeilen eingeschoben werden.

Vorsängerin: Sie liegt allem zugrunde. Sie deckt alles zu.

Alle: Sie liegt allem zugrunde. Sie deckt alles zu (mehrmals wiederholen).

Konventmitglied: Sie lehrt uns die Mysterien.

Alle: Sie liegt allem zugrunde. Sie deckt alles zu.

Konventmitglied: Sie ist die Bewegung hinter der Form.

Alle: Sie liegt allem zugrunde. Sie deckt alles zu.

Konventmitglied: (improvisierte Zeile).

Alle: Sie liegt allem zugrunde. Sie deckt alles zu.

Singt weiter, solange ihr die Energie habt und inspiriert seid. (Diese Art von Gesang erfordert Sensibilität und Offenheit, sowohl gegenüber der persönlichen Inspiration als auch gegenüber anderen. Zunächst mag einige Zurückhaltung bestehen, und es können Pausen und Mißklänge eintreten, aber in einer einträchtigen Gruppe wird sich der Gesang bald ungehindert entfalten. Es ist eine wirksame Methode, Zugang zu der inneren Stimme zu bekommen.)

Laßt einen wortlosen Gesang der Kraft emporsteigen und erdet den Kegel in der Kristallkugel. Blickt gemeinsam in die Kugel und beschreibt, was ihr seht.

Verzehrt gemeinsam Kuchen und Wein und öffnet den magischen Kreis.

12. Das Rad des Jahres

Zwischen den Welten

Die Sabbatfeste[1]

Winter, Frühling, Sommer, Herbst – Geburt, Wachstum, Verwelken, Tod – das Rad dreht sich und dreht sich. Ideen werden geboren, Vorhaben durchgeführt; Ziele erweisen sich als unerreichbar und werden aufgesteckt. Wir verlieben uns; wir erleiden Verluste; wir vollziehen die Ehe und gebären neues Leben; wir werden alt und gehen zugrunde.

Die Sabbate sind die acht Höhepunkte, an denen wir die inneren und äußeren Zyklen miteinander verbinden: die Zwischenräume, in denen sich Jahreszeitliches, Überirdisches, das Einfache, das Schöpferische und Persönliches zusammenfinden. Wir verwandeln uns, indem wir jedes Drama zu seiner Zeit nachspielen. Auch wenn wir verfallen und sterben, werden wir erneuert und wiedergeboren. Wir sind nicht voneinander, von der größeren Welt um uns getrennt. Wir sind eins mit der Göttin, mit dem Gott. Wenn der Kraftkegel emporsteigt, wenn eine Jahreszeit die andere ablöst, erwecken wir die Kraft in unserem Inneren; die Kraft zu heilen; die Kraft, unsere Gesellschaft zu verändern; die Kraft, die Erde zu erneuern.

Julfest (Wintersonnenwende, 20. bis 23. Dezember)[2]

Der Altar ist mit Misteln und Stechpalmenzweigen geschmückt. Aus Eichenwurzel wurde ein kleiner Holzstoß aufgeschichtet, aber nicht angezündet. Der Raum ist dunkel.

Der Konvent tritt zusammen. Über das Atmen verbinden sich alle zu gemeinsamer Meditation. Im Folgenden ist zur Vereinfachung von der Hohenpriesterin und dem Hohenpriester die Rede, doch können die Aufgaben von jedem Konventmitglied wahrgenommen werden. Die Hohepriesterin sagt:

»Dies ist die Nacht der Sonnenwende, die längste Nacht des Jahres. Nun triumphiert die Dunkelheit; und doch gibt sie nach und wandelt sich zum Licht. Der Atem der Natur setzt aus: Alles wartet, während im Hexenkessel der König der Finsternis in das Kind des Lichtes verwandelt wird. Wir warten auf den Anbruch der Dämmerung, da die Große Mutter wieder das Göttliche Kind Sonne gebiert, das uns Hoffnung und das Versprechen des Sommers bringt. Dies ist die Ruhe hinter der Bewegung, wenn die Zeit selber stillsteht; von allem der Mittelpunkt, der gleichzeitig Umkreis ist. Wir sind wach inmitten der Nacht. Wir drehen das Rad, damit das Licht zu uns komme. Wir rufen die Sonne aus dem Schoß der Nacht. Seid gesegnet!«

Vollzieht ein Reinigungsritual und bildet den magischen Kreis, aber zündet nicht die Kerzen an. Ruft die Göttin und den Gott. Setzt euch nieder, und stimmt einen Wechselgesang an.

Alle:
Tod und Wiedergeburt,
Ewig dreht sich das Rad.
Was mußt du der Nacht übergeben? (Wiederholen.)

Konventmitglied:
Die Furcht.

Alle:
Die Furcht wird der Nacht übergeben.
Die Furcht wird der Nacht übergeben.
Tod und Wiedergeburt,
Ewig dreht sich das Rad.
Was mußt du der Nacht übergeben?

Fahrt mit dem Wechselgesang fort, bis die Energie erlischt. Erhebt euch, und reicht euch die Hände. Die Hohepriesterin steht vor dem Altar. In der Hand hält sie einen Tierschädel, der mit Salz gefüllt ist. Die Hohepriesterin führt eine langsame, spiralförmige Prozession an, die sich erst nach außen windet, so daß jedes Mitglied der Hohenpriesterin das Gesicht zuwendet. Sie rezitieren:

Das Licht ward geboren,
Und das Licht erlosch. (immer wieder)

Eine andere Priesterin singt leise:

Alles verweht,
Alles vergeht.

Die Hohepriesterin legt jedem Konventmitglied eine Prise Salz auf die Zunge und spricht dabei:

Mein Körper ist Salz,
Spüre den Atem des Todes.

Die Hohepriesterin schreitet in einer Spirale nach innen, bis sich die Teilnehmer aneinanderschmiegen. Aus dem Stegreif führt sie die Mitglieder in eine Trance, indem sie ihnen langsam suggeriert, daß sie da, wo sie stehen, zu Boden sinken und schlafen. Wenn alle liegen, werden sie mit einer vielstimmigen Überleitung in tiefere Trance versetzt. Wenn Stille eingetreten ist, spricht die Hohepriesterin:

»Ihr betretet einen Raum vollkommener Freiheit.«

Für die Trance im Zustand des Schwebens vor der Geburt wird genügend Zeit eingeräumt.

Die Hohepriesterin nähert sich einem Konventmitglied, stellt sich mit gegrätschten Beinen über seinen Kopf und zieht es in einem symbolischen Geburtsvorgang zwischen ihren Beinen durch. So wird es zu einem Teil des Geburtskanals. Das gleiche geschieht mit den anderen Konventmitgliedern, so daß der

Geburtskanal immer länger wird. Die männlichen Konventmitglieder nehmen die Neugeborenen und legen sie nacheinander zum Schlafen hin. Dabei sagen sie:

»Schlafe den Schlaf des Neugeborenen.«

Sobald alle wieder in Trance versunken sind, werden sie in eine Visualisierung ihrer Hoffnungen auf ihr künftiges neues Leben geleitet. Die Priesterinnen streichen ihnen nacheinander Honig auf die Zungen, mit den Worten:

»Koste die Süßigkeit des Lebens.«

Leise wird ein neuer Gesang intoniert. Er wird allmählich lauter und weckt die Schlafenden, die in den Refrain einstimmen:

Setz' die Segel, setz' die Segel,
Folge dem Zwielicht nach Westen,
Dort magst du ruh'n, magst du ruh'n.

Setz' die Segel, setz' die Segel,
Schau zur verdämmernden Sonne
Hinter den Hügeln, den Hügeln.

Setz' die Segel, setz' die Segel,
Alle Dinge wandeln sich
In der Mutter, in der Mutter.

Setz' die Segel, setz' die Segel,
Entfache im Herzen loderndes Feuer,
Schüre es, schüre es.

Setz' die Segel, setz' die Segel,
Eile durch das geöffnete Tor,
Es wird nicht warten, nicht warten.

Setz' die Segel, setz' die Segel,
Fahr' über finsteres Meer ohne Sonne,
Du bist frei, du bist frei.

Setz' die Segel, setz' die Segel,
Fahr' der aufgehenden Sonne entgegen,
Einmalige, einzige du.

Setz' die Segel, setz' die Segel,
In tosendem Wind und Sturm,
So wirst du bald wiedergebor'n.

Setz' die Segel, setz' die Segel,
Schieß' über Wogen weißschäumender Gischt
Und bring uns das Licht, das Licht.

Alle:
Wir sind wach inmitten der Nacht!
Wir drehen das Rad, damit das Licht zu uns komme!
Wir rufen die Sonne aus dem Schoß der Nacht!
Hohepriesterin:
Er blickt nach Westen, doch er erhebt sich im Osten!
Alle:
Wer ist es?
Priesterin:
Wer geht hinab in die Finsternis?
A: Wer ist es?
P: Wer segelt?
A: Wer ist es?
P: Der Erneuerer.
A: Wer ist es?
P: Der die goldene Frucht bringt.
A: Wer ist es?
P: Der Makellose.
A: Wer ist es?
P: Der mit den gebenden Händen.
A: Wer ist es?
P: Der mit den strahlenden Augen.
A: Wer ist es?
P: Dessen Antlitz leuchtet.
A: Wer ist es?

P: Die Hoffnung des beginnenden Tages.
A: Wer ist es?
P: Er durchschreitet das Tor.
A: Wer ist es?
P: Der ins Licht zurückkehrt.
A: Wer ist es?
P: Ein Schimmer zwischen Zwillingspfeilern.
A: Wer ist es?
P: Ein Schrei zwischen Schenkeln!

Alle:
Io! Evohe! Io! Evohe! Io! Evohe!

Hohepriesterin (singt vor, alle anderen wiederholen):
Königin der Sonne!
Königin des Mondes!
Königin der Hörner!
Königin der Feuer!
Bring uns das Kind der Verheißung!

Die Große Mutter
Bringt Ihn hervor,
Den Herrn des Lebens
In seiner Wiedergeburt.
Dunkel und Tränen gehen dahin,
Wenn die Sonne sich wieder erhebt.

Goldene Sonne
Der Hügel und Felder,
Erhelle die Erde!
Erhelle die Himmel!
Erhelle die Wasser!
Erhelle die Feuer!

Alle:
Io! Evohe! Io! Evohe! Io! Evohe!

Die Hohepriesterin zündet den Holzstoß und die Kerzen an, und alle beginnen zu singen:

Ich mußte sterben, doch seit heute lebe ich erneut,
Und dies ist der Geburtstag der Sonne! (Wiederholen)

Dies ist der Geburtstag des Lebens und der Liebe
Und ihrer bunten Flügel;
Der fröhliche Geburtstag unserer Erde,
Die sich ständig erneuert.[3]

Wir werden wiedergeboren,
Wir werden noch einmal leben![4] (Wiederholen)
Sonnenkind, wintergeborener König!

Stimmt einen Gesang der Kraft an, der sich auf das wiedererwachende Leben konzentriert. Feiert miteinander, am besten bis zur Morgendämmerung, und werdet gute Freunde. Bevor ihr auseinandergeht, spricht die Hohepriesterin:

Der Dunkle Gott hat das Tor durchschritten,
Durch die Mutter wurde Er wiedergeboren,
Wir alle sind mit Ihm wiedergeboren!

Alle:
Die Zeit hat sich gewendet!
Das Licht kehrt zurück!
An einem neuen Morgen, einem neuen Tag
Geht die Sonne auf!
Io! Evohe! Seid gesegnet!

Öffnet den magischen Kreis.

Brigid (Lichtmeß, 2. Februar)

Dieses Ritual ist Brigid, der Göttin des inspirierenden Feuers geweiht, oder, in Irland, der Dreifachen Göttin der Dichtkunst, der Schmiedekunst und der Heilkunst.

Der zentrale Hexenkessel ist mit Erde gefüllt. Daneben liegen Kerzen – eine für jedes Konventmitglied und eine für jeden Gast. Eine Kerze steht aufrecht in der Mitte.

Der Konvent tritt zusammen und stimmt sich über die Atemmeditation ein. Die Hohepriesterin spricht:

»Dies ist das Fest des zunehmenden Lichtes. Was zur Wintersonnenwende geboren wurde, beginnt sich zu festigen. Wir, die dem neuen Jahr ins Sein halfen, sehen nun das Sonnenkind erstarken, während die Tage sichtbar länger werden. Dies ist die Zeit der Individuation: Innerhalb der Grenzen der Spirale zündet jede von uns ihr Licht an und wird unverwechselbar sie selbst. Es ist die Zeit der Initiation, des Beginns, da die Saat, die später aufgehen und wachsen wird, langsam aus ihrem tiefen Schlaf erwacht. Wir sind zusammengekommen, um das Licht der Inspiration zu teilen, das im Verlauf des Jahres zunehmend stärker leuchten wird.«

Vollzieht ein Reinigungsritual, bildet den magischen Kreis, und beschwört die Göttin und den Gott. Die Hohepriesterin intoniert einen Wechselgesang:

Feuer des Herzens,
Feuer des Geistes,
Feuer des häuslichen Herdes,
Feuer des Windes,
Feuer der Kunst,
Zeitloses Feuer!

Alle: »Sie scheint für alle, Sie brennt in allen!«

(Wiederholen. Hier können spontane Zeilen eingeschoben werden.)

Zündet die zentrale Kerze an, sobald die Kraft heraufbeschworen wurde. Beginnt den Spiraltanz zu tanzen, und singt dabei:

Ich kreise, kreise
Um die Grenzen der Erde.
Beim Fliegen trage ich
Meine langen Schwungfedern.[5]

(Der Spiraltanz: Alle blicken nach außen. Die Vortänzerin beginnt, sich mit einfachen Tanzschritten gegen den Uhrzeigersinn zu bewegen. Während sich der Kreis aufspult, wendet sie sich um, so daß sie der Person neben sich gegenübersteht, und führt die Spirale im Uhrzeigersinn nach innen. Im Vorübergehen tauschen die Konventmitglieder Küsse.)

Wenn der Tanz wieder in einen Kreis zurückgeführt wurde, brechen die Trommeln ab und setzen mit einem härteren, wilderen Rhythmus wieder ein. Nacheinander treten die Konventmitglieder aus dem Kreis, nehmen sich eine Kerze, zünden sie im Zentrum an und tanzen mit der brennenden Kerze. Dabei beschwören sie die Kraft und konzentrieren sich auf die Inspiration und Kreativität, die sie sich für die kommende Jahreszeit wünschen. Anschließend stellt jedes Mitglied seine Kerze in den zentralen Kelch mit Erde. Ein Kraftkegel wird heraufbeschworen und im Kessel geerdet.

Nehmt euch genügend Zeit für die Trance, und öffnet euch der Inspiration.

Genießt gemeinsam Kuchen und Wein. Die Konventmitglieder teilen ihre kreative Arbeit miteinander – Dichtung, Lieder, Grafik, Geschichten, Zauber. Wer nicht künstlerisch aktiv ist, kann etwas aus seiner Berufstätigkeit beitragen – ein Plan, der sich realisieren ließ; eine gute Idee; eine besondere Leistung. Alle danken der Göttin für ihre Inspiration.

Öffnet den magischen Kreis.

Jedes Konventmitglied nimmt ein wenig Erde mit, um sie im Garten zu verstreuen oder auf dem Altar zum Erden aufzubewahren.

Ostara-Ritual
(Frühlingstagundnachtgleiche; 20. bis 23. März)

Schmücke den Altar mit Frühlingsblumen. Lege die entsprechenden Elemente an die vier Ecken: Erde im Norden, Räucherwerk im Osten, Feuer im Süden und eine Schale mit Wasser im Westen. Stelle auch Blumen der entsprechenden Farbe in jede Ecke.

Versammelt euch und meditiert über den Atem. Dann spricht die Hohepriesterin:

»Dies ist die Zeit, da der Frühling wiederkehrt; die fröhliche Zeit; die Zeit des Säens, wenn das Leben aus der Erde hervorbricht und die Ketten des Winters gesprengt werden. Licht und Dunkel sind von gleicher Dauer; es ist eine Zeit des Gleichgewichts, da alle Elemente in uns zu neuer Harmonie finden müssen. Der Sonnenprinz streckt seine Hand aus, und Kore, die Dunkle Jungfrau, kehrt aus dem Land des Todes zurück. Sie ist eingehüllt in den frischen Regen und atmet den süßen Duft der Sehnsucht. Wo Sie hintreten, sprießen wilde Blumen empor. Während Sie tanzen, wandelt sich Verzweiflung zu Hoffnung, Trauer zu Freude, Mangel zu Überfluß. Mögen sich unsere Herzen mit dem Frühling öffnen! Seid gesegnet!«

Vollzieht das Reinigungsritual, bildet den magischen Kreis, und beschwört die Göttin und den Gott.

Der Hohepriester nimmt einen Strang schwarzer Wolle und geht reihum zu jedem Konventmitglied. Er fragt sie: »Was bindet dich?«

Wenn jemand beispielsweise antwortet: »Schuld«, bindet er seine Handgelenke lose zusammen und wiederholt: »Schuld, bindet dich; Schuld bindet dich.«

Andere Initiierte stimmen den Kore-Gesang an (5. Kapitel, S. 137). Leise wiederholen alle:

Sie wandelt alles, was sie berührt,
Alles, was sie berührt, wird gewandelt.

Die Hohepriesterin folgt dem Hohepriester und fragt jedes gebundene Konventmitglied: »Wohin mußt du gehen, um frei zu sein?« Jedes Mitglied antwortet mit einer der vier Richtungen – mit der, deren Eigenschaften es am meisten in sich vermißt, zum Beispiel Osten. Die Hohepriesterin erwidert: »Geh nach Osten, und befreie deinen Geist.«

(Fahrt fort, indem ihr den Geist für den Süden, Gefühle für den Westen und den Körper für den Norden einsetzt.)

Jedes Konventmitglied begibt sich in die entsprechende Richtung, meditiert (leise weitersingend) über die betreffende Eigenschaft und läutert die Fesseln durch Rauch, Feuer, Wasser oder Erde.

Allmählich steigert sich der Gesang zu einem wortlosen Kraftkegel. Auf seinem Höhepunkt ruft die Hohepriesterin: »Jetzt!« Alle zerreißen die Fesseln, schreien auf und beginnen frei zu tanzen, zu singen oder zu tun, was ihnen gerade einfällt.

Wenn es still geworden ist und der magische Kreis sich wieder gebildet hat, nehmt ihr euch Zeit, in Trance zu fallen und zu meditieren. Der Hohepriester und die Hohepriesterin sammeln die Blumen aus den vier Ecken ein und fordern reihum jedes Konventmitglied auf: »Nimm, was du brauchst.«

Alle nehmen sich die Farbe oder die Farben der Richtung, deren Eigenschaften sie am meisten zu benötigen glauben.

Genießt gemeinsam Kuchen und Wein, und öffnet den magischen Kreis.

Beltane (Maifest, Walpurgisnacht)

Auf einer Lichtung im Freien wird ein Maibaum errichtet, der mit Blumen bekränzt und mit bunten Bändern geschmückt ist. In Büsche und Bäume werden Früchte, Blüten, kleine runde Brote, Kekse und Krapfen gehängt. Innerhalb des magischen Kreises wird im Süden ein Feuer entzündet.

Versammelt euch, und atmet miteinander. Die Hohepriesterin spricht:

»Dies ist die Zeit, da sich süßes Verlangen mit Entzücken paart. Die Frühlingsjungfrau und der Herr des zunehmenden Jahres begegnen einander in den grünenden Auen und vereinigen sich unter der warmen Sonne. Der Speer des Lebens verwebt sich zu einem spiraligen Netz, und die gesamte Natur erneuert sich. Wir sind zur Zeit der Blüte zusammengekommen, um den Tanz des Lebens zu tanzen.«

Vollzieht das Reinigungsritual, bildet den magischen Kreis, und beschwört den Gott und die Göttin.

Nacheinander wählt jedes Konventmitglied ein Band in seiner Wunschfarbe und spricht laut aus, was es symbolisiert:

»Ich wähle das blutrote für meine Gesundheit.«

»Ich wähle das himmelblaue für die Flüge meiner Phantasie.«

»Ich wähle Grün, für meine Entwicklung.« (usw.)

Dann beginnt die Musik. (Wenn in eurem Konvent niemand ein Instrument spielt, könnt ihr ein schlichtes Volkslied einüben, das alle zusammen singen können.) Die Konventmitglieder tanzen den Maientanz; dabei verweben sie ihre Bänder ineinander und konzentrieren sich darauf, das einzuweben, was sie sich als Lebensziel gesetzt haben. Während die Bänder sich enger verschlingen, wächst die Kraft, bis ein wortloser Kraftkegel entstanden ist. Nachdem der Kegel losgelassen wurde, können die Konventmitglieder weiter tanzen und durch das Freudenfeuer springen, wobei sie mit jedem Sprung einen besonderen Wunsch herausschreien. Das Feuerspringen ist ein Akt der Reinigung und bringt Glück. Liebende können zusammen durch das Feuer springen, um ihre Beziehung von kleinen Unstimmigkeiten zu befreien. Wer etwas loswerden will – beispielsweise Unsicherheit – springt und ruft dabei: »Ich überlasse meine Unsicherheit den Flammen!«

Wenn sich die Aufregung gelegt hat, dann beschwört einen ruhigeren feierlicheren Kegel der Kraft für eine Heilung, für Mitglieder oder für abwesende Freunde. Segnet Kuchen und Wein, und öffnet den magischen Kreis.

Nun labt euch an den Früchten und Leckereien, die ihr in Bäume und Büsche gehängt habt.

Litha (Sommersonnenwende; 20. bis 23. Juni)

Der Altar und der magische Kreis sind mit Rosen und anderen sommerlichen Blumen geschmückt. Mitten im Kreis wird ein Freudenfeuer angezündet. Der Hohepriester trägt eine aus Zweigen geflochtene Figur des Gottes, in deren Innerem ein Brotlaib verborgen ist (er muß dick in Alufolie eingewickelt sein). Auf dem Altar liegt ein Kranz aus Rosen und wilden Blumen. Die Konventmitglieder und die Gäste haben sich ebenfalls mit Blumen geschmückt.

Versammelt euch, meditiert über das Atmen als Gruppe, und zündet das Feuer an. Die Hohepriesterin spricht:

»Dies ist die Zeit der Rose, der Blüten und Stacheln, des süßen Duftes und des Blutes. Heute ist der längste Tag, das Licht triumphiert, und doch beginnt der Abstieg in die Finsternis. Der reife Sonnenkönig umarmt die Sommerkönigin mit der Liebe, die Tod bedeutet, da sie so vollkommen ist, daß sich alles in einem einzigen Gesang weltenbewegender Ekstase auflöst. So löst sich der Herr des Lichtes von seinem Selbst und segelt über die dunklen Meere der Zeit, um die Insel des Lichtes zu suchen: die Wiedergeburt. Wir drehen das Rad und teilen sein Schicksal, denn wir haben die Saat unserer eigenen Wandlung gesät, und um wachsen zu können, müssen wir auch das Hinscheiden der Sonne bejahen.«

Vollzieht das Reinigungsritual, bildet den magischen Kreis, und beschwört die Göttin und den Gott.

Tanzt den Spiraltanz und singt dabei:

Sie ist leuchtend
Sie ist weiß
Sie ist schimmernd
Von Licht bekrönt!
Er ist strahlend
Er ist glänzend
Er erhebt sich
Und fliegt davon!

Während die Kraft heraufbeschworen wird, ändert sich allmählich der Gesang. (Die folgenden Zeilen werden immer wieder gesungen; verschiedene Teilnehmer intonieren gleichzeitig verschiedene Zeilen.)

SIE, die im ZENtrum ist, DIE BLÜHENDE!
Die BLATTreiche, die GRÜNE, die BLATTreiche, die GRÜNE,
Sie, die GEKRÖNT ist, die umARMende!

Die Hohepriesterin tanzt mit der Gottgestalt in der Mitte des magischen Kreises. Die immer noch singenden Konventmitglieder stecken Blumen in das Geflecht der Gestalt, bis sie, während die Kraft sich steigert, von Blüten bedeckt ist. Der magische Kreis weitet sich; der Gesang wird zu einem wortlosen Kegel der Kraft, während der Hohepriester und die Hohepriesterin dichter an das Feuer herantanzen. Sobald der Kegel seinen Höhepunkt erreicht hat, breitet die Hohepriesterin ihre Arme aus und ruft: »Zu mir! Zu mir!«

Der Hohepriester schleudert die Gestalt in die Flammen. Alle schweigen und meditieren über die verdorrenden, verbrennenden Blüten.

Während die Blumen dahinsterben, können die Konventmitglieder leise »Setz' die Segel« (s. das Ritual für die Wintersonnenwende) singen. Eine Priesterin trägt den Blütenkranz im Kreis umher und hält ihn jedem Konventmitglied vor das Gesicht, so daß es durch ihn auf die Flammen sehen kann. Sie sagt: »Schaue mit klarem Blick.«

Sie hält den Kranz empor und sagt dabei: »Erkennt das Mysterium des ungebrochenen Kreises!«

Der Hohepriester und die Hohepriesterin holen das Brot aus dem Feuer und brechen es auseinander. Die Priesterin hält es hoch.

Hohepriesterin: »Siehe, der Gott ist in das Getreide eingegangen!«

Alle: »Er wird uns nähren!«

Hohepriesterin: »Die Sonne steht über dem Wasser!«

Alle: »Sie wird unseren Durst stillen!«

Hohepriesterin: »Der Gott ist im Getreide!«
Alle: »Es wird uns wachsen lassen!«
Hohepriesterin: »der Gott ist im Wein und in den Früchten!«
Alle: »Sie werden zeitig reifen!«
Hohepriesterin: »Die Sonne ist nicht verloren!«
Alle: »Sie wird wieder aufgehen!«
Hohepriesterin: »Die Sonne ist in uns!«
Alle: »Seht, wie wir leuchten!«
Alle singen: »Seht, wie wir leuchten!«, während im Kreis reihum Brot und Wein gereicht werden.
Eßt gemeinsam, und öffnet den magischen Kreis.

Lugnasad (Schnitterfest; 1. August)

Schmückt den Altar mit Korn- und Weizengarben. Ein großes Kornbrot in der Gestalt des Gottes liegt auf dem Altar, und kleine weibliche und männliche Brotfiguren sind in Körben aufgeschichtet. Weitere Körbe enthalten sternförmige Kuchen und Kekse. Mitten im magischen Kreis wird ein Feuer angezündet.

Versammelt euch, meditiert und atmet gemeinsam. Die Hohepriesterin spricht:

»Dies ist das Fest des Lug, des Sonnenkönigs, der mit dem niedergehenden Jahr stirbt; des Kornkönigs, der stirbt, wenn das Getreide geschnitten wird. Wir stehen nun zwischen Hoffnung und Furcht, leben in der Zeit der Erwartung. Auf den Feldern ist das Getreide gereift, aber noch nicht geerntet. Schwer haben wir gearbeitet, damit viele Dinge zur Reife gelangen, aber die Früchte unseres Tuns sind uns noch nicht sicher. Die Mutter wird nun zur Schnitterin, zur Unerbittlichen, die sich vom Leben nährt, damit neues Leben heranwachse. Die Helligkeit nimmt ab, die Tage werden kürzer, der Sommer geht vorbei. Wir kommen zusammen und drehen das Rad; denn wir wissen, daß wir säen müssen, um zu ernten, und daß Licht und Wärme in den Winter übergehen müssen.«

Vollzieht das Reinigungsritual, bildet den magischen Kreis, und beschwört die Göttin und den Gott.

Die Hohepriesterin trägt die Körbe mit den Brotfiguren zu den Konventmitgliedern und fragt jedes: »Was fürchtest du?« Das Konventmitglied antwortet zum Beispiel: »Mißerfolg.« Die Hohepriesterin greift die Antwort auf und ermutigt das Konventmitglied zu singen: »Mißerfolg, Mißerfolg, Mißerfolg . . .« Während all die kollektiven Ängste in die Brotfiguren gelenkt werden, steigt allmählich ein Gesang empor.

Der Gesang wird lauter, und dabei führt die Hohepriesterin den Konvent in einem Schlangentanz der Sonne entgegen und am Feuer vorbei. Alle werfen ihre Brotfiguren ins Feuer und konzentrieren sich darauf, sich von ihrer Furcht zu befreien. Die Hohepriesterin intoniert:

Dies' Feuer soll mich von der Furcht befreien!
Sie soll auf immer vergehen,
Vergeh'n mit dem Strom der Zeit
Und verbrennen in glühender Sonne
Erlöschen und vergehen
Wie das Jahr
Wie alles erlischt
Wie alles vergeht
Dahingeht . . .
(die beiden letzten Zeilen wiederholen)

Nachdem alle am Feuer vorbeigeschritten sind, wird ein stummer Kraftkegel heraufbeschworen, um die Gruppe von ihren Ängsten zu befreien. Nun tragen die Priesterinnen die Körbe mit den Sternen herum, geben jedem einen Stern und fragen:

»Was hoffst du zu ernten?«

Aus den Antworten entsteht ein Gesang, und ein neuer Kegel der Kraft wird heraufbeschworen, um die Sterne mit der Kraft aufzuladen, die Hoffnung zu verwirklichen. Nachdem die Kraft geerdet ist, hält die Hohepriesterin einen Stern empor mit den Worten:

»Möge der Stern der Hoffnung allzeit in uns sein.«

Alle essen die Sterne.

Der Hohepriester hält die Brotfigur des Gottes empor und sagt: »Seht das Korn des Lebens!«

Er geht damit zu jedem Konventmitglied und sagt, während jeder ein Stück davon bricht und ißt: »Iß vom Leben, das ewig stirbt und wiedergeboren wird.«

Genießt gemeinsam Kuchen und Wein, und öffnet den magischen Kreis.

Mabon (Herbsttagundnachtgleiche; 20. bis 23. September)

Schmückt den Altar mit Herbstfrüchten, Blumen und Getreide. Die Konventmitglieder bringen Keimlinge, Getreide oder Leinen als Dankopfer mit. Neben den Altar werden Körbe mit gesponnenem Garn, Samenhülsen, Muscheln, Federn und kleinen Tannenzapfen gestellt. Ein Feuer wird angezündet.

Versammelt euch, meditiert gemeinsam über das Atmen. Die Hohepriesterin spricht:

»Dies ist die Zeit der Ernte, des Danksagens und der Freude, des Abschiednehmens und der Trauer. Tag und Nacht sind nun gleich, in vollkommenem Gleichgewicht. Wir besinnen uns auf das Gleichgewicht und den Lauf unseres eigenen Lebens. Der Sonnenkönig wurde zum Herrn der Schatten und segelt gen Westen: Wir folgen Ihm in die Finsternis. Das Leben neigt sich dem Ende zu. Die Zeit der Unfruchtbarkeit ist über uns gekommen, doch wir sagen Dank für die eingebrachte Ernte. Wir kommen zusammen und drehen das Rad und weben den Faden des Lebens, der uns durch die Finsternis leiten wird.«

Vollzieht das Reinigungsritual, und bildet den magischen Kreis. Beschwört die Göttin und den Gott.

Beginnt mit einem bannenden Tanz, indem ihr euch gegen den Uhrzeigersinn bewegt. Eine schreit in einem Satz etwas heraus, was sie verletzt oder gehemmt hat oder was sie hinderte, besser zu sein, als sie sein könnte. Die anderen greifen den Satz auf und wiederholen ihn, solange seine Kraft erhalten bleibt. Dann ruft eine andere einen Satz, den die übrigen aufgreifen. Fahrt fort, bis ein bannender, reinigender Kegel beschworen und geerdet werden kann.

Alle sitzen in dem magischen Kreis. Körbe mit Bändern, Samen, Muscheln usw. werden herumgereicht. Jede flicht oder webt nun ein Band, in das sie natürliche Symbole einarbeitet. Dabei konzentriert sie sich auf das, was sie in ihr Leben hineinweben möchte. Während dieses Tuns singen alle den Kore-Gesang. (5. Kapitel).

Die Hohepriesterin knüpft jeder Teilnehmerin ihr fertiges Band um den Hals und spricht dabei:

Siehe den Kreis der Wiedergeburt,
Das Band des Lebens.
Du wirst niemals vergehen.

Ein Kraftkegel wird heraufbeschworen, um die Bänder aufzuladen. Es folgen ausgiebige Trance und Meditation. Dann tritt der Hohepriester vor, hebt eine Weizengarbe empor und spricht:

»Das Korn des Herbstes ist die Saat des Frühlings.«

Er schleudert sie ins Feuer und schüttet ein Trankopfer, Wein, mit den Worten nach:

Gesegnet sei die Mutter allen Lebens.
Gesegnet sei das Leben, das aus Ihr hervorkommt
Und in Sie zurückkehrt.

Er reicht der Hohepriesterin den Becher. Diese spricht:

Wir haben gesät. Wir haben gehegt.
Wir haben gepflanzt und gesammelt.
Wir haben reiche Ernte gehalten.
Herrin, wir danken dir für deine Gaben.
Herr, wir danken dir für deine Freigebigkeit.
Ich danke euch für ... (etwas Persönliches einfügen)

Sie bringt ein Trankopfer dar und wirft ihre Gabe ins Feuer. Während der Becher kreist, spricht jede Teilnehmerin ihren Dank für etwas und verbrennt ihre Opfergabe.

Eßt und trinkt gemeinsam, und öffnet den magischen Kreis.

Samhain (Hallowen; Frau Holle; 31. Oktober)

(Das Ende des Jahres an Hallowen ist das Neujahr der Hexen. Und so enden wir am Anfang, wie es sein soll, und das Rad dreht sich weiter.)

Bevor du zum Ritual gehst, stellst du zu Hause ein Gedeck mit Kuchen und Wein und einer brennenden Kerze als Gabe für deine geliebten Toten hin und gedenkst eine Zeitlang der Freunde und Verwandten, die dahingegangen sind.

Für das Ritual wird der Altar mit Herbstblättern geschmückt. Auf dem Altar liegen ein Apfel und ein Granatapfel, und mitten im magischen Kreis befindet sich ein Kristall zum Hellsehen oder ähnliches.

Der Konvent tritt zusammen, macht eine Atem-Meditation, und die Hohepriesterin spricht:

»Dies ist die Nacht, da der Schleier zwischen den Welten durchsichtig wird. Es ist das Neue Jahr angesichts des sterbenden alten, da die Ernte eingebracht ist und die Felder brachliegen, denn heute Nacht ist der König des vergehenden Jahres über das sonnenlose Meer gesegelt, das der Schoß der Mutter ist; heute Nacht betritt er das Ufer der Schimmernden Insel, das leuchtende Welt-Ei, und wird zur Saat seiner eigenen Wiedergeburt. Die Tore zu Leben und Tod sind offen; das Sonnenkind wird empfangen; die Toten wandeln, und den Lebenden enthüllt sich das Geheimnis: daß jedes Ende nur ein neuer Beginn ist. Wir begegnen einander in der Zeit außer der Zeit, überall und nirgendwo, hier und dort, zu grüßen den Herrn des Todes, der Herr des Lebens ist, zu grüßen die Dreifache Göttin, die der Kreis der Wiedergeburt ist.«

Vollzieht das Reinigungsritual, bildet den magischen Kreis, und beschwört die Göttin und den Gott.

Alle reichen einander die Hände und beginnen mit einem Wechselgesang:

Nun herrscht die große Kälte der Nacht, es herrscht das Dunkel.[6] (wiederholen)
Die Frau lebt, sie vergeht, sie stirbt.
Nun herrscht die große Kälte der Nacht, es herrscht das Dunkel.
Die Furcht lebt, sie vergeht, sie stirbt.
Nun herrscht die große Kälte der Nacht, es herrscht das Dunkel.
(weiter mit improvisierten Zeilen)

Während dieses Gesangs verbinden der Hohepriester und die Hohepriesterin jedem Mitglied die Augen. Nacheinander werden sie aus dem Kreis geholt, herumgewirbelt und in Form eines »Schiffes« aufgestellt – in einem langschenkeligen Dreieck. Die Hände fassen die Schultern der anderen. Alle wiegen sich und schaukeln vor und zurück. Der Hohepriester windet eine Schnur um ihre Handgelenke und bindet sie zusammen. Leise singen die Priesterinnen:

... Weben den Faden des silbernen Schiffes
Der milchweißen Segel über
Die Wellen des sonnenlosen Meeres
Weben ... (usw., wiederholen)

Jedes Mitglied, das an Bord des »Schiffes« kommt, erhält ein Wort oder eine Wortfolge zum Wiederholen, zum Beispiel »Weben, weben, weben« oder »Segel über die Wellen, segel über die Wellen«, so daß ein komplizierter, hypnotisierender Rhythmus entsteht. Dieser wird beibehalten, bis die Konventmitglieder in Trance fallen – dann ändert sich der Gesang:

Perlgrauer Krieger, gespenstische Suche;
Prinz des Zwielichts, segelst gen Westen!

Beschwört die Kraft. Wartet, bis es still geworden ist. Die Hohepriesterin tritt vor und spricht:

Fern von uns lockt das Ufer.
Seht das Licht auf den Wellen, leichentuchgleich.
Laßt uns aufbrechen, der Spur folgen durch die Brandung,
Bis unser Fuß das Ufer berührt.
Nun sprengt eure Fesseln, seid frei!

Die Konventmitglieder zerreißen ihre Fesseln.

Denn hier gibt es keine Beschränkung.
Lüftet die Schleier, die euch die Sicht verwehren!

Die Konventmitglieder nehmen die Augenbinden ab.

Denn hier sind alle Augen sehend!
Die ihr gekämpft habt – eure Schlachten sind geschlagen.
Die ihr gearbeitet habt – eure Aufgaben sind erfüllt!
Die ihr verletzt seid – hier findet ihr Heilung!
Die ihr erschöpft seid – hier findet ihr Ruhe.
Die ihr alt seid – hier werdet ihr wieder jung!
Denn dies ist das Land der Jugend,
Das schimmernde Land, die Insel der Äpfel.
Hier sterben keine Wälder.
Hier wächst ein Baum, der Baum des Lichtes.
Hier ist ein Quell der Stille.
An diesem tiefen, grünen Quell sinke nieder und schlafe.

Die Konventmitglieder sinken zu Boden und blicken auf die Kristallkugel. Die Priesterinnen beginnen mit einer vielstimmigen Einführung in die Trance, während die Hohepriesterin weiterspricht:

Und folgt Ihm – Er ist hier –
Der uns beruhigt und tröstet,
Der uns're Herzen erleichtert, den Kummer beendet.

Er wird uns geleiten: der Weg ist frei.
Er wird uns geleiten: der Tod ist keine Schranke.
Denn er ist der Herr des Tanzes der Schatten,
Der König im Reiche der Träume.

Alle blicken in die Kristallkugel, manche stumm; andere beschreiben, was sie sehen. Dies ist übrigens die beste Zeit im Jahr um hellzusehen.

Wenn alle aus der Trance zurückgekehrt sind, schreiten der Hohepriester und die Hohepriesterin zum Altar. Sie hält den Granatapfel mit den Worten empor: »Seht die Frucht des Lebens . . .«

Er sticht mit seinem *Dolch* hinein und spaltet ihn mit den Worten: »die Tod bedeutet!«

Sie verteilen die Kerne unter sich und den Konventmitgliedern, essen sie und sagen: »Schmeckt die Saat des Todes.«

Er hält den Apfel empor und spricht: »Seht die Frucht des Todes . . .«

Sie spaltet ihn in Viertel mit den Worten: » . . . der Leben ist!« Sie hält ihn hoch, um das Pentagramm zu zeigen, das die Kerne bilden, und sagt: »Seht den fünfzackigen Stern der Wiedergeburt!«

Alle kosten von dem Apfel und trinken einen Schluck Wein. Dazu sprechen sie: »Koste die Frucht der Wiedergeburt, und trinke aus dem Becher den Wein des Lebens.«

Alle reichen einander die Hände und halten sie hoch. Die Hohepriesterin spricht:

»Dies ist der Kreis der Wiedergeburt. Durch dich (an den Hohenpriester gewandt) entweicht alles Leben, aber durch Mich wird alles wiedergeboren. Alles vergeht und wird gewandelt. Aus Samen werden Früchte; aus Früchten werden Samen. Bei der Geburt beginnen wir zu sterben; im Tode nähren wir das Leben. Erkennet Mich, und seid frei von jeder Furcht. Denn mein Schoß ist das Gefäß der Wiedergeburt; in mir dreht sich ewig das Rad.«

Alle: »Sei gesegnet!«

Genießt gemeinsam Essen und Wein und öffnet den magischen Kreis.

13. Eine Religion der Zukunft

Zwischen den Welten

Hallowen, bei Tagesanbruch:

Die Frauen erklettern die Zwillingshügel, die wie straffe Brüste über der San Francisco Bay emporragen. Sie bilden magische Kreise. Ihre Stimmen werden vom Wind davongetragen. Auf dem Gipfel hinterlassen sie Opfergaben für die Göttin: eine Feder, eine Muschel, ein Vogelnest.

Sie fordern die Höhen zurück.

Nacht:

Die Rednerinnen von der Konferenz über Gewalt und Pornographie stehen vor einem Bild der Göttin der Nacht, die mit erhobenen Händen und gelöstem Haar dargestellt ist. Dreitausend Frauen marschieren durch die Straßen, wo Oben-ohne-Bars und Sex-Shows eine ständige, neongrelle Bedrohung aussenden. Im Park, wo der Marsch schließlich endet, singen und tanzen sie und besprengen sich gegenseitig mit reinigendem Salzwasser:

»Fegt aus den alten Raum; träumt euren eigenen Traum!«
»Heilig ist unser Körper; heilig sind unsere Brüste.«
»Wir holen uns die Nacht zurück; die Nacht ist unser!«

Sie fordern die Nacht zurück.

November 1978.

Dies ist die dunkle Jahreszeit, die Zeit des abnehmenden Mondes vor der Wintersonnenwende. Ich schreibe an diesem letzten Kapitel. In den Zeitungen häufen sich die Berichte über Mord und Totschlag, Massen-»Selbstmord«, plötzliche Todesfälle. Mord in der Stadthalle – der Revolver wurde am Hinterkopf des Opfers absichtlich abgefeuert. Wir erfahren, daß in Guyana die Mütter ihren Kindern den Giftbecher an die Lippen hielten. Ein Schrekken jagt den anderen. Nacheinander sterben auf der Erde die Arten aus. Die heiligen Plätze sind verwüstet. Schrecklich: Pestizide in der Muttermilch; die Neutronenbombe. Schrecklich: ich versuche, über Dinge zu schreiben, für die es in unserer Sprache keine Worte mehr gibt. Der Sinn der Worte, die ich benutze, ist verdreht worden und verdreht vielleicht meinen Sinn. Religion bedeutet inzwischen, daß wir unser Vertrauen außerhalb unserer selbst suchen, daß wir wie Kinder bleiben, die einer langen Kette von Vaterfiguren, Lehrern, Predigern und Politikern folgen. Und woher sollen wir wissen, ob sie Götter oder Psychopathen sind, wenn wir aufgehört haben, uns selbst zu vertrauen?

Steht unsere Spezies bereits Schlange, um sich das Gift einzuverleiben?

Das angelsächsische *Wicca* für Hexe geht auf das Wort für »beugen« oder »formen« zurück. Können wir Wörter auf ihre ursprüngliche Bedeutung zurückbiegen? Können wir dahingehend wirken, daß »Religion« Vereinigung bedeutet, daß »Spiritualität« sich auf den menschlichen Geist bezieht?

»Die Göttin erwacht wieder«, sage ich in einer Anwandlung von wahrscheinlich wahnsinnigem Optimismus zu Laurel. »Was meinst du damit?« will sie wissen.

Ich erkläre: »Eine Art des Bewußtseins, die Jahrtausende geschlummert hat, kommt nun wieder zum Vorschein. Wir fangen an, ganzheitlich zu sehen. Unsere Vorstellung vom Kosmos hat sich gewandelt. Wir beginnen, das Weibliche zu schätzen, das Leben zeugende Prinzip, die Menschlichkeit und die reale Welt zu schätzen.«

Ich lese, was ich geschrieben habe:

»Eine Saat wird gesät in Zirkeln und in Städten, in Flüssen, in Träumen und Tagträumen, in Worten, in Bewegung, in Musik und Dichtung, in freien Künsten, bei Tag und in der Nacht, in Streit, Hunger, Freude, Erregung, Milch, Wein, im Blinzeln eines Auges, beim Atmen und Lieben.«

Aber ich muß mir die Frage stellen: »Wird die Zeit reichen, damit sie aufgehen und wachsen kann?«

Erst denke ich daran im Sinn von Glauben – daß das *Credo quia absurdum* (ich glaube, weil es widersinnig ist) des Hexenglaubens der Glaube an die Kontinuität des Lebens und die Möglichkeit einer wahrhaft dem Leben dienenden Kultur ist.

Die Hunde wollen hinausgelassen werden. Ich laufe mit ihnen über die Straße auf das große Gelände und beobachte, wie sie spielerisch kämpfen, sich mit dem Bauch nach oben im Schmutz wälzen und mit den Zähnen schnappen. Plötzlich wird mir klar, daß es keine Frage des Glaubens ist, sondern des *Willens*. Ich *will,* daß das Leben weitergeht.

Wir haben kollektiv die Totenkulte geschaffen. Wir können auch kollektiv eine Kultur des Lebens schaffen.

Doch dazu müssen wir bereit sein, aus der Reihe zu tanzen und die Bequemlichkeit aufzugeben, Entscheidungen anderen zu überlassen. *Wollen* bedeutet, eigene Entscheidungen zu fällen, unser eigenes Leben zu führen; uns, unsere Zeit, unser Tun und unsere Energie in den Dienst am Leben zu stellen.

Wollen heißt, unsere Kraft zurückzufordern – unsere Kraft, die Zukunft zu gestalten.

Aus meinem Buch der Schatten

»Wir erklären euch dies: Wir tun das Unmögliche. Wir lehren uns, menschlich zu sein.«

Susan Courtot[1]

und wenn der sieg uns sicher ist
müssen wir zurückkehren
in den magischen kreis
zurück
die jagd
zum rhythmus des tanzes

Diane Di Prima[2]

Kevyn, die zu meinem Konvent gehört, hatte kürzlich einen Traum, in dem ihr eine weibliche Gestalt erschien und sagte: »Wenn eine Hexe das akrostische Auge erlangt, wandelt sie sich.«

Wir überlegten lange, was das »akrostische Auge« bedeuten mochte. Ein Akrostichon ist eine Art Kreuzworträtsel, in dem die Dinge je nach Lesart verschiedene Bedeutungen haben. Normal gelesen, also horizontal, bilden die Buchstaben bestimmte Wörter – aber wenn wir unseren Blickwinkel jeweils um neunzig Grad verschieben, ändert sich alles. Das Wesen des Hexenglaubens und des politischen Feminismus ist die akrostische Sehweise: Wir betrachten unsere Kultur und unsere Konditionierung aus einem anderen Blickwinkel und erfahren eine völlig andere Botschaft. Die akrostische Sehweise ist unbequem; sie bringt uns in einen Konflikt mit allem, was uns gelehrt wurde. Wir müssen unsere eigene Erfahrung für richtig erklären, denn keine äußere Autorität wird das für uns tun.

Wenn wir über die Zukunft von Religion und Kultur nachdenken, müssen wir die Gegenwart durch das akrostische Auge betrachten. Diese etwas schiefe Betrachtungsweise enthüllt jene verborgene geistige Haltung, die ich für die Krätze des Bewußtseins halte, denn sie verursacht uns äußerstes Unbehagen, und doch können wir sie normalerweise nicht sehen. Diese Haltung ist in uns verankert, wir haben sie in Fleisch und Blut. Ich möchte in diesem Kapitel sowohl die destruktiven als auch die kreativen Kräfte untersuchen, die auf die Richtung unserer Entwicklung als Gesellschaft Einfluß nehmen. Nur wenn wir die Strömungen der Gegenwart begreifen, können wir uns eine klare bildliche Vorstellung von der Zukunft machen.

Wenn wir die Verantwortung annehmen, dem Leben eine Zukunft zu sichern, dann müssen wir uns für die anspruchsvolle Aufgabe einsetzen, die Kultur wieder zu schaffen. Nötig ist eine tiefgreifende Änderung in unserer Einstellung gegenüber der Erde und allem, was darauf lebt, gegenüber unseren Mitgeschöpfen und in unserer Definition des Menschlichen. Irgendwie müssen wir uns freimachen von den Rollen, in die wir gezwängt wurden, von den Einengungen von Geist und Selbst, die uns angetan wurden, noch bevor wir sprechen lernten, und die so tief eingeprägt sind, daß wir sie nicht sehen können. Heute erschaffen wir Frauen neue Mythen, wir singen eine neue Liturgie, malen unsere eigenen Ikonen und beziehen unsere Stärke aus den neu-alten

Symbolen der Göttin, aus der »Legitimität und Wohltat weiblicher Kraft.«[3]

Ein Wandel der Symbole allein genügt aber nicht. Wir müssen auch den Kontext ändern, in dem wir auf Symbole reagieren, und die Art und Weise, wie wir sie gebrauchen. Wenn weibliche Bilder nur in alte Rahmen gesteckt werden, wirken auch sie als Mittel der Unterdrückung, und diese Aussicht ist doppelt erschreckend, weil diese Bilder dann der befreienden Kraft, die sie heute erfüllt, beraubt würden.

Gewiß ist der Hexenglaube die Alte Religion, aber sie unterliegt heute so tiefgreifenden Veränderungen und Entwicklungen, daß sie im Wesentlichen eher neu erschaffen als wiederbelebt wird. Gegenwärtig entsteht die feministische Religion der Zukunft. Diejenigen unter uns, die an dieser Neu-Schaffung beteiligt sind, müssen sehr genau den kulturellen Zusammenhang beachten, in dem die eigenen Vorstellungen von Religion entstanden sind, und die vielen regressiven Bestrebungen prüfen, die in der heutigen Gesellschaft wirksam sind. Andernfalls wird die neue Verkörperung der Göttin unversehens gerade in die Formen gepreßt, die wir uns zu überwinden bemühen.

Eine dieser regressiven Tendenzen bezeichne ich als *Absolutheitsanspruch,* der keine Vieldeutigkeit duldet. Unsere Kultur ist überaus stark an Symbole gebunden; und wir hegen die unbewußte Annahme, daß symbolische Systeme die Wirklichkeiten *sind,* die sie beschreiben. Wenn die Beschreibung die Realität *ist* und die Beschreibungen voneinander abweichen, dann kann nur eine davon wahr sein. *Entweder* schuf Gott Adam und Eva, *oder* sie sind Produkte der Evolution à la Darwin. *Entweder* sind ungelöste unbewußte Konflikte die eigentliche Ursache unseres Elends *oder* die ökonomischen und materiellen Bedingungen. Wir mögen die Ideologien ändern, aber wir überprüfen nicht die ihnen zugrundeliegende Idee, daß es nur einen richtigen, wahren und einzigen Weg – nämlich den unseren – gibt, und daß alle anderen im Unrecht sind.

Absolutismen wirken trennend. Sie führen zu falschen Konflikten, beispielsweise zwischen Politik und Spiritualität. In einem Aufsatz mit dem Titel »Radikaler Feminismus und weibliche Spiritualität: Sieh hin, bevor du springst« schreibt Marsha Lichtenstein: »Der Widerspruch zwischen Spiritualität und Politik, der durch Distanz und Mißtrauen bedingt ist, besteht darin, daß beide das Bewußtsein *antithetisch* (Hervorhebung durch die Autorin) wahrnehmen ... Eine aus der Spiritualität erwachsende Analyse des Bewußtseins sucht die eigentlichen Ursachen in unüberprüften Denkkategorien, wie etwa in der Entdeckung von Archetypen, wie in dem Mythos von Eva als dem Gefäß des Bösen ... bei den Änderungsprozessen kommt es auf die Reise nach innen an ... Der radikale Feminismus analysiert die historischen materiellen Bedingungen, unter denen sich das weibliche Bewußtsein entwickelt hat ... die Orientierung auf gesellschaftliche Veränderung ist nach außen gerichtet, ist darauf gerichtet, die sozialen Bedingungen zu verändern, die unser Leben bestimmen.«[4]

Antithetisch ist das Schlüsselwort in dem vorausgegangenen Absatz. Eine feministische Spiritualität, die sich auf die der Welt immanente Göttin gründet, wird diese Analysen viel weniger widersprüchlich als einander ergänzend betrachten. Sie sind beide wahr. *Natürlich* beeinflussen unüberprüfte Denkkategorien das Bewußtsein – und *natürlich* wirken sich die materiellen Bedingungen auf unsere Fähigkeit aus, heil zu sein. Wir bedürfen der inneren wie auch der äußeren Veränderung – eines allein genügt nicht.

Das jüdisch-christliche Erbe hat uns die Auffassung vermittelt, daß das Universum aus einander bekämpfenden Gegensätzen besteht, die entweder als gut oder als böse gewertet werden. Sie können nicht nebeneinander bestehen. Eine von vielen östlichen Religionen geteilte, wichtige Erkenntnis des Hexenglaubens ist die, daß Gegensätzlichkeiten nicht unvereinbar, sondern miteinander im Gleichgewicht sind. Die Energie bewegt sich in Zyklen. Zuzeiten strömt sie nach außen und treibt uns, die Welt zu verändern; zu anderen Zeiten fließt sie nach innen und verwandelt uns selbst. Sie kann nicht unbegrenzt ausschließlich in einer Richtung wirken, sondern sie muß sich im Wechsel vor- und zurückdrehen, vorwärtsdrängen und sich zurückziehen, und sich so erneuern. Wenn wir eine Komponente des Zyklus als »falsch« oder als unnütz etikettieren, begeben wir uns jeder Möglichkeit der Erneuerung oder der Einübung beständiger Kraft. Wir müssen uns von der Neigung freimachen, Religion und Spiritualität mit Abkehr von der Welt und vom aktiven Leben zu assoziieren. Die Göttin sind wir *und* die Welt – uns mit ihr zu verbinden bedeutet, sich aktiv in der Welt mit all ihren Problemen einzusetzen.

Der Dualismus führt zu einem Phänomen, das ich als »Syndrom des Auserwählten Volkes« bezeichnen möchte. Wenn es nur einen einzigen richtigen und wahren Weg gibt, nämlich unseren, und alle anderen unrecht haben, dann werden diese verdammt, und die Verdammten sind böse. Wir sind davon dispensiert, sie als Menschen anzuerkennen und nach den ethischen Maßstäben zu behandeln, nach denen wir sonst miteinander umgehen. Das Auserwählte Volk nimmt die Aufgabe in Angriff, sich von jeder Berührung mit den Trägern des Bösen zu reinigen. Wenn es an der Macht ist, führt es Inquisitionen, Hexenjagden, Pogrome, Hinrichtungen, Zensur und Konzentrationslager ein.

Auch unterdrückte und machtlose Gruppen neigen dazu, sich als Auserwähltes Volk zu betrachten. Da sie nicht in der Lage sind, unerwünschte Elemente aus der Gesellschaft auszusondern, können sie nur »rein« sein, indem sie sich aus der größeren Gemeinschaft herausnehmen. In der Frauenbewegung hat dies zur Spaltung geführt.

Ich unterscheide zwischen Trennung und Spaltung. Wir brauchen Freiräume für Frauen, insbesondere zu diesem Zeitpunkt in der Geschichte, da sich viele Frauen von den Verletzungen erholen müssen, die ihnen von Männern zugefügt wurden. Den weiblichen Mysterien ist eine besondere Intensität eigen, und die Intimität weiblicher Zirkel ist unübertroffen. Frauen, die andere Frauen lieben oder die jungfräulich leben und nur sich gehören, erlangen eine ganz spezielle Macht. Sie ist jedoch nicht die *einzige* Form von Macht, die der feministischen Spiritualität innewohnt, noch ist sie für jeden optimal. Die Göttin ist Mutter, Greisin, Geliebte und auch Jungfrau. Sie ist sowohl beim Mann als auch bei der Frau mit der Geburt, der Liebe und dem Tod verbunden. Wenn sie den Frauen und der Welt immanent ist, dann ebenso den Männern.

Eine mutterorientierte Kultur, die auf der Natur gründet, schätzt die Mannigfaltigkeit hoch ein, da sie das Überleben und den Fortgang der Evolution sichert. Die Natur bringt nicht nur eine, sondern Tausende von Arten hervor; jede von ihnen ist anders und paßt in eine andere ökologische Nische. Wenn eine Spezies überspezialisiert und ihre Anpassungsfähigkeit zu stark eingeengt wird, ist es wahrscheinlicher, daß sie ausstirbt. Wenn politische und spirituelle Bewegungen zu eingleisig werden, ist es ebenfalls wahrscheinlich, daß sie kurzlebig sind. Die Stärke der Frauenbewegung liegt in ihrer Vielfalt, denn alte und junge, fröhliche und ernste Frauen, von der Fürsorgerin bis zur ehrgeizigen Bankpräsidentin, entdecken gemeinsame Interessen, gemeinsame Bedürfnisse und ihre Solidarität als Frauen. Wenn sich unsere Kultur insgesamt zum Leben hin entwickeln soll, müssen wir die Vielfalt fördern, ein breites Angebot unterschiedlicher Lebensweisen, Theorien und Taktiken schaffen und aufrechterhalten. Wir müssen uns frei machen von der Selbstgerechtigkeit, die davon rührt, daß wir uns als Auserwähltes Volk fühlen, und wir müssen eine Religion der Häretiker schaffen, die sich weigern, irgendwelchen Ideologien zu folgen oder irgendeiner Ausschließlichkeitsdoktrin den Treueid zu leisten.

Ein weiterer, durch Absolutismus geschaffener, unechter Konflikt ist der zwischen Religion und Wissenschaft. Wenn Gott als getrennt von der stofflichen Welt betrachtet wird, kann die Religion von der Wissenschaft abgespalten und auf das Reich der Dinge eingegrenzt werden, die mit Gott zu tun haben. Die Göttin aber ist in der physischen Welt, und je besser wir deren Walten begreifen, desto besser kennen wir Sie. Sowohl Wissenschaft als auch Religion bedeuten Suche nach der Wahrheit – sie unterscheiden sich nur in der Methodik und in den Symbolen, die sie gebrauchen, um ihre Erkenntnisse zu beschreiben. Das Forschungsgebiet ist das gleiche.

»Eine Sache zu verstehen heißt, eine Metapher dafür zu finden, indem wir die Sache durch etwas Vertrauteres ersetzen«,[5] schreibt Julian Jaynes (in *The Origin of Consciousness in the Breakdown of the Bicameral Mind;* d.h. über den Ursprung des Bewußtseins aus dem Zusammenbruch des zwiespältigen Geistes). »Wir behaupten, einen Aspekt der Natur zu verstehen, wenn wir sagen können, daß er einem vertrauten theoretischen Modell gleicht.«[6] Wie religiöse Einsicht ist wissenschaftliche Erkenntnis eine Ansammlung von Metaphern für eine Wirklichkeit, die niemals vollständig beschrieben oder begriffen werden kann. Religion wird dogmatisch, wenn sie die Metapher mit der Sache an sich verwechselt. Die Metaphern selbst sind nicht widersprüchlich oder antithetisch; viele können gleichzeitig wahr sein. Sie weisen über sich hinaus; sie sind einzelne Lichter, die denselben Punkt anstrahlen.

Wissenschaftliche Metaphern sind bestrebt, widerspruchsfrei und nachprüfbar zu sein. Man erwartet, daß sie der objektiven Wirklichkeit entsprechen. Die Mythen und Symbole der Naturreligionen waren übrigens ursprünglich Metaphern für die beobachtete Wirklichkeit: für die Bewegung von Sonne und Mond, für das Werden und Vergehen der Pflanzenwelt, für das Verhalten der Tiere und den Wandel der Jahreszeiten. Auf vielen Ebenen schwingen sie mit und beschäftigen sowohl unser verbalanalytisches Bewußtsein als auch unser ganzheitlich-bildhaftes Bewußtsein. Sie rühren an unsere Emotionen und bestimmen nicht nur, was wir von der Natur wissen, sondern auch, wie wir sie empfinden.

Wenn wir die Vagina als Blüte beschreiben, empfinden wir sie anders, als wenn wir sie »ein Organteil« oder »eine Öffnung des Genitals« nennen würden. Wenn wir den Ozean als »unsere Mutter, den Schoß des Lebens« bezeichnen, sind wir vielleicht mehr darauf bedacht, ihn nicht mit Giften vollzupumpen, als wenn wir den Ozean nur als »Wassermasse« sehen würden.

Ich wünschte mir, daß die zukünftige Religion der Göttin fest auf dem Fundament der Wissenschaft stünde, daß sie sich auf das gründete, was wir in der stofflichen Welt beobachten können. Beobachtung ist Meditation – das haben die Erbauer von Stonehenge mit Tempel, Sternenobservatorium, Kalender und Rechentafeln sehr wohl bewiesen. Der Hexenglaube war immer eine empirische Religion. Kräuter, Zauber und magische Praktiken wurden ständig überprüft und die Ergebnisse bei den Zusammenkünften der Konvente verglichen. Wenn wir heute ein Ritual, eine Übung oder eine Beschwörung zum ersten Mal ausführen, stellt sich immer die Frage: »Wird es auch klappen?« Die Prüfungen sind subjektiver als in der Naturwissenschaft: Haben wir etwas gespürt? Sind wir verändert worden? Haben wir die erwarteten Ergebnisse bekommen? Waren wir aufgeregt? In Ekstase? Furchtsam? Gelangweilt? Warum?

Die alten Symbole wurden aus der Beobachtung in der Natur wiederkehrender Muster bezogen. Manche wurden nur durch unsere gründlichere Kenntnis dieser Muster vertieft. Die Spirale zum Beispiel war das alte Symbol für Tod und Wiedergeburt. Heute erkennen wir sie wieder in der Form des DNS-Moleküls, in dem das Muster für das Wachstum eines ganzen Organismus verborgen ist, und so gelangt sie auf eine andere Bedeutungsebene. Die Milchstraße ist eine Spirale, »unten so wie oben«.

Andere Mythen und Symbole mögen sich wandeln, um neue Erkenntnisse zu spiegeln. Viele von den alten jahreszeitlichen Mythen beruhen auf der empirischen Wahrnehmung, daß die Sonne sich um die Erde dreht. Sogar in unserer Sprache zeigt sich diese falsche Auffassung; wir sagen »Die Sonne geht auf«, obwohl wir verstandesmäßig wissen, daß dies nicht der Fall ist und niemals war. Stattdessen dreht sich die Erde um die Sonne. Da sich unsere körperlichen und seelischen Funktionen unter der scheinbar auf- und untergehenden Sonne entwickelten, »wirken« die alten Mythen, indem sie unsere inneren Zyklen mit denen der äußeren Welt verbinden, und können eben nicht abgelegt werden. Doch vielleicht hat aber auch die Erdbewegung eine esoterische Bedeutung: Wir warten halt nicht auf das Licht, sondern fliegen darauf zu.

In der künftigen oder zeitgenössischen Religion der Göttin könnte eine aus dem Weltraum aufgenommene Photographie der Erde unser Mandala sein. Wir könnten ebenso über den Bau des Atoms wie über Bilder der alten Göttinnen meditieren, könnten die Jahre, welche die Biologin Jane Goodall mit der Beobachtung von Schimpansen zubrachte, im Licht einer spirituellen Disziplin sehen. Physik, Mathematik, Ökologie und Biochemie nähern sich immer stärker dem Mystischen. Neue Mythen können ihre Gedanken aufnehmen und sie dem Göttlichen einverleiben, so daß unserem Denken und Handeln das Staunen über den Reichtum des Lebens eingegeben wird.

Die Spiritualität wagt Sprünge, denen die Wissenschaft nicht folgen kann, denn Wissenschaft muß stets prüfen und messen, und ein guter Teil der Wirklichkeit und menschlichen Erfahrungen ist unmeßbar. Ohne die Wissenschaft aufzugeben, können wir ihre Grenzen erkennen. Es gibt viele Arten des Bewußtseins, die noch nicht vom westlichen wissenschaftlichen Rationalismus bestätigt worden sind, vor allem die ganzheitliche intuitive Wahrnehmungsweise unserer rechten Gehirnhälfte, die ich »Sehweise des Sternenlichts« nenne. Kulturell erleben wir eine Wende zum Intuitiven, Medialen, das wir solange geleugnet haben.

Astrologie, Tarot, Handlesen – all diese alten Formen des Hellsehens erfahren derzeit eine Wiederbelebung. Die Menschen streben nach einem erweiterten Bewußtsein und probieren alles von Yoga über Drogen zu teuren Wochenendseminaren. Sie sehen keinen Sinn in einer Religion, die nur aus einer Sammlung von Lehren oder einer langweiligen Sonntagsmesse besteht. Jede heute entstehende, entwicklungsfähige Religion wird unvermeidlich eine Form der Magie enthalten, die als »die Kunst, nach Belieben das Bewußtsein zu verändern« definiert wird.

Immer ist die Magie ein Element des Hexenglaubens gewesen, aber in der Alten Religion wurden magische Techniken im Kontext von Gemeinschaft und Verbundenheit praktiziert. Sie waren Mittel zur ekstatischen Vereinigung mit dem Selbst in der Göttin, aber kein Ziel an sich. Die Faszination durch das Psychische – oder das Psychologische – kann bei jedem spirituellen Weg in eine gefährliche Entgleisung führen. Wenn die inneren Visionen zum Mittel werden, dem Kontakt zu anderen Menschen zu entfliehen, ist es besser für uns, fernzusehen. Wenn das »erweiterte Bewußtsein« nicht unsere Bindungen an andere Menschen und an das Leben vertieft, ist es alles andere als sinnvoll: Es ist spirituelle Selbst-Zerstörung.

Wenn die Religion der Göttin nicht zu gedankenlosem Schwachsinn werden soll, müssen wir die Tendenz der Magie überwinden, in Aberglauben zu entgleisen. Magie – und zu ihren Teilgebieten rechne ich auch die Psychologie, insofern sie beansprucht, das Bewußtsein zu beschreiben und zu verändern – ist eine Kunst. Wie bei anderen Künsten hängt ihre Wirksamkeit weitaus mehr davon ab, wer sie praktiziert, als von der Theorie, auf die er seine magischen Praktiken begründet. Der ägyptischen Grabmalerei liegen ganz andere Strukturprinzipien zugrunde als dem Surrealismus des zwanzigsten Jahrhunderts, und doch haben beide Schulen hinreißende Malerei hervorgebracht. Tonleiter und rhythmischer Aufbau der balinesischen Musik sind anders als bei der westlichen Musik, doch ist sie nicht weniger reizvoll. Die Lehren von Freud, Jung und Melanie Klein oder der sibirische Schamanismus können jede für sich heilende Wirkung oder fortgesetztes Leiden zur Folge haben, je nachdem, wie sie angewandt werden.

Magische Systeme sind keine Wahrheiten, sondern äußerst komplizierte Metaphern. Wenn wir sagen: »Es gibt zwölf Tierkreiszeichen«, meinen wir in Wirklichkeit: »Wir sehen die unendliche Vielfalt menschlicher Charakteristika durch diesen geistigen Bildschirm, weil wir damit Einsichten gewinnen können.« Oder wenn wir sagen: »Die Tonleiter hat acht Noten«, meinen wir, uns von allen möglichen Tonhöhen und Klangfarben auf die zu konzentrieren, die in den genannten Bereich fallen, denn dann können wir musizieren. Wenn wir aber vergessen, daß die Tierkreiszeichen willkürliche Gruppierungen von Sternen sind, und zu glauben beginnen, daß es am Himmel richtige große Löwen, Skorpione und Krebse gibt, kommen wir in Schwierigkeiten. Der Wert magischer Metaphern liegt darin begründet, daß wir uns durch sie mit stärkeren Kräften identifizieren und verbinden können; daß wir teilhaben an den Elementen, dem kosmischen Werden, den Bewegungen der Sterne. Wenn wir jedoch Metaphern für oberflächliche Erklärungen und billige Klassifizierungen benutzen, dann legen sie uns Scheuklappen an, statt unseren Geist zu weiten, und begrenzen unsere Erfahrung auf eine Sammlung von Formeln, die uns voneinander und von der eigenen Kraft trennen.

Die Sehnsucht nach einem erweiterten Bewußtsein hat viele von uns auf einen spirituellen »Trip nach Osten« gebracht; hinduistische, taoistische und buddhistische Ideen bringen der westlichen Kultur neue Inhalte. Der Dialog zwischen Ost und West nimmt starken Einfluß auf die Entwicklung einer neuen Weltanschauung. Die östlichen Religionen bieten einen völlig anderen Zugang zum Spirituellen als die jüdisch-christlichen Traditionen. Sie sind eher empirisch als intellektuell. Statt eines Katechismus bieten sie Übungen, Anwendungen und Meditationen. Ihr Gottesbild zeigt keinen anthropomorphen, bärtigen Gottvater im Himmel, sondern den abstrakten, unfaßbaren Grund des Bewußtseins an sich, die Leere, das Tao, den Weg. Das Ziel ist nicht, Gott zu erkennen, sondern Gott zu *sein.* In mancher Hinsicht sind die östlichen Philosophen dem Hexenglauben sehr nahe verwandt.

Als Frauen müssen wir uns diese Philosophien jedoch sehr genau ansehen und uns nüchtern und kritisch fragen: »Was habe *ich* davon? Was tut dieses spirituelle System für Frauen?« Die Gurus, die Lehrer und die überragenden Meister werden uns natürlich erzählen, daß wir selbst mit dieser Frage nur in unserer Versklavung durch die Herrschaft des Geistes verharren; daß es sich schlicht um einen anderen Trick des Ichs handelt, sich der Auflösung im All zu entziehen. Die Wahrheit ist jedoch, daß in unserer Gesellschaft nur die Männer ermutigt werden, ein starkes Ego zu entwickeln und sich konkurrierend, aggressiv und intellektuell zu gebärden, was sie allerdings sehr belasten kann, während das Ego der meisten Frauen dem Veilchen im Moose gleicht, das im Verborgenen gesät, sorgfältig gehegt und gepflegt und gegen allzu viel Sonne abgeschirmt wird. Bevor ich mein Ego auf die kollektive Müllkippe werfe, möchte ich sichergehen, daß ich etwas dafür bekomme. Ich maße mir nicht an, zu beurteilen, wie die östlichen Religionen in ihrem jeweiligen Kulturkreis wirken. Wenn wir aber Frauen im Westen betrachten, die diesen Kulten anhängen, finden wir sie weitgehend versklavt. Vielleicht eine ekstatische Versklavung, aber eine Versklavung.

Die östlichen Religionen mögen den Männern helfen, heil zu werden, die intuitiven, rezeptiven, sanften Gefühle zuzulassen, auf deren Verdrängung sie dressiert worden sind. Frauen hingegen können nicht heil werden, indem sie noch passiver, sanfter und unterwürfiger werden, als sie bereits sind. Wir werden heil, indem wir unsere Stärke und Kreativität, unsere Aggressivität und unsere Sexualität erkennen, indem wir das Selbst nicht leugnen, sondern bejahen. Wir können die Erleuchtung nicht erlangen, indem wir uns mit Buddhas Frau oder Krishnas anhänglichen Groupies identifizieren. In der indischen Tradition gibt es weibliche Gottheiten – im Tantra, in der Verehrung der Göttin Kali –, aber sie werden im Westen nicht populär, weil sie nicht zu unserer kulturellen Erwartung passen, daß die Wahrheit durch männliche Bilder, durch charismatische Männer vermittelt wird. Wenn wir die Symbole, die hierarchische Struktur, die Verleugnung von Sexualität und Gefühl, die von den Gurus in der westlichen Welt verbreitet werden, genau unter die Lupe nehmen, bleibt uns nur die Schlußfolgerung, daß sie vielleicht andere Instrumente benutzen, aber doch dasselbe alte Lied spielen.

Eine weitere Spielart des Absolutismus ist unsere Neigung zu glauben, daß die Wahrheit irgendwie wahrer wird, wenn sie sich in Extremen äußert; daß eine Theorie alles begründen muß, wenn sie etwas taugen soll. Ein Psychologe entdeckt beispielsweise, daß Ratten konditioniert werden können, auf bestimmte Reize in voraussagbarer Weise zu reagieren, und schließt daraus, daß Lernen nichts anderes ist als konditionierte Reaktionen. Dies ist Anlaß für weitläufige Erklärungen und endlose Auseinandersetzungen in Fachzeitschriften – wie *beweisen* wir schließlich, was wir von Natur aus fühlen –, daß irgendwo zwischen der Ratte in ihrem Labyrinth und der Tanzkunst der Markova andere Faktoren im Spiel sind. Doch wer würde dem Psychologen zuhören, wenn er nur sagte: »Lernen ist zum Teil eine Frage der Konditionierung.«? Eine solche Feststellung macht keinen Eindruck, sie klingt weder neu noch originell. Sie bietet keine Grundlage, experimentelle utopische Gemeinden zu bilden, und sie bringt keine internationale Anerkennung oder lukrative Vortragsreisen ein. Sie klingt trocken und einleuchtend. Ihr einziger Vorzug ist, daß sie wahr ist, was für die bestechende Verallgemeinerung nicht zutrifft.

Absolutistische Feststellungen sind oft äußerst attraktiv. Irgend etwas in uns sehnt sich danach, daß das Leben sich lückenlos um eindeutige Grundsätze herum aufbaut, von denen es keine Abweichungen gibt. Wir wollen unbedingt, daß alle Aufgaben bei ungekürzter Division nicht Brüche, sondern ganze Zahlen ergeben. Wenn wir aber lieber Aufgaben lösen, als mit schönen Modellen spielen wollen, müssen wir akzeptieren, daß es keine glatten Lösungen gibt. Nur wenn wir bereit sind, uns mit der Verschwommenheit und Unklarheit der Realität auseinanderzusetzen, dürfen wir hoffen, sie zu verändern.

Unsere kulturelle Sehnsucht nach einem einfachen System von Grundsätzen, nach denen wir leben könnten, wurde in den letzten Jahren von einem Schwarm weltlicher Gurus geschickt ausgenutzt. Viele dieser »Wachstums«-Bewegungen und potentiellen Menschheitsbewegungen beruhen auf dem absolutistischen Gedanken: »Ich schaffe meine eigene Realität.« Dies zu glauben ist einerseits beruhigend; andererseits ist es eine erschreckende Vorstellung. Es scheint wahr zu sein, daß wir mehr als sonst bereit sind, etwas aus unserem Leben zu machen, unsere Chancen zu nutzen und auf unsere physische Gesundheit zu achten. Wenn ich meine Mutter, das »System«, oder einfach Pech für mein Elend verantwortlich mache, werde ich weiterhin unglücklich bleiben, statt etwas zu unternehmen, um meine Situation zu verbessern. Nur an mir liegt es, eine sinnvolle Arbeit zu finden, die Mittel für meinen Lebensunterhalt zu verdienen und wichtige Beziehungen zu pflegen, und nichts außer mir hindert mich, all dies zu verwirklichen. Natürlich bin ich wie die meisten Mitglieder dieser Bewegungen weiß und gehöre zur Mittelschicht. Ich bezweifle aber, daß ich genauso von meiner Fähigkeit, eine Wirklichkeit zu schaffen, überzeugt wäre, wenn ich eine andere Hautfarbe hätte, wegen früher Mangelernährung geistig zurückgeblieben oder körperbehindert wäre. Ist das vergewaltigte Opfer Urheber des Verbrechens? Haben die Kinder in Vietnam Napalm erfunden? Natürlich nicht.

Viele Bereiche der Wirklichkeit – die Wohlfahrt, der Krieg, die Frauen und Männern zugewiesenen gesellschaftlichen Rollen – werden kollektiv geschaffen und können nur kollektiv verändert werden. Eine der klarsten Erkenntnisse des Feminismus ist, daß unsere Kämpfe nicht nur individuell sind und daß unser Leid kein privates Leid ist. Es entsteht durch die Art und Weise, in der unsere Kultur die Frauen als Klasse behandelt. Sexismus, Rassismus, Armut und blinder Zufall regieren das Leben der Menschen und werden nicht von ihren Opfern in die Welt gesetzt. Wenn Spiritualität wirklich dem Leben dienen soll, muß sie betonen, daß wir alle füreinander verantwortlich sind. Ihr Ziel darf nicht die individuelle Erleuchtung, sondern muß die Anerkennung unserer menschlichen Verbundenheit und unseres Engagements füreinander sein.

Die feministische Religion macht keine falschen Versprechungen. Sie legt nicht den Menschen den Schmerz und die Desillusionierung zur Last, die auftreten, wenn die Anhängerin des Wachstums auf eine Wirklichkeit stößt, die nicht verändert werden kann. Auf die Nacht folgt der Tag, und daran kann niemand auch nur das Geringste ändern.

Das Paradoxe ist natürlich, daß wir die Göttin sind: Jede ist Teil der alles durchdringenden, alles verbindenden Realität des Alls. Und wenn wir auch nicht die Erde in ihrem Lauf aufzuhalten vermögen, können wir uns immerhin entschließen, jede Umdrehung so tief und vollständig zu erleben, daß sich die Finsternis erhellt. *Wollen* bedeutet nicht, daß die Welt unsere Wünsche erfüllt – es bedeutet, daß *wir* wollen: Wir wollen unsere eigenen Entscheidungen treffen und handeln so, daß wir sie verwirklichen, obwohl wir wissen, daß es uns mißlingen kann. Die feministische Spiritualität schätzt den Mut, Risiken einzugehen, Fehler zu machen, sich auf sich selbst zu verlassen.

Wir müssen uns von dem Glauben frei machen, daß nur wenige Persönlichkeiten in der Geschichte einen direkten Draht zur Wahrheit hatten; daß Jesus, Buddha, Mohammed, Moses, Freud oder Werner Erhard mehr über unsere Seelen wüßten als wir. Gewiß lernen wir von Lehrern, aber wir können es uns nicht leisten, die Macht, unser Leben selbst in die Hand zu nehmen, an andere abzutreten. Eine feministische Religion braucht keinen Messias, keine Märtyrer und keine Heiligen, um uns auf unserem Weg zu leiten. Sie muß uns stattdessen darin bestärken, unsere Erfahrungen der inneren und äußeren Welt selbst zu machen und miteinander zu teilen. Ihr Ziel muß die unmögliche Aufgabe sein, daß wir uns selbst lehren – weil wir keine Vorbilder und keine Lehrer haben, die uns den Weg zeigen können –, menschlich zu werden, zutiefst lebendig zu sein, mit allen menschlichen

Leidenschaften und Wünschen, Fehlern und Grenzen und unendlichen Möglichkeiten.

Viele Kräfte wirken heute an der Entstehung neuer Mythen mit. Ich habe von dem Wandel gesprochen, den die Religion durch die Wissenschaft erfuhr, und von dem starken Einfluß des ost-westlichen Dialogs. Unser wachsendes ökologisches Bewußtsein und die drohende Umweltkatastrophe haben uns gezwungen, unsere Verbundenheit mit allen Formen des Lebens zu verwirklichen; sie ist der Urgrund der Religion der Göttin. Auch die sich wandelnde kulturelle Einstellung zur Sexualität beeinflußt unsere Spiritualität.

Die Feministinnen haben ganz richtig darauf hingewiesen, daß die sogenannte sexuelle Revolution nur zu oft die ungehemmte Vermarktung des weiblichen Körpers und die Herabwürdigung der Frau zum Objekt bedeutete. Das liegt aber daran, daß wir sexuell noch immer nicht frei sind. Pornographie, Vergewaltigung, Prostitution und Sadomasochismus fördern nur offen zutage, was der Askese, dem Zölibat und der christlichen Keuschheit zugrundeliegt – daß Sex schmutzig und böse ist und, durch Übertragung, daß auch die Frauen so sind. Im Patriarchat liefert die Sexualität die Begründung für die Gewalt gegen Frauen – für die Steinigung der Ehebrecherin, die Verbrennung der Hexen, die beschämende vaginale Untersuchung der Opfer von Vergewaltigungen.

Die Religion der Göttin definiert Sexualität als Ausdruck der schöpferischen Lebenskraft des Universums. Sie ist weder schmutzig noch bloß »normal«, sondern sie ist geheiligt, ist die Manifestation der Göttin. Glücklicherweise bedeutet dies nicht, daß du zur Priesterin geweiht sein mußt, um dich daran erfreuen zu können. In der feministischen Spiritualität kann das Heilige auch zärtlich, fröhlich, vergnügt, leidenschaftlich, komisch oder rein animalisch sein. »Alle Akte der Liebe und der Freude sind Meine Rituale«, sagt die Göttin. Die Sexualität ist geheiligt, denn sie ist ein Austausch von Energie in leidenschaftlicher Hingabe an die Macht der Göttin, die unserem Begehren innewohnt. Beim Orgasmus haben wir Anteil an der Kraft, die die Sterne bewegt.

Heute ist jedoch der Feminismus die stärkste mythenwebende

Kraft. Die Frauen haben es gewagt, durch das akrostische Auge zu blicken, und die Vorbilder brachen auseinander. Der Prozeß des kulturellen Wandels dauert lange und ist überaus schwierig. Noch ist unsere Vision nicht in den Gesetzen, der Sprache, dem wirtschaftlichen und gesellschaftlichen System erkennbar. Aber wir entdecken und schaffen uns die Mythen, Symbole und Rituale. Wir brauchen Bilder, die uns über Sprache, Gesetz und Sitte hinaus bewegen; die uns über die Grenzen des Lebens hinaus in jenen Raum zwischen den Welten schleudern, wo wir klar sehen können.

Die Frauenbewegung ist sowohl eine magisch-spirituelle als auch eine politische Bewegung. Spirituell ist sie, weil sie die Befreiung des menschlichen Geistes, die Heilung unserer Zerrissenheit, die Ganzheit anstrebt. Magisch ist sie, weil sie die Wahrnehmung verändert, das Bewußtsein erweitert und uns neue Visionen vermittelt. Magisch ist sie auch durch eine weitere Definition, »die Kunst, in Übereinstimmung mit dem Willen Veränderungen zu bewirken«.

Wenn wir unsere Kultur zurückerobern wollen, können wir uns keine engen Definitionen leisten. Und wenn wir uns befreit haben, müssen wir »in den Kreis zurückkehren«. Gemeint ist der ökologische Kreis, der Kreis der Interdependenz aller lebenden Organismen. Die Zivilisation muß wieder zur Harmonie mit der Natur zurückkehren.

Der Kreis bedeutet auch den Kreis der Gemeinschaft. Die alten Familienstrukturen, das Netz von Hilfeleistungen und Fürsorge, sind am Zusammenbrechen. Die Religion war stets ein Hauptquell der Gemeinschaft, und es ist eine entscheidende Aufgabe für die feministische Spiritualität, neue Netze zu weben. Gemeinschaft beinhaltet auch die wesentlichen Fragen, wie gerecht Macht, Wohlstand und Chancen bei verschiedenen Schichten verteilt sind, und die Fragen, wer für die Kinder, die Alten, die Kranken und die Behinderten sorgt. Wenn das Göttliche der Welt innewohnt, sind dies alles Bereiche spirituellen Interesses.

Der Kreis bedeutet außerdem den Kreis des Selbst. Unsere Auffassung vom Selbst – was es ist, wie es empfindet und wie es reagiert – hat sich sehr gewandelt. Die feministische Spiritualität ist auch eine Reise nach innen, ein persönliches Streben nach Einsicht, ein Prozeß der Selbstheilung und der Selbsterkenntnis.

In den Kreis zurückkehren bedeutet nicht unbedingt, sich speziell dem Hexenglauben zuzuwenden. Ich hoffe, daß die Religion der Zukunft aus vielen Traditionen erwachsen und facettenreich sein wird. Vielleicht erleben wir einen neuen Kult der Jungfrau Maria und eine Wiederkehr der alten hebräischen Göttin. Die Traditionen der amerikanischen Ureinwohner oder afroamerikanische Traditionen könnten in einem Klima gedeihen, in dem ihnen die Achtung entgegengebracht wird, die sie verdienen. Die östlichen Religionen werden sich im Westen unweigerlich verändern – und ein Teil dieser Veränderung könnte die Rolle sein, die sie den Frauen zuweisen.

Im Hexenglauben finden wir jedoch wertvolle Grundvorstellungen, die von anderen feministischen Traditionen übernommen werden können. Am wichtigsten ist die Einsicht, daß die Göttin, das Göttliche, der Welt immanent ist und der Natur, dem Menschen und der menschlichen Gemeinschaft innewohnt. Die Allumfassende war und ist niemals von der vorhandenen stofflichen Welt getrennt. Sie ist jetzt hier, *ist* jede von uns in der ewig sich wandelnden Gegenwart; sie ist niemand anderes als du, ist nur dort, wo du bist – und ist doch jede und überall. Sie zu verehren heißt, selbst im Angesicht des Leidens und oft wider alle Vernunft zu behaupten, daß das Leben gut ist, ein großzügiges Geschenk, ein ständiger Anlaß zur Begeisterung. Wenn wir sehen, daß es anderen zur Last wird, haben wir die Pflicht, das zu ändern.

Da die Göttin den Menschen innewohnt, versuchen wir nicht, unserem Menschsein zu entfliehen, sondern trachten danach, zutiefst menschlich zu werden. Die feministische Religion will uns helfen, diese Dinge zu lernen, die so einfach erscheinen, aber weitaus anspruchsvoller sind als die meisten extremen patriarchalen Wissensgebiete. Enthaltsam zu sein ist leichter als seine Sexualität auszuleben. Sich von der Welt zurückzuziehen ist leichter als in ihr zu leben. Als Einsiedler zu leben ist leichter als ein Kind aufzuziehen. Gefühle zu unterdrücken ist leichter als sie zuzulassen und zu artikulieren. Einsam zu meditieren ist leichter als sich in einer Gruppe mitzuteilen. Sich fremder Autorität unterzuordnen ist leichter als Vertrauen in sich selbst zu setzen. Es ist nicht leicht, eine Hexe, eine Formende, Gestaltende, eine der Weisen zu sein. Eine Hexe zu sein ist auch nicht sicher, bequem, gemütlich, angenehm, erhebend oder eine Garantie für Seelenfrieden. Es verlangt Offenheit, Empfindlichkeit, Mut und Tatkraft. Es gibt keine Antworten, sondern nur Pflichten, die erfüllt, und Fragen, die überdacht werden müssen. Um unsere Kultur wahrhaft verändern zu können, brauchen wir die Orientierung zum Leben, zum Körper, zu Sexualität, Ego und Willen, zu allen Höhen und Tiefen, zum Abenteuer des Menschseins.

Der Hexenglaube bietet das untheologische Modell einer Religion der Poesie. Er beschert uns keine Doktrin, sondern Metaphern, und eröffnet die Möglichkeit einer Aussöhnung von Wissenschaft und Religion und viele Wege der Erkenntnis. Er wird auf jenen tieferen Pfaden der Erkenntnis wirksam, die unsere Kultur verleugnet hat und nach denen wir hungern.

Die Weltsicht des Hexenglaubens ist zyklisch, ist spiralförmig. Sie löst Dualitäten auf und sieht Gegensätze als Ergänzungen. Die Vielfalt wird hochgeschätzt. Bei jeder Dualität werden beide Pole als gleichwertig betrachtet, denn zwischen ihnen fließt polare Energie, die das Leben erhält. Dieser Zyklus ist der Rhythmus des Tanzes, zu dem es den Jäger, den Suchenden stets zurückzieht.

Schließlich bietet der Hexenglaube ein Strukturmodell – den Konvent, den Freundeskreis, in dem es wohl eine Führung, aber keine Hierarchie gibt, und der klein genug ist, um Gemeinsamkeit ohne Einbuße der Individualität zu schaffen. Die Form des Rituals ist kreisförmig: Wir blicken einander an, aber nicht auf einen Altar, auf ein Podium oder einen geweihten Schrein, denn wir finden die Göttin in unserem Gegenüber und in uns. Jede Hexe ist Priesterin oder Priester: Es gibt keine Hierophanten, keine messianischen Gestalten, keine Avatars, keine Gurus. Die Göttin spricht: »Wenn du das, was du suchst, nicht in dir selbst findest, wirst du es auch niemals außer dir finden. Denn ich bin in dir gewesen von Anbeginn.«

Was werden wir sein, wenn wir in den Kreis zurückkehren,

wenn wir frei geworden sind? Ich habe Bruchstücke von Visionen; vielleicht sind es Erinnerungen an zukünftige Leben:

Die Kinder erwachen mitten in der Nacht, um den Mondaufgang zu beobachten. Sie erfahren nichts über den Mond, bis sie einen Mondzyklus mitgelebt haben, sich mit dem Mondaufgang erhoben und sich bei Monduntergang schlafen legten. Über die Sonne erfahren sie nichts, bis sie diese ein Jahr lang beobachtet haben, ihren Bewegungen am Horizont gefolgt sind. Ihre Lehrer ermutigen sie, Bilder, Geschichten und Lieder über Mond und Sonne zu erfinden.

Wenn sie älter sind, zeigt man ihnen ein Modell des Sonnensystems. Es wird ihnen nichts darüber erzählt, man überläßt es ihnen nur jeden Tag eine Zeitlang, damit sie es mit offenem Sinn betrachten können. Manche begreifen es dann in einem Augenblick der Erleuchtung, andere nicht. Aber das macht nichts. Etwas später werden sie ermuntert, Fragen zu stellen. Sie werden einige Zeit danach beantwortet.

Wenn sie noch älter geworden sind, können sie eine Pilgerreise zum Mond unternehmen. Sie mögen eine Zeitlang im Schrein des Strahlenden Angesichts leben, wo sie die Erde auf- und untergehen sehen. Andere sind lieber im Dunklen Schrein, der immer den Sternen zugewandt ist.

Der Pfad ist ein wenig steil, doch kann man ihm leicht folgen. Aradia weiß, ihr Unbehagen rührt nur daher, daß sie allein ist. Wie alle anderen Kinder ist sie oft in diesen Bergen gewandert und hat dort übernachtet. Aber nie zuvor ganz allein.

Eine Weile bleibt sie in einer hochgelegenen Wiese stehen, um die Sonne in sich hineinzutrinken. Drei Tage. Sie will sich von den Gaben der Natur ernähren oder fasten. Das Fest der Ersten Blutung, die Feier, die zeremoniellen Speisen, alle in Rot, die in rotes Papier gehüllten Geschenke, die ein Jahr lang nicht benutzt werden dürfen – schon sind es Erinnerungen an ein vergangenes Leben. Nun geht sie vorüber. Sie hat ihre Puppen und ihr Spielzeug weggegeben. An dem hohen Gebirgskamm entlang folgt sie dem Pfad zum See der Frauen.

Anna wartet am See, der sich wie eine Träne auf der Hand in

eine Höhlung der Berge schmiegt. Sie genießt die Stille nach all den Jahren des Lärms, mit Kindern, Arbeit, Anforderungen. Nachdem sie jahrelang Baupläne gezeichnet hat, tut es wohl, die Bäume und Felsen zu betrachten, sich das Ruhejahr zu gönnen. Wenn die jungen Mädchen kommen, unterweisen sie und die anderen Frauen sie über ihren Körper, über Wind und Felsen, Feuer und Wasser. Sie lernen spinnen und weben, Feuer machen ohne Streichholz und die Sprache der Tiere verstehen. Nachts lernen sie die Mysterien und Gesänge, an die die Frauen sich erinnern. Und sie treiben Magie ...

Es ist die Nacht der Wintersonnenwende. Überall in San Francisco leuchten Freudenfeuer: kettenförmig an den Stränden entlang, von den Zwillingshügeln empor und auf allen höher gelegenen Plätzen. In den Parks und auf Häuserdächern versammeln sich kleine Gruppen um Hexenkessel. Es sind nur Zirkel, keine Massenveranstaltungen.

Sie beginnen mit einer sehr alten Sitte: Sie wandern durch die Gegend und sammeln Papier oder anderen Abfall. Die Älteren haben angeregt, diesen Brauch abzuschaffen, weil er überholt ist: Es gibt keinen Müll mehr. Es wird nichts mehr hergestellt, um weggeworfen zu werden; nichts wird verschwendet.

Von den Hügeln aus wirkt die Stadt wie ein in Grün gebettetes farbiges Mosaik. Überall sind Gärten. Die letzten Strahlen der Sonne spiegeln sich rosig auf Tausenden von Sonnenkollektoren.

Die Hexen stehen um das Feuer. Sie haben sich bei den Händen gefaßt. Der Wind erhebt sich und fährt durch die Äste der Eukalyptusbäume. In der ganzen Stadt erwachen Tausende von lustig bemalten Windmühlen zum Leben, lassen die bunten Lichter aufblitzen, mit denen sie zum Fest der Wintermitte geschmückt sind. Kerzen erlöschen. Altäre kippen um. Niemand stört sich dran. Sie haben alles, was sie brauchen, um Magie zu treiben: ihre Stimmen, ihren Atem, sie haben einander.

Während der langen Nacht singen sie gegenseitig ihre Namen. Sie singen Hymnen an die neugeborene Sonne, an die ewig sich drehende Göttin. Sie bringen Trankopfer dar und sprechen ihren Dank – vor allem die sehr Alten, die sich noch an die Zeit erinnern, da es anders war:

»Ich bin dankbar, daß niemand hungern muß in dieser Stadt.«

»Ich bin dankbar, daß in dieser Stadt niemand alleine sterben muß.«

»Ich will danken dafür, daß ich durch dunkle Straßen gehen kann, ohne mich vor Vergewaltigungen fürchten zu müssen.«

»Ich will danken dafür, daß wir saubere Luft und gesundes Wasser haben und daß wir im Frieden leben.«

»Ich will danken dafür, daß niemand arbeitslos ist.«

Am Morgen finden auf der Market Street Paraden statt. Nachbarschaftsgruppen und Vereinigungen stellen ihre Umzugswagen zur Schau, die von den besten Künstlern der Stadt gestaltet wurden. Prächtig geschmückte Jungfrau-Gestalten treffen aus dem Mission District ein. Hinter ihnen kommen die Arbeiter des Elektrizitätswerks mit einem glitzernden Lichterrad, danach ein Sonnenkind, das die Hebammengilde aus gelben Blüten gestaltet hat. Dazwischen Clowns, Jongleure, Musikzüge – die Menschen strömen aus ihren Häusern, um auf den Straßen zu tanzen. Später gibt es Konzerte, Parties, Maskenbälle und besondere Theateraufführungen.

Der letzte Feiertag ist still und friedlich. Die Menschen besuchen sich gegenseitig in ihren Wohnungen, tauschen Essen und kleine Geschenke aus. Familien und Konvente essen gemeinsam.

Abends kehren sie auf die Hügel zurück und entfachen erneut die Feuer. Sie kommen zusammen, um die Kraft der Jahreszeit zu erden, und begeben sich zwischen die Welten. Jenseits der Zeit, in Berührung mit Vergangenheit und Zukunft, mit allen Möglichkeiten, sprechen sie zu uns. Wir können sie hören. Jedem sagen sie:

»Erwache! Du bist es. Du bist Teil des Kreises der Weisen. Es gibt kein Mysterium, das dir nicht bereits enthüllt worden wäre. Es gibt keine Kraft, die du nicht schon hast. Du hast Teil an aller Liebe, die ist.«

»Wenn wir in den Kreis zurückkehren,
sind wir frei geworden.
Zurück die Jagd zum Rhythmus des Tanzes.«[7]

Die Göttin erwacht in zahllosen Gestalten und tausend Verkleidungen. Sie ist dort, wo wir Sie am wenigsten erwarten, erscheint aus dem Nichts und überall, um ein offenes Herz zu erleuchten. Sie singt, weint, stöhnt, jammert, schreit und summt für uns, damit wir erwachen, uns dem Leben anvertrauen, die Welt und in der Welt lieben, unsere Stimmen vereinen zu dem einzigen Gesang ständigen Wandels und Werdens. Denn Ihr Gesetz ist Liebe zu allen Geschöpfen, und Sie ist der Becher mit dem Wein des Lebens.

Möge das Leben blühen, jetzt und immerdar!
Der Kreis ist stets offen und stets ungebrochen.
Möge die Göttin in eurem Herzen erwachen.
Ein fröhliches Treffen, ein fröhlicher Abschied.
Seid gesegnet.

Tafeln der Korrespondenzen

Die Elemente

Luft

Himmelsrichtung: Osten
Einflußbereiche: der Geist, jede geistige, intuitive und psychische Arbeit, Erkenntnis, abstraktes Lernen, Theorie, windgepeitschte Hügel, windige Strände, hohe Berggipfel und Türme, Wind und Atem
Tageszeit: Morgendämmerung
Jahreszeit: Frühling
Farben: Weiß, leuchtendes Gelb, Karminrot, Blauweiß
Tierkreiszeichen: Zwillinge, Waage, Wassermann
Geräte: Dolch (Athame), Schwert, Weihrauchfaß
Geister: die Sylphen unter der Herrschaft ihres Königs Paralda (viele dieser Systeme sind extrem männlich orientiert; ich nenne sie wirklich nur interessehalber und als Hinweis – mache keinen Gebrauch davon, wenn du sie nicht magst)
Engel: Michael
Name des Ostwinds: Eurus
Sinn: Geruchssinn
Edelstein: Topas
Räucherwerk: Galbanum
Pflanzen: Weihrauch, Myrrhe, Stiefmütterchen, Primel, Eisenkraut, Veilchen, Schafgarbe
Baum: Espe
Tiere: Vögel, insbesondere Adler und Falke
Göttinnen: Aradia, Arianrhod, Cardea, Nuit, Urania
Götter: Enlil, Khephera, Merkur, Shu, Thoth

Feuer

Himmelsrichtung: Süden
Einflußbereiche: Energie, Seele, Hitze, Flamme, Blut, Vitalität, Wille, Heilung und Zerstörung, Reinigung, Freudenfeuer, Herdfeuer, Kerzenflammen, Sonne, Wüsten, Vulkane, Eruptionen, Explosionen
Tageszeit: Mittag
Jahreszeit: Sommer
Farben: Rot, Gold, Karminrot, Orange, Weiß (wie das Licht der Mittagssonne)
Tierkreiszeichen: Widder, Löwe, Schütze
Geräte: Weihrauchfaß, Zauberstab
Geister: die Salamander unter der Herrschaft ihres Königs Djin
Engel: Ariel
Name des Südwindes: Notus
Sinn: Gesichtssinn
Edelstein: Feueropal
Räucherwerk: Weihrauch
Pflanzen: Knoblauch, Hibiskus, Senf, Nessel, Zwiebel, roter Pfeffer, roter Mohn
Baum: blühender Mandelbaum
Tiere: feuerspeiende Drachen, Löwen, Pferde mit funkensprühenden Hufen
Göttinnen: Brigid, Hestia, Pele, Vesta
Götter: Agni, Hephaistos, Horus, Vulkanus

Wasser

Himmelsrichtung Westen
Einflußbereiche: Emotionen, Gefühl, Liebe, Mut, Kühnheit, Trauer, das Weltmeer, die Gezeiten, Seen, Teiche, Ströme und Flüsse, Brunnen und Quellen, Intuition, das Unbewußte, der Schoß, Zeugung, Fruchtbarkeit
Tageszeit: abendliches Zwielicht
Jahreszeit: Herbst

Farben: Blau, Blaugrün, Grün, Grau, Indigo, Schwarz
Tierkreiszeichen: Krebs, Skorpion, Fische
Geräte: Kelch oder Becher
Geister: die Undinen unter der Herrschaft ihres Königs Niksa
Engel: Raphael
Name des Westwindes: Zephir
Sinn: Geschmackssinn
Edelstein: Aquamarin
Räucherwerk: Myrrhe
Pflanzen: Farn, Lotos, Moos, Binsen, Algen, Wasserlilien und alle Wasserpflanzen
Baum: Weide
Tiere: Drachen als Schlangen, Delphine und Tümmler, Fische, Robben und Meeressäugetiere, Seeschlangen, alle im Wasser lebenden Geschöpfe und Seevögel
Göttinnen: Aphrodite, Isis, Mariamne, Tiamat
Götter: Dylan, Ea, Llyr, Manannan, Osiris, Neptun, Poseidon

Erde

Himmelsrichtung: Norden
Einflußbereiche: der Körper, Wachstum, Natur, Nahrung, materieller Gewinn, Geld, Kreativität, Geburt, Tod, Stille, Schluchten, große und kleine Höhlen, Gräber, Felder, Felsen, Steinsetzungen, Berge, Kristall, Edelsteine, Metall
Tageszeit: Mitternacht
Jahreszeit: Winter
Farben: Schwarz, Braun, Grün, Weiß
Tierkreiszeichen: Stier, Jungfrau, Steinbock
Geräte: Drudenfuß
Geister: die Gnomen unter der Herrschaft ihres Königs Ghob
Engel: Gabriel
Name des Nordwinds: Boreas, Ophion
Sinn: Tastsinn
Edelstein: Bergkristall, Salz
Räucherwerk: Storax

Pflanzen: Schwarzwurz, Efeu, Getreide: Gerste, Hafer, Mais, Reis, Roggen, Weizen
Baum: Eiche
Tiere: Kuh oder Stier, Büffel, Erdschlangen, Hirsch
Göttinnen: Ceres, Demeter, Gaea, Mah, Nephthys, Persephone, Prithivi, Rhea, Rhiannon
Götter: Adonis, Athos, Arawn, Cernunnos, Dionysos, Marduk, Pan, Tammuz

Geist/Äther

Richtung: Mitte und Umfang, genau und ungefähr
Einflußbereiche: Transzendenz, Umwandlung, Veränderung, überall und nirgendwo, innen und außen, Leere, Immanenz
Zeit: jenseits der Zeit, Zeitlosigkeit
Jahreszeit: das wirbelnde Rad des Jahres
Farben: durchsichtig, Weiß, Schwarz
Geräte: Hexenkessel
Sinn: Gehör
Pflanze: Mistel
Baum: der blühende Mandelbaum
Tier: Sphinx
Göttinnen: Isis, der Geheimname der Göttin, Shekinah
Götter: Akasha, Iao, JHVH (Jehova)

Die Himmelskörper

Mond

Einflußbereiche: Frauen, Zyklen, Geburt, Zeugung, Inspiration, Dichtung, Empfindungen, Reisen (vor allem auf dem Wasser), das Meer und die Gezeiten, Fruchtbarkeit, Regen, Intuition, mediale Fähigkeiten, Geheimnisse

Neumond oder zunehmender Mond – die Jungfrau, Geburt und Initiation, Jungfräulichkeit, Anfänge, die Jagd

Vollmond – die Mutter, Wachstum, Erfüllung, Sexualität, Reifung, Ernährung, Liebe

Abnehmender oder unsichtbarer Mond – die Greisin, die Frau nach der Menopause, Alter, tiefe Geheimnisse, Weisheit, Wahrsagerei, Prophezeiung, Tod und Auferstehung, Beendigung

Tag: Montag

Element: Wasser

Farbe:

Zunehmender Mond – Weiß oder Silber

Vollmond – Rot oder Grün

Abnehmender Mond – Schwarz

Tierkreiszeichen: Krebs

Ton: h

Buchstabe: S

Zahl: 3 oder 9

Edelstein: Mondstein, Perle, Quarz, Bergkristall

Kabbalistische Sphäre: 9 Yesod – Basis

Engel: Gabriel

Räucherwerk: Lorbeerblatt, Ginseng, Jasmin, Myrte oder Mohn

Pflanzen: Banane, Kohl, Vogelmiere, Gurke, Blattgemüse, Lotos, Melone, Pilze, Myrte, Schlafmohn, Kürbis, Portulak, Stechpalme, Meeresalgen, Wasserkresse, wilde Rose, Immergrün

Baum: Weide

Tier: Hase, Elefant, Katze

Göttinnen: Artemis, Brigid, Brizo, Ceridwen, Diana, Hathor, Isis, Hekate, Levanah, Luna, Mari, Nimué, Pasiphaé, Phoebe, Selene, Anna

Zunehmender Mond – Artemis, Nimué
Vollmond – Diana, Mari
Abnehmender Mond – Hekate, Anna

Götter: Atlas, Khonsu, Sin

Sonne

Einflußbereiche: Freude, Erfolg, Fortschritt, Führerschaft, natürliche Macht, Freundschaft, Wachstum, Heilung, Licht
Tag: Sonntag
Element: Feuer
Farbe: Gold, Gelb
Tierkreiszeichen: Löwe
Ton: d
Buchstabe: B
Zahl: 1, 6 oder 21
Metall: Gold
Edelstein: Topas, gelber Diamant
Kabbalistische Sphäre: 6 Tiphereth – Schönheit
Engel: Raphael
Räucherwerk: Nelken, Zimt, Weihrauch, Lorbeer, Olibanum
Pflanzen: Robinie, Engelwurz, Lorbeerbaum, Kamille, Zitrusfrüchte, Heliotrop, Wacholder, Liebstöckel, Ringelblume, Mistel, Rosmarin, Gartenraute, Safran, Johanniskraut, Sonnenblume, Weinrebe
Baum: Robinie, Lorbeerbaum, Esche, Birke, Ginster
Tier: Kind, Adler, Löwe, Phönix, Sperber
Göttinnen: Amaterasu, Bast, Ilat, Sekhmet, Theia
Götter: Apollo, Helios, Hyperion, Legba, Lug, Ra, Semesh, Vishnu, Krishna, Rama

Merkur

Einflußbereiche: Verständigung, Intelligenz, Cleverness, Kreativität, Wissen, Gedächtnis, geschäftliche Transaktionen, Dieberei
Tag: Mittwoch
Element: Luft, Wasser
Farbe: Violett, Mischfarben
Tierkreiszeichen: Zwillinge, Jungfrau
Ton: e
Buchstabe: C
Zahl: 1, 4 oder 8
Metall: Quecksilber, Legierungen
Edelstein: Opal, Achat
Kabbalistische Sphäre: 8 Chod – Ruhm
Engel: Michael
Räucherwerk: Storax, Muskatblüte oder Sandelholz
Pflanzen: Kümmel, Karotten, Kreuzdorn, Dill, Wiesenalant, Fenchel, Gelber Bockshornklee, Minze, Lavendel, Süßholz, Alraune, Majoran, Myrte, Petersilie, Granatapfel, Baldrian
Baum: Haselstrauch, Esche, Mandelbaum
Tier: Hermaphroditen, Schakal oder Zwillingsschlangen
Göttinnen: Athene, Maat, Metis
Götter: Coeus, Anubis, Hermes, Lug, Nabu, Merkur, Thoth, Wodan

Venus

Einflußbereiche: Liebe, Harmonie, Anziehungskraft, Freundschaft, Vergnügen, Sexualität
Tag: Freitag
Element: Erde, Wasser
Farbe: Grün, Indigo, Rosa
Tierkreiszeichen: Stier, Waage
Ton: a
Buchstabe: Q
Zahl: 5, 6 oder 7

Metall: Kupfer
Edelstein: Bernstein, Smaragd
Kabbalistische Sphäre: 7 Netzach – Brillanz
Engel: Haniel
Räucherwerk: Benzoe, Jasmin, Rose
Pflanzen: Robinienblüten, Mandelöl, Aloe, Apfel, Birke, Gelbe Narzisse, Damaszenerrose, Holunder, Mutterkraut, Feige, Geranie, Minze, Beifuß, Olivenöl, Flohkraut, Wegerich, Himbeere, Rose, Erdbeere, Gänsefingerkraut, Thymian, Verbene, Eisenkraut, Veilchen
Baum: Apfel, Quitte
Tier: Taube, Luchs
Göttinnen: Aphrodite, Beltis, Asherah, Astarte, Freia, Hathor, Inanna, Isis, Ishtar, Mari, Mariamne, Tethys, Venus
Götter: Eros, Okeanos, Robin Hood, Pan

Mars

Einflußbereiche: Stärke, Kampf, Krieg, Zorn, Konflikt, Aggression
Tag: Dienstag
Element: Feuer
Farbe: Rot
Tierkreiszeichen: Widder, auch Skorpion wird mitunter angegeben
Ton: c
Buchstabe: T
Zahl: 2, 3 oder 16, eventuell 5
Metall: Eisen, Stahl
Edelstein: Blutstein, Granat oder Rubin
Kabbalistische Sphäre: 5 Gevurah – Stärke, Strenge
Engel: Kamael
Räucherwerk: Zypresse, Pinie, Tabak
Pflanzen: Baldrian, Aloe, Teufelsdreck, Basilienkraut, Rote Betonie, Kapern, Paprika, Koriander, Drachenblut, Enzian, Ingwer, Knoblauch, Senf, Zwiebel, Pfeffer, Rettich, Sarsaparille, Estragon
Baum: Steineiche, Kermeseiche

Tier: Kroneidechse (Basilisk)
Göttinnen: Anath, Brigid, Dione, Morrigan
Götter: Ares, Crius, Herakles, Mars, Nergal

Jupiter

Einflußbereiche: Führerschaft, Politik, Macht, Ehre, Königtum, öffentliche Anerkennung, Verantwortung, Wohlstand, Geschäft, Erfolg
Tag: Mittwoch
Element: Luft, Feuer
Farbe: Dunkelblau, tiefblauer Purpur
Tierkreiszeichen: Schütze
Ton: g
Buchstabe: D
Zahl: 4 oder 5
Metall: Zinn
Edelstein: Amethyst, Chrysolit, Saphir oder Türkis
Kabbalistische Sphäre: 4 Chesed – Barmherzigkeit
Engel: Tsadkiel
Räucherwerk: Zeder, Muskatnuß
Pflanzen: Odermennig, Anis, Esche, Springkraut, Rote Betonie, Sanguinaria, Borretsch, Fingerkraut, Klee, Narzisse, Ysop, Linde, Minze, Mistel, Muskatnuß, Salbei
Baum: Eiche, Olivenbaum, Terebinthe
Tier: Einhorn
Göttinnen: Isis, Hera, Juno, Themis
Götter: Bel, Eurymedon, Jupiter, Marduk, Thor, Zeus

Saturn

Einflußbereiche: Hindernisse, Begrenzungen, Bindung, Wissen, Tod, Gebäude, Geschichte, Zeit
Tag: Samstag
Element: Wasser, Erde

Farbe: Schwarz, Blau
Tierkreiszeichen: Steinbock
Ton: f
Buchstabe: F
Zahl: 7 oder 3
Metall: Blei
Edelstein: Perle, Onyx oder Sternsaphir
Kabbalistische Sphäre: 3 Binah – Verständnis
Engel: Tsaphkiel
Räucherwerk: Zibet, Eisenbaum, Myrrhe
Pflanzen: Eisenhut (Sturmhut), Rote Beete, Natterwurz (Schlangenknöterich), Schwarzwurz, Zypresse, Nieswurz, Schierling, Schachtelhalm, Hanf, Bilsenkraut, Alraune, Marihuana, Schlafmohn, Tollkirsche, Salomonssiegel, Thymian, Eibe
Baum: Erle, Granatapfel
Tier: Krähe, Rabe
Göttinnen: Cybele, Demeter, Hekate, Hera, Isis, Kali, Nephthys, Rhea
Götter: Bran, Kronos, Ninib, Saturn, YHVH (Jehova)

Aspekte des Lebens

Liebe

Element: Wasser, Erde
Planet: Venus
Günstigste Zeiten:
Freitag oder Montag
Neumond bis Vollmond im Zeichen von
Stier – irdische und sinnliche Liebe
Krebs – Heim und Familie
Waage – idealistisch
Skorpion – sexuell
Farben: dunkles Rosa, Grün, Orange, um Liebe anzuziehen
Metall: Kupfer oder Silber
Zahl: 5 oder 7
Räucherwerk/Duft: Benzoe, Jasmin, Rose; für sinnliche Liebe Zibet, Moschus, Patschuli, Polyantharose
Pflanzen: alle Venuskräuter, vor allem Akazienblüten, Aloe, Opobalsamum (Knospen am Körper tragen, um gebrochenes Herz zu heilen), Alpenveilchen (als Topfpflanze im Schlafzimmer halten, damit eine Beziehung glücklich und dauerhaft ist), Wiesenalant, Jasmin, Lavendel, Mädesüß, Mistel, Myrrhe, Myrte, Rose, Gänsefingerkraut, Baldrian, Eisenkraut, Veilchen
Aphrodisiaka (angesehene): Alraune, Koriander, Klee, Damianablätter, Rotalgen, Fo-ti-tieng, Ginseng, Kapuzinerkresse, Immergrün, Yohimbin
Göttinnen: Aphrodite, Asherah, Astarte, Beltis, Branwen (kann entweder Vereinigung mit der wahren Liebe bringen oder von Leidenschaft heilen), Diana, Freia, Hathor, Ishtar, Isis, Maia, Mari, Mariamne, Venus
Götter: Cernunnos, Eros, Adonis, Robin Hood, Pan

Geld und Geschäfte

Element: Erde, Luft
Planet: Jupiter, Merkur, Sonne
Günstigste Zeiten:
Mittwoch, Donnerstag oder Sonntag
Zunehmender Mond bis Vollmond für Zunahme
Erdzeichen – für materiellen Gewinn
Luftzeichen – für Ideen, Pläne
Feuerzeichen – für Energie, Wachstum
Jungfrau – für pedantische Arbeiten
Steinbock – für Umsicht oder für Überwindung von Hindernissen
Löwe – für Kraft der Sonne
Schütze – für Expansion, Reisen
Widder – für den Beginn neuer Projekte
Farben: Grün, Gold, Silber
Zahl: 1, 4, 8 oder 7
Räucherwerk: Zeder, Zimt, Lorbeer, Muskatblüte, Muskatnuß, Storax
Pflanzen: Melisse, Borretsch, Lavendel, Johanniskrautwurzel, Mandragora, Eichenblätter, Safran, Salbei, Johanniskraut, Sonnenblumenkerne, Baldrian
Göttinnen: Muttergöttinnen, Demeter, Hera, Juno
Götter: Erdgötter, Hermes, Lug, Jupiter, Merkur, Zeus

Schöpferische Arbeit

Element: alle Elemente
Planeten: Erde, Mond (für Inspiration), Merkur (für Kommunikation), Sonne
Günstigste Zeiten:
Montag, Mittwoch oder Sonntag
Zunehmender Mond – für Beginn
Kurz vor Vollmond – für Inspiration
Abnehmender Mond – für Selbstkritik, Überarbeitungen

Luftzeichen – für intellektuelle Arbeit, insbesondere Arbeit mit Sprache
Erdzeichen – für kunsthandwerkliche und manuelle Arbeiten
Feuerzeichen – für schöpferische Kraft
Wasserzeichen – für Artikulation von Gefühlen

Farben: Gold, Silber, Violett, Gelb, Mischfarben

Zahl: 1, 3, 4, 6 oder 9

Räucherwerk: Lorbeer, Zimt, Ginseng, Muskatblüte, Storax

Pflanzen: Lorbeer, Lavendel, Myrte, Helmkraut, Baldrian

Göttinnen: Brigid (Dreifache Göttin von Dichtkunst, Heilkunst und Schmiedekunst), Ceridwen (Hüterin des Kessels der Inspiration), Athene oder Minerva (für Wissen und Weisheit), Mnemosyne (Mutter der Dreifachen Muse)
Die Dreifache Muse:
Kalliope – das herrliche Antlitz
Erato – die Geliebte
Urania – die Himmlische
Die Neunfältige Muse:
Kalliope – erzählende Dichtkunst
Klio – Geschichte
Euterpe – lyrische Poesie
Melpomene – Trauerspiel
Terpsichore – Tanz
Erato – Liebesdichtung
Polyhymnia – ernster Gesang
Urania – Sternkunde
Thalia – heitere Dichtkunst
alle Gestalten der Dreifachen Göttin

Götter: Apollo (Musik und Dichtkunst), Orpheus (Musik), Ogma (Poesie), Hermes, Merkur und Thoth (Wissen und Kommunikation), Credne, Gobniu und Hephaistos (alle für Handwerk und Schmiedekunst)

Heilung

Element: alle Elemente

Planet: Sonne, Mond, Erde
Günstigste Zeiten:
Sonntag oder Montag
Zunehmender Mond bis Vollmond – für bessere Gesundheit
Abnehmender oder unsichtbarer Mond – um zu bannen oder um Krankheit zu vertreiben
bei Erdzeichen oder Wasserzeichen
Farben: Blau, Grün, Gold, Orange
Zahl: 1, 3, 7 oder 9
Räucherwerk: Lorbeer, Weihrauch, Sandelholz, Eukalyptus
Pflanzen: alle Heilkräuter
Göttinnen: Mond- und Erdgöttinnen, Artemis, Hebe, Hygieia
Götter: Asklepios, Apollo, Diancecht

Recht und Gerichtsbarkeit

Element: Erde, Luft
Planet: Jupiter, Sonne, Merkur, Saturn, Mars
Günstigste Zeiten:
Mittwoch – für Erfolg, gerechtes Urteil
Sonntag – für Freiheit
Samstag – Verhinderung von Straftaten, Freiheit einer Person beschränken oder sie der Gerichtsbarkeit zur Ahndung zuführen
Dienstag – für Stärke bei Auseinandersetzungen
Farben: Dunkelblau, tiefblauer Purpur, Rot, Schwarz
Zahl: 4 oder 8
Räucherwerk: Zeder, Zypresse, Weihrauch, Pinie, Sandelholz
Pflanzen: Kräuter der entsprechenden planetarischen Kräfte, Nesseln (für Bindungen), Knoblauch (als Schutz), Johanniskrautwurzel und Johanniskraut (für Unbesiegbarkeit)
Göttinnen: Athene (vor allem Barmherzigkeit), Maat, Nemesis (für Gerichtsbarkeit gegen Übeltäter), Themis, Aradia (zum Schutz der Armen)
Götter: Dagda, Jupiter, Zeus, Osiris, Thoth

Schutz

Element: alle Elemente
Planet: Mond, Sonne
Günstigste Zeiten:
Montag oder Sonntag
Zunehmender Mond bis Vollmond – um dauernden Schutz zu erlangen
Abnehmender Mond – um das Böse zu bannen
Farben: Silber, Weiß, Blau
Zahl: 4, 5, 3, 9, 8
Metall: Silber
Räucherwerk: Lorbeer, Rosmarin
Pflanzen: Teufelsdreck, Nelkenwurz (verschiedene Arten), Basilienkraut (Abwehr des Bösen), Sanguinaria, Ginsterspitzen (in Wasser geben, das zum Läutern und Reinigen benutzt wird), Klette, Fingerkraut, Mutterkraut (schützt gegen Krankheit und Unfälle), Knoblauch (die Zwiebeln bei sich tragen oder über die Schwelle hängen, um Böses fernzuhalten), Ysop, Johanniskrautwurzel, Lorbeer, Mandragora, Beifuß, Nesseln (zum Binden), Petersilie, Rosmarin (vor die Haustür pflanzen, um das Heim zu schützen), Eberesche (vor allem gegen böse mediale Kräfte), Salomonssiegel (für Exorzismus), Johanniskraut, Altris farinosa, Eisenkraut (beim Aufgehen von Sirius mit der linken Hand zu pflücken)
Göttinnen: Mondgöttinnen, vor allem Artemis (schützt kleine Kinder), ferner Hera, Aradia
Götter: Cuchulain, Dagda, Jupiter, Thor

Mediales Wirken

Element: Luft, Wasser, Feuer
Planet: Mond
Günstigste Zeiten:
Vollmond – für das Maximum der medialen Kräfte
Unsichtbarer Mond – für tiefe, verborgene Geheimnisse und Mysterien

Farben: Silber, Weiß, Schwarz
Zahl: 3 oder 9
Räucherwerk: Zimt, Safran, Wermut, andere geeignete Pflanzen
Pflanzen:

Entspannung: Anis, Katzenminze, Kamille, Löwenzahn, Hopfen, Lavendel, Linde, Minze, Petersilie, roter Klee, Salbei, Bohnenkraut, Estragon, wilder Thymian, Muskatnuß (Öl an den Schläfen einmassieren), Baldrian (kleines Kissen damit füllen), Eisenkraut

Visualisieren: Ginseng, Kolanuß, Beifuß, Helmkraut

Einschlafkissen: Lavendel und Lindenblüte

Konzentration und Gedächtnis: Baldrian, Augentrost, Zitronenmelisse, Majoran, Muskatnuß, Petersilie, Rosmarin, Salbei

Geistige Festigkeit: Kamille, Sellerie und Rosmarin gemischt

Energie: Kolanuß, Ginseng, Liebstöckel (ein Bad mit diesen Kräutern stärkt die medialen Kräfte), Matetee

Träume: Eschenblätter, Beifußgewächse, Kamille und Helmkraut (gemischt als Tee vor dem Schlafengehen)

Vorbeugung von Alpträumen und Schreckensvisionen: Kamille, Rosmarin, Waldziest (unters Kopfkissen legen)

Hellsehen und Trance: Akazienblüten, Natterwurz, Ginseng, Beifuß (als Tee für deutliche Visionen), Muskatnuß, Safran (Tee oder Räucherwerk), Wermut (Räucherwerk, an Hallowen brennen, um die zurückkehrenden Geister der Mächtigen Toten sehen zu können), Lorbeerblätter (pflegten die Priesterinnen von Delphi zu kauen)

Bewußtseinsverändernde Drogen: Auf sie verzichtest du besser, wenn du beginnst, dich medial zu öffnen. Sie reißen die medialen Zentren unkontrolliert und zu abrupt auf – manchmal mit katastrophalen Folgen.

Göttinnen: alle Mondgöttinnen, Cybele, Hekate (Hellsehen und Zauber), Ceridwen, Hera (Prophezeiung), Nephthys, Pasiphaé (Traumorakel)

Götter: Gwydion, Hermes, Math, Merddin, Thoth, Asklepios (für Traumorakel, die etwas mit Heilung zu tun haben).

Anmerkungen

1. Kapitel

1. In der paläolithischen Kunst sind die weiblichen Gestalten fast immer nackt dargestellt, zum Beispiel in den Höhlen der Dordogne in Frankreich. Dort finden sich auch Abbilder männlicher »Zauberer« und gemsköpfiger Gestalten. Vgl. Johannes Maringer und Hans-George Bandi in *Art in the Ice Age,* Frederick A. Praeger, New York, 1953; ferner Philip Van Doren Stern in *Prehistoric Europe: From Stone Age Man to the Early Greeks,* W. W. Norton, New York 1969.
   Mit den Literaturangaben wird auf achäologische und anthropologische Erkenntnisse hingewiesen, welche die mündliche Überlieferung des Hexenglaubens bestätigen. Meine Deutung der Erkenntnisse und Sitten soll die geschichtlich gewachsenen Traditionen unseres Hexenglaubens illustrieren und ist nicht als wissenschaftlich gesichert und anerkannt aufzufassen. Die Gelehrten sind sich nur darin einig, daß sie nicht wissen, was viele dieser Gestalten bedeuteten oder welchem Zweck sie dienten.
2. Vgl. die Beschreibung von La Ferassie, Dordogne, bei Stern; ferner Grahame Clark und Stuart Piggott in *Prehistoric Societies,* Hutchinson + Co., London, 1967.
3. Wie beim Drachenloch in der Schweiz, nachzulesen bei Stern.
4. In Meindorf und Stellmoor, BRD; vgl. Alberto C. Blanc »Some Evidence for the Ideologies of Early Man« in Sherwood L. Washburn (Hrsg.) *The Social Life of Early Man,* Aldine Publications, Chicago 1961.
5. Die Entdeckung der Mammutgöttin in der Nähe der Desna in der Ukraine beschreibt Joseph Campbell in *The Masks of God: Primitive Mythology,* Viking Press, New York, 1959.
6. Annette Laming, *Lascaux,* übers. v. E. F. Armstrong, Penguin Books, 1959; André Leroi-Gourhan, »The Evolution of Paleolithic Art« in *Scientific American,* Bd. 218, Nr. 17, 1958.
7. Gerald S. Hawkins, *Beyond Stonehenge,* Harper + Row, New York, 1973; er beschreibt die eingeritzten Mammutstoßzähne von Gontzi, Ukraine (15 000 v. Chr.), die Ockermalereien in Abri de las Vinas (8000–6000 v. Chr.) und die Wandmalereien in Canchal de Mahoma (7000 v. Chr.) in Spanien.
8. Laussell in der Dordogne, s. Maringer und Bandi
9. James Mellaart, *Catal Hüyük, a Neolithic Town in Anatolia,* Mc Graw-Hill, New York, 1967.
10. Alexander Thom, »Megaliths and Mathematics«, in *Antiquity,* 40, 1966.
11. Margaret A. Murray, *The Witch-Cult in Western Europe,* Oxford University Press, 1971.

12. aaO.
13. aaO.
14. Andrew E. Rothovius, »The Adams Family and the Grail Tradition: The Untold Story of the Dragon Persecution«, in *East-West*, 7, Nr. 5, 1977, und »The Dragon Tradition in the New World«, in *East-West*, 7. Nr. 8, 1977.
15. Carol P. Christ, »Why Women Need The Goddess«, in C.P. Christ und Judith Plaskow, *Womanspirit Rising: A Feminist Reader in Religion*, Harper + Row, San Francisco, 1979.
16. Mary Daly, *Beyond God the Father*, Beacon Press, Boston, 1973.
17. C.P. Christ, aaO.
18. Anton Ehrenzweig, *The Hidden Order of Art*, Paladin, London, 1967.
19. Herb Goldberg, The Hazards of Being Male, Signet, New York, 1977.
20. H. Goldberg, aaO.

2. Kapitel

1. Mündliche Überlieferung aus der Feentradition des Hexenglaubens
2. Lee Bartlett, »Interview – Gary Snyder«, *California Quarterly*, Bd. 9, 1975.
3. Carlos Castaneda, *Tales of Power*, Simon + Schuster, New York, 1974
4. M. Esther Harding, *Women's Mysteries, Ancient + Modern*, Pantheon, New York, 1955.
5. Robert E. Ornstein, *The Psychology of Consciousness*, W.H. Freeman, San Francisco, 1972
6. R.E. Ornstein, aaO.
7. R.E. Ornstein, aaO.
8. R.E. Ornstein, aaO.
9. Anton Ehrenzweig, *The Hidden Order of Art*, Paladin, London, 1967.
10. Barbara Brown, *New Mind, New Body*, Harper + Row, New York, 1974.
11. B. Brown, aaO.
12. Margaret A. Murray, *The Witch-Cult in Western Europe*, Oxford University Press, 1971.
13. John C. Lilly, *The Center of the Cyclone*, Julian Press, New York, 1972.
14. Robert Graves (= Robert von Ranke-Graves), *Food for Centaurs*, Doubleday, New York, 1960.
15. Joseph Campbell, *The Masks of God: Creative Mythology*, Viking Press, New York, 1968.
16. Robert Graves, *The White Goddess*, Farrar, Straus + Giroux, New York, 1948.
17. Campbell, aaO.
18. Mircea Eliade, *Rites + Symbols of Initiation*, übers. v. W.R. Trask, Harper + Row, New York, 1958.
19. Mündliche Überlieferung aus der Feentradition.
20. Joseph Campbell, *The Masks of God: Oriental Mythology*, Penguin Books, New York, 1976.

3. Kapitel

1. Kate Millett, *Flying*, Ballantine Books, New York, 1974.
2. Tristine Rainer, *The New Diary*, Tarcher, Los Angeles, 1978.

4. Kapitel

1. Die folgenden Anrufungen habe ich denen der Feentradition nachgedichtet.
2. Mary Daly, *Beyond God the Father*, Beacon Press, Boston, 1973.
3. M. Daly, aaO.
4. Helen Diner, *Mothers and Amazons*, Anchor Press, New York, 1973.
5. Robert Graves, *The White Goddess*, Farrar, Straus + Giroux, New York, 1948.
6. Für ausführliche Hinweise auf traditionelles Hexengerät und als vorzügliches Quellenbuch über Diana-Hexenkulte eignet sich Z. Budapest, *The Feminist Book of Lights and Shadows*, Luna Publications, Venice, Kalifornien, 1976.

5. Kapitel

1. Die Verkündigung der Göttin findet sich in vielen Versionen in nahezu allen Richtungen des Hexenglaubens. Bei der vorliegenden habe ich die Sprache modernisiert. Es ist nicht bekannt, von wem oder aus welcher Zeit der Text stammt und ob er wirklich authentisch alt ist. Doch die Hexen lieben ihn und geben ihn weiter, da er unsere Auffassung von der Göttin so vollendet artikuliert.
2. Eine der besten neueren historischen Quellen über die Göttin ist Merlin Stone, *When God Was A Woman*, Dial Press, New York, 1976.
3. Es gibt viele Bücher, in denen die Religion der Göttin historisch und interkulturell hinterfragt wird. Das klassische Werk ist immer noch Robert Graves, *The White Goddess*, Farrar, Straus + Giroux, New York, 1966.
4. Charles Leland, *Aradia*. Die Lehre der Hexen, Trikont-Verlag, München, 1979.
5. Von der lotosbekrönten Göttin in den korinthischen Mysterien hieß es »Ihr zu dienen, ist vollkommene Freiheit«, lange bevor dieser Satz auf den ideal gütigen Gott-Vater angewandt wurde. Vgl. R. Graves, aaO.

6. Kapitel

1. T.S. Eliot, *The Waste Land, and Other Poems*, Harcourt Brace Jovanovitch, New York, 1958.
2. Herb Goldberg, *The Hazards of Being Male*, New American Library, New York, 1977.
3. Einige Gruppen männlicher Transvestiten und Transsexueller in San Francisco betrachten die absichtliche Verweiblichung als bewußte, politische

Identifizierung mit dem weiblichen Lebensprinzip. Während der Gehörnte Gott am Weiblichen teilhat, ist er jedoch im wesentlichen das Bild des Männlichen und keine Verleugnung der Männlichkeit zugunsten des Weiblichen.

4. Viele schwarze Führer und Denker haben darauf hingewiesen, daß die ständige Identifizierung des Schwarzen mit dem Bösen im Rassismus wurzelt und durch die jüdisch-christliche Vorstellungswelt perpetuiert wird. Im Hexenglauben war die Wertung von Dunkel und Licht stets gleich: Göttin und Gott haben beide Aspekte, in denen sie als Schwarz gedacht werden; und dies sind Aspekte der Kraft und des Wunders, nicht aber des Schreckens.
5. Alle Traditionen des Hexenglaubens anerkennen die Göttin und, abgesehen von einigen in den letzten Jahren entstandenen lesbisch-feministisch orientierten Gruppen, bis zu einem gewissen Umfang auch den Gott. Es bestehen aber große Unterschiede hinsichtlich des Ausmaßes an Zuwendung und Ritualzeit, die dem Gott gegönnt werden. In manchen Konventen wird Er nie angerufen, in anderen eventuell nur zur Sommer- und Wintersonnenwende oder nur zu den anderen Sonnenfesten. Andere Traditionen wiederum räumen Ihm die gleiche Zeit ein; dann herrscht Er in den Wintermonaten, während die Göttin im Sommer regiert, oder Er wird einfach bei jedem Ritual angerufen. In unserem Konvent wird Er bei jedem Ritual, an dem Männer teilnehmen, angerufen und oft, aber keineswegs immer, bei rein weiblichen Ritualen.
6. Derzeit gibt es viele rein weibliche Konvente, die Frauen-Mysterien praktizieren. Es gibt nur wenige reine Männerkonvente. Denen, die ich kenne, gehören homosexuelle Männer an, und sie orientieren sich mehr nach der Göttin als nach dem Gehörnten Gott. In der amerikanischen Gesellschaft wimmelt es von männlichen »Mysterien«, aber die Auffassung in einem spirituellen Zusammenhang, der das weibliche Prinzip ehrt, ist noch nicht geklärt.
7. Margaret Murray, *The Witch-Cult in Western Europe,* Oxford University Press, 1971.
8. M. Murray, aaO.
9. Nicht alle dianischen Traditionen sind separatistisch. In den Konventen von Morgan McFarland sind beispielsweise Männer vertreten, aber der Gehörnte Gott ist der Göttin untergeordnet und wird nur zur Sommer- und Wintersonnenwende angerufen.
10. Meine Interpretation des Verlusts verdanke ich Gesprächen mit meiner Mutter, während sie an einem Buch arbeitete. Vgl. Dr. Bertha Simos, *A Time to Grieve: Loss as a Universal Human Experience,* Family Service Association, New York, 1979.
11. Robin Morgan, *Going Too Far,* Random House, New York, 1977
12. Die Feiertage beginnen am Vorabend des angegebenen Datums (außer Hallowen, für das ich das allgemein bekannte Datum angegeben habe).
13. Im Hexenglauben gibt es zahlreiche Varianten dieses Mythos: zuweilen

wird der Gott zu gegeneinander kämpfenden Zwillingen, oder manche Aspekte der Verwandlung werden zu anderen Zeiten gefeiert. Die Unterschiede sind aber nur oberflächlich; die zugrundeliegende poetische Wahrheit bleibt dieselbe.

14. Eine ausführlichere Deutung der Identifikation von Robin Hood mit dem gehörnten Gott der Hexen gibt Margaret Murray in *The God of the Witches,* Oxford University Press, 1970.
15. Natürlich lassen manche Konvente keine Männer zu. Ich spreche hier allgemein vom Hexenglauben, ohne die separatistischen Bestrebungen.
16. M. Murray, *The God of the Witches.*
17. Die eigentliche Bedeutung des Namens hängt mit dem esoterischen Sinn der Vokale zusammen. Wenn du sie singst, wirst du es erkennen.

7. Kapitel

1. Robert Duncan, »The Fire: Passages 13«, in Hayden Carruth (Hrsg.), *The Voice that is Great Within Us,* Bantam Books, New York, 1971.
2. Dion Fortune, *Moon Magic,* Weiser, New York, 1972.
3. John C. Lilly, *The Center of the Cyclone,* Julian Press, New York, 1972.
4. Etymologisch ist *hexen, Hexe* wahrscheinlich vom althochdeutschen *Hag*= Zaun, Hecke, abzuleiten und meint dämonische Wesen, die sich auf Zäunen oder Hecken befinden. Die Sinnverschiebung zum Bösen findet sich erst seit dem Mittelalter.

8. Kapitel

1. Barry Commoner, *The Closing Circle,* Knopf, New York, 1971.
2. Ursula K. LeGuin, *A Wizard of Earthsea,* Bantam Books, New York, 1975.
3. Dies lernst du leicht zu visualisieren, wenn du eine Spielzeugspirale zu Hilfe nimmst. Wenn du sie auseinanderziehst und von der Seite betrachtest, erkennst du die Wellenformen.
4. Mit mir haben Hallie Iglehart, Nina Wise, Ann Hershey, Lee Schwing, Helen Dannenberg, Diane Broadstreet, Lennie Schwendinger und Toni Marcus sowie viele andere das Ritual erdacht und verwirklicht.
5. Schutzgeister haben viele Funktionen. Sie können hellsehen; eine Katze kann zum Beispiel mit der Pfote auf Kräuter für einen Zauber oder auf Tarot-Karten zeigen. Katzen sind sehr geeignet, negative Energie zu »erden«. Es schadet ihnen nicht. Hunde sondern Lebenskraft ab, und du darfst sie nicht überfordern. Bei Ritualen und magischen Praktiken versuchen Tiere jedoch häufig, in den magischen Kreis zu gelangen und die Kraft aufzusaugen. Oft werden Tiere nervös, wenn Menschen sich in Trance versetzen und den Körper verlassen, und versuchen, sie »zurückzuholen«, indem sie ihnen auf den Magen springen, sie an den Füßen stupsen und ihnen das Gesicht lecken. Während der Trancearbeit sollten die Tiere ausgeschlossen werden, sofern sie nicht sehr gut dressiert sind.

6. Manche okkulten Systeme postulieren eine weitergehende Hierarchie »geistiger« und »spiritueller« Körper. Ich habe mich bemüht, ein leicht faßbares und praktikables System darzustellen, das weder dem Hexenglauben noch meiner eigenen Erfahrung widerspricht. Wieder handelt es sich hier um eine komplizierte Metapher und nicht um eine Heilige Wahrheit. Benutze eine andere Metapher, wenn du mit ihr besser klarkommst.

9. Kapitel

1. Barbara Brown, *New Mind, New Body,* Bantam Books, New York, 1975.
2. John C. Lilly, *The Center of the Cyclone,* Julian Press, New York, 1972.
3. J.C. Lilly, aaO.
4. Dion Fortune, *Moon Magic,* Weiser, New York, 1972.
5. Carlos Castaneda, *The Teachings of Don Juan: A Yaqui Way of Knowledge,* Ballantine Books, New York, 1969.
6. D. Fortune, aaO.
7. Zur weiteren Interpretation von Traumarbeit vgl. Patricia Garfield, *Creative Dreaming,* Simon + Schuster, New York, 1975.
8. Robert Ornstein, *The Psychologie of Consciousness,* W.H. Freeman, San Francisco, 1972.
9. Nach der herkömmlichen Auffassung über Trance und Hypnose vergißt der Proband das Erlebnis, wahrscheinlich, damit der betreuende Arzt oder Psychiater Informationen aus dem Unbewußten hervorlocken kann, mit denen sich der Patient nicht auseinandersetzen will. Die Trancearbeit im Hexenglauben will hingegen den Ausübenden lehren, den eigenen Bewußtseinszustand zu kontrollieren, und somit wird das Gedächtnis überaus wichtig. Wer einer bestimmten Erkenntnis nicht ins Auge blicken will, wird ihr ausweichen. Es ist ein Mißbrauch von Trancezuständen, einer anderen Person Geheimnisse zu entlocken.

10. Kapitel

11. Kapitel

1. Joseph Campbell, *Myths to Live by,* Bantam Books, New York, 1973.

12. Kapitel

1. Die Rituale unseres Glaubens wandeln und entwickeln sich beständig. Wir schreiben und erschaffen sie jedes Jahr neu. Dabei bewahren wir die Elemente, die uns am besten gefallen, und fügen neue Aspekte hinzu, die aus dem zugrundeliegenden Mythos und der Jahreszeit erwachsen. Manche Feste scheinen Wörter, Gesänge und Liturgien hervorzubringen. Andere schreien geradezu nach Handlung und konkreten Symbolen. Die hier ausgewählten Rituale sind notwendigerweise gestrafft, ein Rahmen, in

dem neue Zeremonien entwickelt werden können. Du kannst die Rituale so, wie sie sind, nachvollziehen, sie aber auch nach deinem Belieben verändern, Teile auslassen oder hinzufügen.
Im allgemeinen sind Personen anwesend, die mit der Struktur des Rituals und den nötigen Antworten nicht vertraut sind. Wir gehen das Ritual vorher mit den Gästen und den Konventmitgliedern in groben Zügen durch. Bei komplizierten Ritualen wie etwa dem der Wintersonnenwende lehren wir sie einfache Antworten nach Stichworten, zum Beispiel kann »nochmal« bedeuten »Wiederholt die Zeilen nach mir«, oder »jetzt« kann das Stichwort sein, »Io! Evohe!« zu rufen usw. Die Initiierten können sich die schwierigen Antworten im voraus einprägen, und die anderen sprechen sie dann nach. Für die Wechselgesänge bereiten wir im allgemeinen ein paar »spontane« Zeilen vor, um die Sache in Gang zu bringen und in echte Spontaneität hineinzuführen.
Manche mögen keine Wortrituale und kein Auswendiglernen; sie sollten statt dessen ihre eigenen Gesänge und Sprüche improvisiern. Ich habe die Rituale bewußt so wiedergegeben, als würden sie von der Hohepriesterin und dem Hohenpriester ausgeführt. Selbstverständlich können die einzelnen Mitglieder eines Konvents jeweils einen Abschnitt des Rituals leiten, so daß jedes viel weniger auswendig lernen muß.

2. Die Daten von Sonnwenden und Tagundnachtgleichen ändern sich jedes Jahr. Schau sie in einem astronomischen Almanach oder in einem astrologischen Kalender nach.
3. E.E. Cummings, »i thank you God«, in *Poems 1923–1954,* Harcourt, Brace, Jovanovich, New York, 1954.
4. Native American Ghost, Dance, Jerome Rothenburg (Hrsg.), *Technicians of the Sacred,* Doubleday + Co., New York, 1969.
5. Ders., aaO.
6. Ders., »Death Rites II.«

13. Kapitel

1. Martha Courtot, »Tribes«, *Lady-Unique-Inclination-of-the-Night,* Cycle 2, Sommer 1977.
2. Diane DiPrima, »Now born in uniqueness, join the Common Quest«, *Loba,* Wingbow Press, Berkeley, 1978.
3. Carol P. Christ, »Why Women Need The Goddess«, in C.P. Christ und Judith Plaskow (Hrsg.), *Womanspirit Rising,* Harper + Row, San Francisco, 1979.
4. Marsha Lichtenstein, »Radical Feminism and Women's Spirituality: Looking Before You Leap«, *Lady-Unique,* Cycle II, Sommer 1977.
5. Julian Jaynes, *The Origin of Consciousness in the Breakdown of the Bicameral Mind,* Houghton Mifflin, Boston, 1976.
6. Ders., aaO.
7. DiPrima, aaO.

Ergänzende Literatur in deutscher Sprache

Hexen und Hexenmeister. Die okkulte Praxis. Talismane. Der Teufel und die Magie. Hexensabbat. VMA-Verlag, Wiesbaden, 1979.

H. Fillipetti + J. Trotereau: *Zauber, Riten und Symbole. Magisches Brauchtum im Volksglauben.* Verlag Hermann Bauer, Freiburg i. Br. 1979.

H. Göttner-Abendroth: *Die tanzende Göttin. Prinzipien einer matriarchalen Ästhetik.* Verlag Frauenoffensive, München, 1982.

M. Hammes: *Hexenwahn und Hexenprozesse.* Fischer tb 1818, Frankfurt 1981.

H.A. Hansen: *Der Hexengarten.* Trikont-Verlag, 2. Aufl. München 1981.

C. Honegger (Hrsg.): *Die Hexen der Neuzeit. Studien zur Sozialgeschichte eines kulturellen Deutungsmusters.* edition suhrkamp, Frankfurt 1978.

C.G. Jung: *Der Mensch und seine Symbole.* Walter-Verlag, Olten und Freiburg i.Br., 1982.

A. Kent Rush: *Mond, Mond.* Verlag Frauenoffensive, München 1982.

G. Schormann: *Hexenprozesse in Deutschland.* Vandenhoek + Ruprecht, Göttingen 1981.

Jakob Sprenger, Heinrich Institoris: *Der Hexenhammer* (Malleus maleficarum). dtv-Bibliothek, München 1983.